费尔巴哈文集

第 3 卷

比埃尔·培尔对哲学史和人类史的贡献

涂纪亮 译

商务印书馆
创于1897 The Commercial Press

Ludwig Feuerbach

PIERRE BAYLE. EIN BEITRAG ZUR GESCHICHTE

DER PHILOSOPHIE UND MENSCHHEIT

本书根据 W.Bolin 和 F.Jodl 所编

Ludwig Feuerbach's sämmtliche Werke

第 5 卷(1905 年 Stuttgart 版)译出

文 献 说 明

一、本文集主要依据的费尔巴哈著作集

1. 德文版《费尔巴哈全集》第 1 版

费尔巴哈的著作在其在世时曾以单行本、小册子及各种文集的形式出版,其本人于 1846 年着手编纂并出版自己的全集(莱比锡,由奥托·维甘德[Otto Wigand]出版),截至 1866 年共出版 10 卷,该版通常被称为《费尔巴哈全集》第 1 版。

第 1 版 10 卷卷名如下:

第 1 卷 *Erläuterungen und Ergänzungen zum Wesen des Christenthums*(1846)

第 2 卷 *Philosophische Kritiken und Grundsätze*(1846)

第 3 卷 *Gedanken über Tod und Unsterblichkeit*(1847)

第 4 卷 *Geschichte der neuern Philosophie von Bacon von Verulam bis Benedict Spinoza*(1847)

第 5 卷 *Darstellung, Entwicklung und Kritik der Leibnitz'schen Philosophie*(1848)

第 6 卷 *Pierre Bayle*(1848)

第 7 卷 *Das Wesen des Christenthums*(1849)

第 8 卷 *Vorlesungen über das Wesen der Religion*(1851)

第 9 卷 *Theogonie nach den Quellen des classischen, hebräischen und christlichen Alterthums*(1857)

第 10 卷 *Gottheit, Freiheit und Unsterblichkeit vom Standpunkte der Anthropologie*(1866)

2. 德文版《费尔巴哈全集》第 2 版

1903 年费尔巴哈的友人 W.博林(W.Bolin)和 F.约德尔(F. Jodl)为纪念费尔巴哈 100 周年诞辰(1904 年),从 1903 年到 1911 年,整理出版了 10 卷本的《费尔巴哈全集》(斯图加特,弗罗曼出版社[Frommann])。这部全集通常被称为《费尔巴哈全集》第 2 版,它比《费尔巴哈全集》第 1 版全备,但 W.博林和 F.约德尔对著者在世时出版的原本进行了加工,他们不仅改变书法、标点以及拉丁文和其他外文引文的德译,还在许多地方按照自己的意思改变在他们看来过于尖锐的文句,删去他们认为无关紧要的地点。

第 2 版 10 卷卷名如下:

第 1 卷 *Gedanken über Tod und Unsterblichkeit*(1903)

第 2 卷 *Philosophische Kritiken und Grundsätze*(1904)

第 3 卷 *Geschichte der neueren Philosophie von Bacon von Verulam bis Benedikt Spinoza*(1906)

第 4 卷 *Darstellung, Entwicklung und Kritik der Leibniz'schen Philosophie*(1910)

第 5 卷 *Pierre Bayle.Ein Beitrag zur Geschichte der Philosophie und Menschheit*(1905)

第 6 卷 *Das Wesen des Christenthums*(1903)

第 7 卷 *Erläuterungen und Ergänzungen zum Wesen des Christenthums*(1903)

第 8 卷 *Vorlesungen über das Wesen der Religion*(1908)

第 9 卷 *Theogonie nach den Quellen des classischen，hebräischen und christlichen Alterthums*(1910)

第 10 卷 *Schriften zur Ethik und nachgelassene Aphorismen*(1911)

3. 俄文版及中文版《费尔巴哈哲学著作选集》

苏联国家政治书籍出版社 1955 年出版了两卷本的俄文版《费尔巴哈哲学著作选集》(*Людвиг Фейербах，Избранные философские произведения*，Госполитиздат，Москва.1955)，该俄译本在遇到第 1 版和第 2 版有歧义时，均恢复了费尔巴哈本人(即第 1 版)的原文。上卷包含"路德维西·费尔巴哈"(葛利高利扬著)、"黑格尔哲学批判"、"论'哲学的开端'"、"改革哲学的必要性"、"关于哲学改造的临时纲要"、"未来哲学原理"、"谢林先生"、"反对身体和灵魂、肉体和精神的二元论"、"说明我的哲学思想发展过程的片段"、"对《哲学原理》的批评意见"、"从人本学观点论不死问题"、"论唯灵主义和唯物主义，特别是从意志自由方面着眼"、"幸福论"以及"法和国家"；下卷包含"基督教的本质"、"因《唯一者及其所有物》而论《基督教的本质》"、"宗教的本质"以及"宗教本质讲演录"。

商务印书馆 1984 年依据此俄文版《费尔巴哈哲学著作选集》翻译出版了中文版《费尔巴哈哲学著作选集》，此版本在篇目编排上依据俄文版《费尔巴哈哲学著作选集》，译文能找到德文的均依据德文译出，找不到的则依据俄文译出。

此外,俄文版《费尔巴哈哲学著作选集》上下卷卷末均有较长的注释,除介绍了版本信息和内容概要外,还在尾注中对正文内容做了一些补充说明,对了解费尔巴哈的学术思想颇有帮助。商务印书馆 1984 年版《费尔巴哈哲学著作选集》翻译了这些注释。

本次编选《费尔巴哈文集》时,将这些注释中的版本信息和内容概要加以整理,列在相应的各卷"编选说明"中;将尾注内容改为脚注,附在对应各卷的正文中,并注明"俄文编者注"。

4. 中文版《费尔巴哈哲学史著作选》

商务印书馆 1978—1984 年依据《费尔巴哈全集》第 2 版第 3、4、5 卷翻译出版 3 卷本《费尔巴哈哲学史著作选》,卷名如下:

第 1 卷《从培根到斯宾诺莎的近代哲学史》(1978 年)

第 2 卷《对莱布尼茨哲学的叙述、分析和批判》(1979 年)

第 3 卷《比埃尔·培尔对哲学史和人类史的贡献》(1984 年)

二、其他主要德文编选文献

卡尔·格留恩(Karl Grün)编:《费尔巴哈的通信和遗著及其哲学发展》(*Ludwig Feuerbach in seinem Briefwechsel und Nachlass sowie in seiner philosophischen Charakterentwicklung*),两卷,1874 年出版于莱比锡和海德堡,C.F.温特书店(C.F.Winter'sche Verlagshandlung)。

卡普(August Kapp)编:《路德维希·费尔巴哈和克里斯提安·卡普通信集》(*Briefwechsel zwischen Ludwig Feuerbach und Christian Kapp*),1876 年,莱比锡,由奥托·维甘德出版。

博林(W. Bolin)编:《费尔巴哈来往通信集》(*Ausgewählte*

Briefe von und an Ludwig Feuerbach），两卷，1904 年，莱比锡，由奥托·维甘德出版。

朗格（Max Gustav Lange）编：《费尔巴哈短篇哲学论文集》（*Kleine philosophische Schriften*，1842—1845），1950 年，莱比锡，费利克斯·迈纳出版社（Felix Meiner）。

舒芬豪尔（Werner Schuffenhauer）编：《费尔巴哈通信集》（*Ludwig Feuerbach，Briefwechsel*），1963 年，莱比锡，雷克拉姆出版社（Reclam Verlag）。

舒芬豪尔编：《费尔巴哈全集》（*Ludwig Feuerbach: Gesammelte Werke*），22 卷，1967 年，柏林，科学院出版社（Akademie-Verlag），其中第 1—12 卷为费尔巴哈生前发表著作，第 13—16 卷为遗著，第 17—21 卷为通信，第 22 卷为附录。

舒芬豪尔编：《费尔巴哈：短著集》（*Ludwig Feuerbach，Kleinere Schriften*），3 卷。第 1 卷（1835—1839），1969 年，柏林，科学院出版社；第 2 卷（1839—1846），1970，柏林，科学院出版社；第 3 卷（1846—1850），1971 年，柏林，科学院出版社。

埃利希·蒂斯（Erich Thies）编：《费尔巴哈文集》（*Ludwig Feuerbach: Werke in sechs Bänden*），1975—1976 年，法兰克福，苏尔坎普出版社（Suhrkamp Verlag）。

商务印书馆编辑部

2021 年 7 月

本卷编选说明

本卷中译本依据《费尔巴哈全集》第 2 版第 5 卷译出。

这部著作首次发表于 1838 年,费尔巴哈在编自己的全集时
(1846—1866),对其做过修订和补充,把它列为《费尔巴哈全集》第
1 版的第 6 卷(*Pierre Bayle*);W.博林(W.Bolin)和 F.约德尔(F.
Jodl)编辑出版《费尔巴哈全集》第 2 版时(1903—1911),将此著作
放在第 5 卷(*Pierre Bayle. Ein Beitrag zur Geschichte der Phi-
losophie und Menschheit*),1984 年商务印书馆出版的《费尔巴哈
哲学史著作选》将这部著作放在第 3 卷。

商务印书馆编辑部

2021 年 7 月

目　　录

《费尔巴哈全集》(第2版) 第5卷序言

费尔巴哈在完成关于莱布尼茨的专著之后就把他的注意力转向比埃尔·培尔,这一情况对费尔巴哈的哲学发展来说具有特殊意义。费尔巴哈是通过研究莱布尼茨的《神正论》而促使自己进一步研究培尔的。人们通常认为莱布尼茨的《神正论》完全了解培尔所特别尖锐地强调的信仰与理性之间的矛盾,并把培尔本人看作一个过时的、从笛卡尔信徒中分出来的次要人物。费尔巴哈对培尔的著作进行了深入的研究,这使他得以理解培尔的十分独特的意义,并对18世纪自由思想的这位伟大先驱写出了这部有重大价值的著作。这部著作于1838年首次发表,10年后经过修订和补充再次发表于《费尔巴哈全集》第6卷中。

通过这部著作,培尔仿佛被人重新发现。可是,我们这位作家的同时代人却对培尔没有正确认识。即使完全撇开从教会的成见对培尔的评述——"如果他什么也没有写,那就更好些";甚至那些持比较开明观点的人们,当时也常常拘泥于这样的成见:培尔的影响仅仅限于他自己的那个时代,并且完全消失于那个时代。直到19世纪,法国科学界对培尔的看法仍然不外是:无论哲学或者文学史都只给他一个二流作家的地位。当人们知道只有那些特别有耐心的、愿意献身于这位作家的读者,才能看懂培尔的那八卷厚厚的、对开本的、印有两栏优美字体的著作时,这种广泛流行的评价愈加坚定了。通过费尔巴哈的这部引人入胜的专著,所有这一切令人不快、令人厌烦的成见都消失了。人们在这部专著中发现,培尔的全部思想以一种可以理解的方式被陈列出来;无论对哲学或者对人类史来说,培尔都保存着一种经久不逝的价值。

但是,对作者来说,这部以培尔思想发展为特征的著作还不只是作为一部单纯的历史作品而写的。费尔巴哈把人们在 19 世纪上半叶仍在反复试图达到信仰和知识之间的和解,与从前启蒙先导时期这位已对这一对立的关系发表过决定性意见的代表人物进行对比。培尔早已看出并且无可反驳地证明这两者是无法和解的。费尔巴哈希望他的那些对此尚不了解的同时代人理解这一点。费尔巴哈把这位作家仿佛当作同时代人呈现出来,并使他自己与这位作家如此相互支持,以致他能自由地继续发挥这位作家的许多见解,同时又不偏离他所选定的方向。恰恰是这种共同的理论上的唯理论观点,使他与培尔站到一起。他们对理性和信仰之间的矛盾持共同的观点,但在对理性权利的袒护上仍然保留一个唯一的区别:在这点上,培尔的态度是不自觉的,费尔巴哈的态度则是自觉地决定的。不过,通过对这种共同观点的研究(这种研究超越了信仰,只有它才能最终克服理性和信仰之间的矛盾),已在这里呈现出一个开端,一个当然只有用赞同这个重要前提的观点才能认识的开端。通过这部关于培尔的著作,费尔巴哈必然被引向对宗教问题作出划时代的解决,而在这里已经显现出这个解决办法的大致轮廓。

现在,为了理解费尔巴哈在撰写上述著作时,以不假思索地放弃那项对他来说是易于完成的任务的原因,人们现在应当把握住如下的情况。费尔巴哈如此有教益地使培尔的思想成果再现出来,这就不禁引起人们对培尔的生平遭遇的兴趣。在费尔巴哈的这部著作中,我们找不到对这种遭遇的叙述。在某些节里偶尔有一些关于培尔生平的零星叙述,但它们只能被一些具有丰富学识的读者所了解。我们注意到,费尔巴哈在他的《近代哲学史(从培根到斯宾诺莎)》中,或者在他关于莱布尼茨的专著中,都没有忽视对这些大思想家的生平的叙述;而在关于培尔的著作中却没有叙述培尔的生平,这就不能不使人感到奇怪,尤其是当时人们从通常流行的参考书和工具书中获得的对培尔生平的了解还赶不上对他的著作的了解。只是由于费尔巴哈首先关心的是这位作家当时的实际思想内容,因此他认为这位作家与以前的时代环境的联系已成为一件被假定为众所周知的次要事情。

费尔巴哈就他自己来说已通过培尔死后不久出版的德麦若写的传记,充分了解培尔的生平。这部传记由于其材料丰富而且确实可信,因而很有价值。可是,这部传记的篇幅很长,文笔不大流畅,加以材料的安排也不大合适,因此,细心的读者在阅读这部传记时会感到厌倦和沉闷。费尔巴哈希望他的这部关于培尔的著作能获得比较广泛的读者,而这些读者也有权利要求有一本符合他们的需要和兴趣的传记,在这种情况下,我们可以像费尔巴哈在他的著作中处理培尔的著作那样去处理德麦若的著作。

　　我们试图在目前排在费尔巴哈著作前的《导论》①中完成这项工作。我们以德麦若写的传记为基础,以培尔的生平为线索,对培尔的时代以及他针对那些被他看作重大事件而写的著作,作一个历史的鸟瞰。我们的《导论》应当为费尔巴哈的这部著作提供一个历史背景,并对与这位作家有关的各种事件和联系作出必要的说明。不过,它不是仅仅把从德麦若的著作中得来的资料加以压缩并且汇集到一起。德麦若在一般方面往往过于烦琐详细,而在许多细节方面又满足于以一种客观的或私人的方式作一些粗略的勾画,对现今的读者来说还需要对这些勾画作一些补充的说明。由于这个缘故,编者认为需要指出其他一些有助于说明的来源。因此,我们的《导论》是对原来的详细传记的一种自由的再创造;它与费尔巴哈的著作有密切联系,预先谈到了将在那里涉及的一些问题,它应当达到在那里力求达到的那个目的。

　　但愿这部著作在删去它那些冗长的引证之后,现在能够引起它老早就应引起的重视和传播。费尔巴哈的名字虽然流传广泛,但没有达到应当达到的那种程度。习俗中没有受到检验的权势仍然坚持那种被费尔巴哈当作科学研究对象的观点。现在是时候了,应当把流传下来的这些错误观点——它们长期以来一直行使一种傲慢自负的、甚至往往带有恫吓性的权力——看作是植基于幻想之中,像费尔巴哈令人信服地证明的那样。

---

　　①　指《费尔巴哈全集》(第2版)第5卷内排列在费尔巴哈的《比埃尔·培尔》一书之前的《导论》,其全名为《传记性导论:比埃尔·培尔的生平和著作》。本书删去未译出。——译者注

　　在1866年出版的全集中,还收入了后来发表的《神正论》的附录。它从头到尾是一篇逐字逐句的重版。这位作家在那里的正文中用拉丁文引证了奥古斯丁的那些令人厌烦的言论,而不是像这里在注释中所做的那样。

　　　　　　　　　　　　　　　　威廉·博林

第一章 天主教——精神与肉体的矛盾

113　　统一是古代多神教的本质,二元论、分裂是古代基督教的本质。诚然,我们在多神教中也碰见种种矛盾——在哪里能不发现矛盾呢? 由于矛盾产生出种种斗争、痛苦和邪恶;只有这些矛盾才是必然的,这些斗争在组织上是有根据的,这些痛苦和邪恶是自然的和不可避免的。但是,基督教把不可避免的邪恶和那自身是多余的邪恶结合到一起,把必然的、内在的斗争和令人心碎的、先验的斗争结合到一起,把肉体的痛苦和心灵的痛苦结合到一起,把自然的矛盾和非自然的矛盾结合到一起,这些非自然的矛盾指的是上帝与世界的分裂、天国与尘世的分裂、神赐和自然的分裂、精神和肉体的分裂、信仰与理性的分裂。教会与政府之间的斗争,只是这种折磨着人类心灵的内心矛盾在政治上的外在表现。在人类与它自身一致起来的情况下,它的世界就不可能分解为两个世界。[1]①

　　自然与神赐的矛盾,感性与超感性或非感性的矛盾,人性与神
114　性的矛盾,或者简单地用教会的语言来说,精神与肉体的矛盾,这些特别是基督教世界在天主教时代所特有的内在矛盾。放弃市民生活与政治生活,把所谓尘世上的一切事物和工作看成是完全空

---

　　① 角括号内标示的是注释和说明,请参见本卷边码第359—433页。

洞无聊的而加以唾弃,以便尽可能不受任何干扰地怀着一颗悔恨的心,用一双泪水滂沱的眼睛仰望苍空①,彻底根除一切自然的欲望和兴趣,刻苦修行,熬苦受罪,——这一切就是宗教,就是道德,而且是最崇高的道德,神圣的道德,天主教的道德。天主教所特有的道德,既不是忧(不论它受到怎样一些优美言辞的赞扬,因为,显而易见,自然界没有培养人对爱的憎恶,而是培养了人对爱的喜爱),也不是信仰(因为人生来就有一种对信仰的强烈爱好)。不是的! 事实上,无论过去和现在,只有贞节,更正确一点说,只有童贞,即童身才是一种非自然的和超自然的道德,即天主教所特有的道德,因为自然界没有给予我们对它的爱好,而毋宁给予一种与其恰好相反的极其强烈的欲望。信仰是容易的,爱尤其容易,而贞节是困难的。超人性的不是爱,也不是信仰,而是贞节。牺牲这个概念是天主教的最高概念;但是,对于自然的人来说,什么样的牺牲比贞节、童贞的牺牲更加巨大呢? 天国是天主教的最终的、唯一的目标;但是,尘世上什么样的道德能使人们成为神圣的,成为像天使那样纯洁或与天使一样呢? 这就是贞节。例如,圣徒奥古斯丁说:"未受损害的童贞是天使的才能,是永恒不朽者在易朽的肉体中的实现和表现。实际上,那些在肉体之中已经具有非肉体性的事物,在普遍的不朽性方面比其他事物具有更大的优越性。"圣徒希罗尼姆说:"在天国里受到天使们崇敬的那个人,要求尘世上的人也是天使。"哲学家大阿尔伯特甚至认为——至少事实上认₁₁₅为——贞节是最崇高的道德。他根据耶稣许诺给他的荣誉,从《圣

---

① 奥古斯丁说:"基督教徒的整个一生都怀着一种神圣的愿望"(《约翰思想解释》),第 4 章。

经》中引证了这样一段话："谁战胜了（肉欲），我就让他与我一道坐在我的椅子上，正如我过去战胜（肉欲）时，曾与我父亲一道坐在他的椅子上一样"（《默示录》，第 3 章，21 节）。"谁过着圣洁的生活，谁就能接近上帝"（《智者篇》，第 6 章，20 节）[①]。诚然，婚姻在天主教中没有受到谴责，而是得到容忍、赞许，甚至被看作一种圣礼，不过这种观点的根据并不是宗教感和宗教信仰，而是一种世故的、圆滑地迁就外部必要性的考虑。奥古斯丁在这个问题上早就犯下这种最明显的诡辩和前后不一致的错误。他把童贞吹捧得天花乱坠，可是后来又补充说："我告诫那些信奉神圣童贞和永远节欲的男女们，要他们宁愿选择结婚而不要选择美德，要他们把结婚看作是没有罪恶和弊端的"（《神圣的童贞》，第 18 章，上面引证的那一段话也引自这本著作）。然而，既然婚姻使我们失去了崇高的优越性，失去了天使的才能，失去了神圣的本性，怎么能说婚姻不是邪恶呢？当然，邪恶不是对虚伪的、诡辩的理智而言，而是对绝对的理智和率直的、纯朴的宗教感而言，只有这种宗教感才能在有争议的、有疑问的问题上提出决定性的意见。天主教神学家为了对性行为作辩解所作的种种不可信赖的区别和诡辩[②]，事实上使那些虔诚信教的和圣洁的人们因他们的生活而蒙受屈辱。但是，在一切实际问题上，行动比话语更为重要。一个人出于对别人宽恕而在口头上许诺的东西，被默默无言的、坦率的行动推翻了。话语仅仅包含公开的教理，行动却包含有隐秘的教理。因此，圣者即典范

116

---

①　大阿尔伯特：《真正的和完美的道德精华》，第 6 章第 3 节。

②　例如，有这样的话："夫妻之间为了生育子女而进行交媾，并不是罪恶"。参看隆巴德的《箴言四书》，巴塞尔，1513 年，第 193—194 页。

人物的所作所为就是美德,他们所忽视的事物就是罪恶,罪恶并不是他们用有伸缩性的话语加以禁止或赞许的那种事物。行为无疑是一种背地里的暗示,只有那些具有更高真理感的人们才能辨认和理解这种暗示。

因此,圣徒安托尼、圣徒希罗尼姆是僧侣们的使徒,他们具有灵感并给予人以灵感。阿西西的圣徒弗兰西斯和其他一些类似的圣者,才是天主教精神的原型,是天主教精神的典型产物,是天主教精神的奥义的真实写照,是教会的真正之子。天主教时代的诗人们和艺术家们则是一些由于误解而被诞生出来的弃婴。

对贝娅特丽齐的爱,鼓励但丁成为诗人。但是,不论这种爱是多么纯洁,多么完美,它仍然是与天主教的本质,甚至与天主教的森严教义相矛盾的。天主教的某位圣徒说:"不要爱人类,而要爱人类的上帝。"虔诚的帕斯卡尔说:"即使人们愿意,人们爱恋我们也是不应当的。……因为我们对谁来说也不是最终目标。……我们必须提醒他们,他们不应爱恋我们;他们应当迎合上帝的心意,应当去寻找上帝,并以此度过一生。"①但是,爱恰好喜欢尘世里的人,它使人与人联系起来。爱既是尘世之物,也是天国之物。爱就是人们在自身中找到的那种幸福,这是一种至高绝对的幸福。爱把有限的事物提升为无限的事物。但丁把他的贝娅特丽齐和神学置于同等的地位。彼特拉克在他的十四行诗和情歌中把劳娜当作他的无所不在的女神加以颂扬;只有对她的爱才是他那诗人血管里的脉搏。他是以天主教徒的身份歌唱吗? 这些诗歌来自他对天

———————————

① 《布利茨·帕斯卡尔的思想》;《基督教的思想》。

主教的信仰吗？或者说，这些诗歌与天主教信仰协调一致吗？诚
然，由于对天主教的信仰，他对写下这些诗歌表示懊悔，他请求圣
徒奥古斯丁即天主教良心的化身原谅他写了这些诗；但创作这些
诗歌的精神不是来自天主教。

　　列奥十世虽然是罗马教皇，但是，就他的爱好、他的思想，简言
之，就他的本质而言，他与天主教的本质是不一致的；同样地，不论
艺术怎样受到天主教教会无微不至的关怀照顾，艺术本身也是与
天主教的本质不一致的。美是艺术的重要范畴，是艺术的纲，异教
的力量和基督教的恭顺是作为目隶属于美的。基督教的艺术家也
必须把基督教精神不是当作基督教精神，而是当作美从自身中产
生出来、并加以描绘。只要他具有艺术感和理智，他的作品将会并
且一定会使非基督教徒感兴趣。一种仅仅对基督教徒来说是美的
作品，就不是完美无瑕的作品。艺术使它的对象超出特定的宗教
界限，而进入全人类的范围。真正的艺术作品已经不属于任何教
会，也不属于任何特殊的宗教。真正的艺术作品是全人类的结晶。
甚至在那些显然用于赞美自己教会的作品中，艺术家所赞美的也
是艺术，而不是教会。艺术家把他自己信仰的对象变成艺术的对
象，这样他就战胜了自己的信仰。只有当艺术是它自身的目的，它
有绝对的自由，一切听任它自行处理，除了它自己的法则、即美的
法则之外，没有任何更高的法则，只有在这种情况下，艺术才成为
艺术。艺术家们不是使艺术屈从于宗教，而是使宗教屈从于艺术。
在艺术作品中，虔诚只具有次要的意义：本质的东西是真，是美。
一个虔诚的、不具有与他的天主教的宗教感和宗教信仰迥然不同
的美感的天主教徒，可能被最丑陋的圣像所感化，他卑贱地拜跪在

最丑陋的耶稣十字架像之前；因为，在他看来，这幅像作为宗教像来说就应当是如此，它是对耶稣这位圣者回忆的标志，在他的眼里，耶稣活灵活现地显现在这幅画里。艺术价值在他看来是无足轻重的，艺术本身在宗教看来也是无足轻重的。是的，只有这种没有艺术价值的画像，才是具有真正天主教的宗教感和宗教精神的画像，之所以如此，这恰恰是因为它们仅仅具有宗教意义而不具有艺术意义，它们不是使人们不去虔诚地注意神圣的对象，不是使感官得到满足，而是使感官对一切尘世的、人类的事物极其厌恶和憎恨，它们把人的视线引向天国。反之，一个具有艺术价值的圣像，则使人只注意艺术作品本身，可以说它只表现自己而不表现圣者。它不是一副只能用以观看所崇敬的对象的眼镜，而是一颗闪耀着自己光泽的钻石，它通过其自身使人们为之神往，因而也使非天主教为之神往。对不能欣赏艺术作品的人来说，他在一幅宗教画面前只能有一种纯宗教的虔诚感；而能欣赏艺术作品的人则仅仅把它看作美学作品，或者既把它看作宗教作品，也把它看作美学作品。诚然，圣母像给予人的是一种圣洁的印象；但是，如果你们把这种作用归因于宗教对象本身和艺术家对这个对象的信仰，那你们就错了。在艺术家看来，艺术本身就是神圣的；他从最崇高的意义上去理解和从事艺术。因此，最崇高的事物对于他那崇高的感官来说也并不是过于崇高；他敢于表现宗教的题材，因为在他看来艺术本身已经成为宗教。艺术是他心灵上的圣母：他所能找到的关于圣母的最适当的形象，最富有特征的画像，就是人民的宗教信仰中的那个圣母。艺术家在作品中加诸圣母周围的圣光，只不过是他的艺术灵感的神火。

　　因此,如果天主教教会的画像也感动了非基督教徒,甚至感动了那些具有与此截然相反的精神的人,那么这些画像必然产生于一种自由的、普遍的、不属于天主教教会的精神,产生于一个与天主教的真正本质截然不同的精神。那还有什么需要证明呢? 在僧侣的道德享有最崇高的道德的声誉,享有神圣的声誉的情况下,艺术必然处于声名狼藉的地位。在享乐完全被看成罪恶,人们那么不自然,那么渺小,那么拘谨,那么恐惧,那么自怨自艾,以致没有欢乐,不允许自己有丝毫享受的情况下,就像帕斯卡尔那样——据他的姐妹报道他的生活状况,说他在生病的时候,医生吩咐给他吃点精美可口的食物,他却想方设法不吃这样的食物;也正如圣徒伊格纳修·冯·洛约拉一样,他用赎罪和清苦修行来扼杀自己的鉴赏力①;凡是在这些情况下,人们一定没有艺术感,没有艺术鉴赏力,结果,艺术享受也变成禁果。因为,即使艺术作品的题材是宗教的,但它毕竟也同时使视觉和听觉得到享受。在最非自然的道德被视为最崇高的道德,疾病被视为基督教徒或人类的自然状态,如帕斯卡尔所说的那样;或者如沙尔维安所说,肉体的疾病正是灵魂的健康②,禁欲、死亡,甚至直接的、可感觉的肉体死亡变成规律、准则和原则;在这样的情况下,作为艺术的基础的美感就会被宣布为不在法律保护之列,艺术本身就会与最高的宗教原则失去一切道德的和法律的联系。艺术究竟选择丑陋的、令人憎恶的容貌,还是选择美丽可爱的容貌作为它的圣母的容貌呢? 一个受宗

120

---

　　①　《洛约拉的生平等等》,彼得·里巴顿涅拉著,英果斯特,1590 年,第 395 页。

　　②　[沙尔维安是五世纪马赛的一位有学问的长老。——德文版编者注]其著作于1611 年由里特卢斯在阿尔多夫出版,这句话引自该书第 334 页。

教的束缚而尽量避免注视女人，回避任何产生淫荡念头的场合，禁绝任何感性刺激的人，会怀着虔诚的心情欣赏美丽的圣母像吗？难道圣母像不会激发起对感性的爱吗？①难道少女在一生中一次也没有爱过圣母像吗？因此，如果我们发现艺术、美与天主教、甚至与僧侣们有联系，那么这种情况的出现是因为我们在僧侣修道院的附近找到了一些由不合法的、秘密的通道与之相连的修女院。

和艺术一样，科学也与天主教的真正内在本质发生矛盾。"那是怎么一回事呢？谁会否认修道院和罗马教皇对科学的伟大功绩呢？"谁也不会，至少那些具有理智的人不会否认这些事实，然而会否认通常对此所作的解释。罗马教皇所做的一切，不论它对科学艺术有什么贡献，都不再是他们作为圣父按照他们原来的意愿作出来的。利奥十世就他作为兴趣盎然的猎手、喜剧爱好者等等来说，也能算是圣父吗？在天主教内部发展起来的东西，并不意味着它是从天主教中发展出来的。科学之所以在修道院中得到发展和受到保护，这是由于人们怀有一种不能根除的、不受历史限制的、一般说来不受外部条件制约的对科学和教育的欲望；这是一种与修道院的原来宗旨相对立的精神和欲望，它们与其由以产生的那种精神和本质是对立的。"在露西亚的本尼迪克特（他是本尼迪克特教团的著名创立者，死于公元544年）之前，斋戒和祈祷是宗教团体的唯一的和主要的活动。当本尼迪克特在他的教规中命令他的教团在每一个修道院中授课、写书和开办图书馆时，他不仅打算 121

———————

①　参看大阿尔伯特的著作《论苦行》。

讲授宗教的入门课程,讲授如何读书与写作,而且那些编写出来并收入图书馆的书籍也纯粹是一些祈祷书。"[1]早在十世纪,在罗斯维塔那个时代,正如罗斯维塔自己承认的[2],有些天主教徒由于喜欢异教徒著作的秀丽书法,宁愿看这些著作,而不愿看《圣经》,他们尤其喜欢特伦茨的作品。但是,这些美学上的喜爱难道不是被禁止的乐趣,不是反常现象,不是反天主教的吗?虔诚的罗斯维塔也不能说她自己完全不犯这些天主教徒的"错误",但她是这么虔诚坦率,以致她认识到这是错误的,因而企图写一些宗教剧来纠正这些错误。科学的情况也是如此。科学受到天主教徒的保护,但他们不是作为天主教徒,而是作为具有求知欲的人,求知欲是与天主教的真正本质截然相反的。谁否认这一点,谁就必然否认亚里士多德的学说与天主教的结合是一种矛盾,是一种极其明显而又惊人的矛盾。

　　科学精神与天主教精神是截然相反的。因此,只可能有两种情况:如果科学在天主教内部确实产生于求知欲,因而是以一种与科学本质相适应的精神来发展的,那么它将——自觉地或不自觉地——与天主教的本质发生矛盾;或者它是按照一种只与天主教相适应、而与科学的本质相矛盾的方式发展的。耶稣会教团就是以这种方式从事科学研究。它把科学研究看作一种主要工作;但是,在它看来,科学仅仅是一种用以维护并传播其信仰的手段——为了达到目的是可以不择手段的。因此,在虔诚的耶稣会教团的

----

[1]　艾希霍恩:《文献史》,1805年,第710页。

[2]　M.J.斯密特:《德国史》,1785年,第3卷,第133页。

创始人圣徒伊格纳修看来,科学研究是真正的痛苦,因为他仅仅出 122
于外部的原因,在违背他的天主教的虔诚心,而且是有意识地与之
相违背的情况下从事研究的。因此,为了使他的研究计划不致被
他的宗教热情之火所焚毁和吞没,他必须忍受巨大的折磨,遵守最
严格的精神上的节食规定,甚至在与朋友的交往中也要避免涉及
一切有关宗教事务的话题①。因此,修道院对科学所做的事情,是
按照僧侣的生活方式和依据天主教的精神进行的——即使个别人
不是如此,他们的科学精神和求知欲压倒了那个时代的信仰——
至多只是出于怜悯和同情而对那已经存在着、不过人们无从知道
来自何处的科学精神施与的一点布施,只是在那呈放着天国食品
的餐桌上残存的一些面包屑。而你怎么还对这点布施作如此高的
评价？ 实际上,科学创始于科学精神出现之时,而科学精神又恰如
出现于科学脱离修道院,转入自由的人们手中之时,这些人不需要
把科学的光辉隐藏在信仰的屏障之下。爱拉斯摩就是这种转变的
出色例证。在他那里,求知欲获得了解放,他的精神感到自己强烈
地被书籍所吸引,——ad litteras tantum rapiebatur animus,正如
他自己在写给他的修道院院长的信中所说的——但他恰恰由于这
个缘故而从他的修道院中逃跑出来。修道院的生活既与他的精神
的人相矛盾,也与他的肉体的人相矛盾。肉体和精神一样,也爆发
了革命。[2]

---

①　里巴顿涅拉:《洛约拉的生平》,第 67—70 页。

第二章 新教——信仰与
理性的矛盾

　　天主教与人的本质的矛盾是宗教改革由以产生的内在原因。新教消除了肉体与精神之间的虚假的矛盾。它敲锣打鼓地[①]重新把人们从天主教堂引入市民的、凡人的生活之中。因此,它首先把独身作为一种违背人的自然权利、不合于宗教而且专横霸道的教规抛弃掉。但是,新教只是从实践方面,而不是从理论的或理智的方面使人得到解放和拯救。因为它没有承认和满足一个更高的要求,即求知的权利,而这是理性的要求。在这点上,它仍旧囿于原来的未开化状态,它提出一些与理性相矛盾的信条,并把它们当作真正的信条牢牢地保留下来。

　　如果有人打算提出这样的反驳:新教抛弃独身,是因为《圣经》提出了"繁殖后代"的戒律;相反,《圣经》不考虑理性的要求,因为《圣经》中没有关于理性的明确戒律,而毋宁只是向我们赞美信仰,

---

　　① "谁不喜爱酒、色、声,谁就是一辈子傻瓜"。这句名言虽然没有写在《圣经》里,因而不是正式的信条,但如果我们认真地、正确地加以理解,它是具有普遍意义的。甚至从宗教方面来看(这里只涉及这一方面),仅仅依据于耶稣功绩的新教,与天主教及其有功勋的著作相比,与它那压在心头上的"Traditionibus"〔"传统"〕和礼仪相比,包含一种自由愉快的成分。此外,大家知道,宗教改革者还利用宗教歌曲,把它们作为唤醒人民的手段。

那么这种反驳便是一种毫无道理的诡辩。新教如果仅仅根据《圣经》来评论婚姻，那么尽管它不赞成独身，它也不能——至少不能绝对地——唾弃独身，因为使徒保罗极力称颂和赞美独身，而这位被神思所感悟的使徒所作的这种赞美，纵然不是正式的戒律，难道不应当对我们具有法律的力量吗？因此，新教根本不能对此作出决断，而只能把这个问题和其他许多问题一样搁置起来，直到一个幸运的时刻到来，在这个时刻，注释《圣经》的先生们用一种完全令人满意的和断然的方式对《圣经》中那些晦涩而又自相矛盾的段落作出解释。但是，在这里也和在其他一些情况下一样，神圣的自然的、理性的权利已被确定，它是一切不可靠情况中最可靠的判决，是自然的真理感，尽管《圣经》中有许多段落含意不清，模棱两可，这种真理感却能够通过自身直接辨别错误与真理。如果有人不是根据理性的、自然的权利，而是根据一个正面的戒规，即《圣经》的格言来论证和说明路德的婚姻，那他就必须证明，在《圣经》中，卡塔琳·冯·博娜是作为被指定嫁给路德的夫人而出现的，路德是根据《圣经》的某些词句与她结婚的。这种看法不仅是毫无道理的诡辩，而且是真正可笑的诡辩。一个人如果不是根据自己的愿望，而是根据《圣经》决定与谁结婚，那他也就不能根据自己的愿望决 125 定挑选这个人或那个人。人在婚姻中不是无关紧要的，毋宁说，只要挑选一个就行了。我应该挑选哪个人呢？这才是主要的问题。

如果婚姻得到批准，它便是没有罪孽的、合乎基督教的和美好的；可是，难道婚姻不常常由于婚姻的对象而变成有罪孽的吗？只有上帝给我指定的新娘才是适宜的，才是我可以接受的新娘。但这个人是谁呢？她是否是我的女邻人，抑或是我以前的女同学，抑或是年轻时代的相识,抑或是我偶然相识并一见钟情的那个人? 难道在这里我不能信赖我那在一瞬间作出决定的主观鉴赏力吗? 这些特征多么靠不住啊! 难道诱惑者没有常常——啊! 甚至太经常了——采用这样一种方法,例如利用某个非常偶然的场合使我们突然闯入一个我们竭力回避的闺房? 我们如何能辨别出究竟是善的原则还是恶的原则把这个人派遣到我们这里来呢? 即使我把基督教的身份和基督教的信仰作为我进行选择所必不可少的条件,这能有什么帮助吗? 难道这个女基督教徒不可能同时也许很富有,或者出身显贵,或者在交往中令人心旷神怡,或者身材优美,或者具有这一切优点,或者只具有其中某些优点? 难道我只能跟虔诚的女基督教徒结婚而不考虑这些诱惑人的次要因素? 也许,在我的选择中,新娘的人品才是主要的条件,而她是女基督教徒这一点却是次要的条件,尽管这也是一个绝对必要的条件? 也许在这个晦暗不明的领域里,在爱好和感情的领域里,人们至少不是完全无意识地把不纯洁的、非基督教徒的动机与我的基督教的情感混淆起来? 这就是说,我如何能够知道我的婚姻是合乎基督教的,是能使上帝满意的呢? 不! 只有写在《圣经》里的东西,才是真实可靠的。 只有当我从启示录或者《圣经》的其他部分中分毫不差地得知我的新娘的姓名、地位和人品,这时才能认为她肯定是上帝指定给我做新娘的。 只要我没有按照上帝的明确意愿和这个人结婚(因为这是主要的),我就没有按照上帝的意愿结婚。 只有当我自己决定与这个女人结婚,我才是按照我个人的意愿和这个人结婚,因为如果我不认识这个女人,那么尽管有繁殖后代这条戒规,我也许仍然不结婚。 因此,路德结婚的根据,即他完全抛弃独身的根据,并不是《圣经》，而是健全的人类理智，是 philosophia naturalis〔哲学家的本性〕，这种本性对宗教改革的影响比许多人想象的大得多。

　　新教认为，由于理性的抗议和要求超出了精神事物的范围，所以理性的抗议和要求对精神事物没有什么重要意义。新教以此为借口，忽视理性的抗议和要求，而重视自然的抗议和要求。但它恰恰因此而犯了一个更大的自我矛盾的错误；因为，依据以赞同或者反对自然恢复它的原始权利的根据，就是赞成或者反对解放理性的根据①。如果你使理性屈从于信仰的统治，那你为什么不也使你的天性屈从于基督教道德的统治呢？既然你唾弃了理性（理性无非是精神的自然，因为在它看来教义是一种不可理解的秘密），那你为什么不也唾弃自然呢（自然无非是肉体的理性，或许它之所以反对独身，仅仅是因为在它看来，一般地说，基督教的道德，因而以及独身的道德，是一种过于崇高的、因而十分可憎的秘密）？既然基督教徒不反对实践的需要，那他为什么要反对理论的需要呢？和实践需要一样，理论需要也是必不可少的、不可避免的和不以我们自身为转移的。

　　因此，如果其他任何一种具有世界意义的历史现象都需要得

───────────────

　　① 这一点在奥格斯堡教会辩护书第十一条关于牧师的婚姻中说得很清楚，它首先援引了《圣经》中的根据，然后援引了自然的根据："正如 jurisconsulti〔法学家们〕英明而正确地所说的那样，我们也可以公平合理地宣称：男女同居是一种自然的权利。既然它是自然的权利，那它就是一种植基于自然之中的上帝安排，因而它也是上帝的权利。可是，由于只有上帝才能改变上帝的权利和自然的权利，别人谁也不能，所以每个人都有结婚的权利。因为，女人对男人或男人对女人的那种天然的、生而俱有的喜爱，是上帝创造和安排的……"（《基督教的新教宗典全集》，鲍姆加腾出版，哈勒，1747年，第448页）。至于这个根据是否符合新教的神学原则和神学学说，则是另一个问题，它在这里是无足轻重的。

到辩护,那么新教自然也会从下述这一点中得到充分的辩护:一般说来,在人类发展中,实践需要比理论需要产生得早一些,因而应当比理论需要早一些得到满足;就新教那个时代来说,新教对于理性的解放也做了相当多的工作,因为它把形形色色的、使精神与情感受到压抑的迷信扔到九霄云外。但是,不论新教打算提出什么样的根据,新教从理论方面来说并不是和解的原则、调解的原则,正如天主教从实践方面来说也不是这样的原则。与新教徒相比,天主教徒甚至还有这样的优越性:天主教为了减轻或完全平息自己的斗争,可以采用这样一些手段,例如,奥里根阉割了自己,希罗尼姆躲避到阴暗的洞穴里过孤苦伶仃的生活,圣徒弗兰西斯把自己的欲望之火熄灭在冰雪之中,帕斯卡尔在身上缠上一条有刺的腰带,以便使任何一种令他厌恶的激情在它产生的那一刹那就被扼杀掉。相反,理性却与这样一个器官相连接,失掉这个器官,也就失去生命,或者,如果使用比较温和的手段,至少也就失去知觉,失去意识,失去人所具有的人性。新教徒没有任何外部的、自然的手段来减轻他内心的斗争和灵魂的痛苦,因此,他必须求助于人为的手段,求助于他自己的想象力的成果。他让自己处理自己的事情,他是一个自己给自己看病的病人。穷人啊!他只有用邪恶之泉治疗他的疾病。也就是说,无论他怎样用祈祷和念经来安慰自己和鼓励自己,他也不能消除疑虑,最后不得不一再试图用由理性产生的论据来减轻同样由理性产生的怀疑,以便理性通过自身去欺骗理性,愚弄理性。不过,最坏的是,肉体的欲望像一种昆虫,一会儿出现,一会儿消失;而求知的欲望,即理性的怀疑却是内脏里的蠕虫。正统的新教徒就是这样地把他那最凶恶的敌人经常隐藏在自己的胸怀里。他每时每刻都不得安宁,因为理性像凶恶的精灵那样把下面这个最可怕的消息悄悄地告诉他:"或许,你的信仰只不过是一种幻想?"他怎么也不会理解这个可怕的"或许",因为,凡是信仰加以肯定而理性加以否定,或者理性加以否定而信仰加以肯定的地方,至少是不会有安宁、统一的。如果那里也有安宁,那它也不是真理的安宁,不是理性的安宁,而是无知的安宁,或者懒惰的安宁,顽固的安宁,无意识地自我欺骗的安宁,极其狡猾的自我欺诈的安宁。啊,你们这些受人迷惑的基督教徒哟!你们只看见异教徒眼里的沙粒,而没有注意到你们眼里的圆木。异教徒把血淋淋的牺牲者献给他们的神,但是,有多少牺牲者由于天主教徒的信仰而被献给基督教的上帝,又有多少牺牲者由于新教徒的信仰而被献给基督教的上帝哟!区别仅仅在于:异教用作祭品的是肉体,而基督教用作祭品的则是灵魂。[3]

新教信仰把灵魂当作祭品,这主要是到近代才发生的。过去,信仰是合乎时代的,是与当时的教育水平和需要状况相适应的,是一种有根据的、影响颇为良好的信仰。但是,新教教会所特有的弊端——我说这是它所特有的,虽然天主教徒也患有这个弊端,但在那里它还不是主要的弊端——即信仰与理性的矛盾,早在过去,甚至早在路德那里就出现了。在他那里,这个弊端早就以一种非常值得注意的方式在这样一种意识中表现出来:教义与理性是根本对立的。理性的声音被认为是庶民的声音,因此被扔在一边,不予理睬,但这就与人民的声音是上帝的声音这条颇受人们喜爱的原则相矛盾。信仰依靠外在的势力上升为历史的权威,战胜了只是依靠自己力量的理性这种主观的势力。结果,出现了一种非自然的、强制的状态；人们用拜占庭式的暴行挖去了理性的眼睛，并且不顾理性的抗辩，迫使理性屈从于信仰的权威。例如，路德在谈到复活与赎罪时这样说："如果你不愿意把上帝的指示（即《圣经》）看得比你的一切感觉、视觉、思想和心灵更加重要，那你就肯定是无可救药了，你再也不能获得帮助了。……我们不必理睬理性所劝导我们的一切，或者它打算推测和了解的一切，甚至不要理睬各种感官所感受和领悟的一切，我们必须学会按上帝的指示办事，严格地以上帝的指示作为我们行动的准则，即使我们亲眼看见人被埋在地下，并在那里腐烂。……即使我感觉到，罪孽这么沉重地压迫着我，良心这么强烈地抨击着我，以致我再也无法忍受，然而信仰自然要求我必须拒绝相反的观点，而坚定地遵循上帝的指示。……《圣经》比人的一切思想、感觉和经验更为重要。"[①]

130   但是，与路德一样，加尔文以及宗教改革时期以及其后时期其他一些神学家，也表现出他们已认识到这个矛盾。例如，捷奥多尔·冯·贝扎[②]说，没有什么见解比宿命论更加与人的理智和感觉相矛盾了；威丁堡的一位神学教授龙格[③]说：在不信教的人士中，人的理性耻笑信仰的奥秘，甚至在真正信教的人士中间，理性也对信仰的奥秘表示怀疑；因此，理性像一座高大的钟楼，肉欲和魔鬼就是从那里走出来与上帝进行搏斗；人们必须把理性禁锢起

---

① 写给柯林特的书信第一封第 15 章的注释，第 2 页。

② 他是加尔文的助手，1519 年生于勃艮第，1605 年死于日内瓦。他自 1559 年起一直在日内瓦当传教士和大学教师。加尔文死后，他是建立法国宗教改革派教会的主要力量。——德文版编者注

③ 达维德·龙格，拉丁名为 Rungius，1564 年生于格莱福华，1604 年到此地拜访亲友，死于此地。——德文版编者注

来,把它置于圣训的桎梏之下,以便使它恭顺地服从上帝,并用上帝的真理和威力来对抗理性的规律。朱里耶更加生动地向我们表述了信仰使信教者感受到的种种痛苦和困惑(我们从培尔的传记中详细地了解到,朱里耶确实是一个仇视异教的、典范的正统派教徒,尽管宗教改革派指责他,说他也持有某些异端邪说)。朱里耶说:"我在上帝的举止中发现一些不可理解的事情,我很难把上帝对罪孽的仇恨与天意协调起来。这棵刺给我带来这么多的麻烦,以致如果有人能给我拔掉它,我将毫不踌躇地宣布自己愿作他的信徒。每当我注视着世界、历史以及各种事变时,我就在那里发现一个使自己陷入其中的深渊,我在那里碰到了一些把我压倒在地的困难。……坦率地说,我们必须承认,对于为上帝作辩护,我们还找不到一个能使人类精神无可辩驳的答案。理性的全部虚假的智慧都奋起反对宗教的奥秘(如三位一体,投胎降世,赎罪)。这种虚假的智慧具有这样的特征,以致人们只有通过信仰的光才能把它与真正的智慧截然区别开来。"[①]对于(亚当和夏娃因为)犯罪而堕落的教义所包含的那个晦涩难解和内在矛盾,任何自由思想都不能比朱里耶这样一个虔诚的、地道的正统派教徒,这样一个笃信宗教的神学家表述得更加清楚了。由于这个缘故,朱里耶的公开声明也触怒了一些宗教改革派的神学家。他们抱怨说,朱里耶这样一位在其他方面都很贤明的神学家,竟让不信教者攻击和嘲笑基督教(因为朱里耶声称理性的反驳是无法驳倒的);不仅如此,他

131

---

① 培尔:《对乡巴佬的问题的答复》,第 774—777、852、843 页。载《培尔文集》第 3 卷。

们还正式在荷兰教会会议上控告他。可是,教会会议宣布朱里耶
属于正统派。

信仰与理性的矛盾是培尔著作中首先引起我们注意的观点,
它无疑也是培尔思想中的一个最有历史意义的因素,但它作为一
种普遍的矛盾还没有表现出培尔的本质特征。培尔为了证明他关
于信仰与理性相矛盾的论点,甚至引证了上面提到的那些神学家
以及其他许多无可争议的正统派神学家。因此,为使这种矛盾表
现出培尔的特征,就需要对它作更加详细的说明。不过,如果我们
注意到,谈论信仰与理性相矛盾的,不仅有神学家,而且还有一些
享有世界声誉的哲人或学者,不仅有就职业、地位和思想而言都是
地道的神学家,而且还有那样一种人,他作为学者来说兼有丰富的
神学知识和渊博的学识,他作为人来说,除具有其他品质外,还具
有他所信奉的那个改革派教会的成员的品质;——如果我们注意
到这一点,那只要用健康人的目光观察一下,就能看出这样一种特
殊的区别。

132   人的地位、职业对人的思想方法、兴趣和信仰所产生的影响,
比人自己所想象的大得多。在大多数情况下,几乎已经不能把职
务上的责任感和自由的信念区别开来,不能把来自人自身的思想
与外在的职业所给予人的思想区别开来。对无数的人来说,夺去
他们的地位,也就夺去他们的信仰。他们的职责就是他们的信仰。
不是人的观点支撑着人的地位,而是人的地位支撑着人的观点。
人在道德方面怎么样,人在宗教方面也就怎么样。因此,如果把美
德看作一种外在的必然性,并以一种不恰当的、与自由概念相矛盾
的方式去限制自由,那就把美德连根拔除了。可是,既然地位或职

业如此制限着人(看吧! 如果认为只有性格才是能动的、决定性的、起积极作用的原则,而不认为事物的本质,即道德关系的内在性质和必然性也是这样的原则,那是何其错误啊!),如此从内部规定着人,以致外表的性格和内在的性格构成一种毫无差别的本质,因此,反过来,一种不受特定地位约束的自由,即不受职业和地位约束的自由,就产生、规定或要求有一种内在的自由,一种更大的自由。

培尔不是职业的神学家,一般说来,他甚至不属于任何特定的阶层和专业,虽然他早年在色当担任过哲学教授,后来在鹿特丹当了很长时间的史学教授和哲学教授。但是这种职业不符合他的最内在的本质,因此,我们很难从他所写的关于逻辑学、伦理学、物理学以及形而上学的讲义(收入他的《文集》,第四集)中去了解他。他甚至写信给色当的一位朋友说:对他来说,教授的职业是一种不堪忍受的负担,un fardeau importable。这话虽然夸张得近乎戏谑,但说得也很中肯。因此,当他辞去鹿特丹的教授职务时,他非但丝毫不惋惜,反而对他现在无拘无束的生活欣喜万分。他后来在写给他的友人米努托利的信中谈到这件事时所表述的看法,表现出他的真正本质。只有作为充分自由的、不受拘束的私人学者,才符合培尔的心愿。因此,从地位和职业的这种差别中,不必参考其他资料就可以断定,神学家所说的那种矛盾和培尔所说的矛盾必然具有不同的意义,而这种不同的意义就在于:神学家心中的怀疑是每个人有时都可能犯的职业错误,是一种违反身份的行为,而培尔心中的怀疑则是一种与他的身份、与自由的地位——自由的地位始终是批判的地位——相符合的怀疑,是一种职业的怀疑。

133

但是,天才的人,即使仅仅在自己专业范围内具有天才,或者更准确点说,具有判断才能的人,一般说来在选择自己的活动范围方面也是有才能的,也就是说,他们不作选择,因而不会选错(选择必然会选错,因为选择表示一种恶劣的自由,一种含糊不定和悬而未决的自由,因而也表示一种犯错误的自由),他们不由自主地被自己精神的内在趋向推到一个与自己相适应的领域之内。因此,如果我们可以而且甚至必须假定那些伟大的神学家——至少像加尔文、路德这样一些无可争议的伟大的神学家——是发自内心的神学家,他们不是由选择或偶然性产生的神学家,而是由内在必然性产生的神学家,那么对于培尔(他即使不是天才,至少具有伟大的才能)来说,我们愈加必须假定他按其趋向而言根本不是神学家,因此也必须假定这种怀疑是与神学家的职业相矛盾的,与此相反,培尔的怀疑是与他的内在本质相符合的。事实上的确也是如此。神学家的怀疑虽然充满智慧,但它是违背意志的。培尔的怀疑——至少与神学家的怀疑比较而言——则是符合意志的;神学家的怀疑是与本质相矛盾的,培尔的怀疑则与本质相一致;神学家的怀疑是一些苦难深重的儿童,是一些饱受痛苦与贫困的儿童,培尔的怀疑则是一些享受欢快与慈爱的儿童,即使不是直接地,至少间接地也是如此,因为这种怀疑是与他怀着喜悦和爱的心情加以选择的地位相一致的,或者至少与他那无拘无束的决断意向相一致的。培尔不是神学家,而且他也没有神学家的兴趣,没有神学家的精神和情感。

第三章　神学和科学

神学，无论是新教的神学还是天主教的神学，都立足于一种独占垄断的地位，它对其他各门科学装腔作势，摆出一副骄矜的姿态，自以为它是上帝的宠儿。简言之，正统的神学——让我们采用这个陈旧的词——是立足于一种局限的、狭隘的、不自由的利益之上的。它所希望的不外是它已经信仰的那种东西，而且不是根据科学的理由（信仰不是依据于任何科学的原则和基础）。它从历史或教义方面进行解释和证明：它所假定为真实的那种东西，虽然不是科学的真理，但也是一种特殊的真理，即信仰的真理。它所希望的不外是把那与它的这种信仰相抵触的东西铲除掉，如果不能做到这一点，就尽可能使这种东西倒过来为它效劳。持这种观点的神学家，对科学精神和理论自由茫然无知，他与科学完全是格格不入的，因为他总是把理论引向宗教和道德的领域。在他看来，怀疑就是一种恶行和罪孽；在他那里，科学只具有形式的意义。尽管他口头上也高谈科学，但他并没有认真地对待科学，因为他认真对待的只是他的信仰和他的教义。在他那里，科学始终是一种实质上没有科学意义的游戏，即使表面上他似乎也在辛勤地研究科学：他的好学精神犹如一座涂满白灰的坟墓。老实说，他丝毫没有理论兴趣（信仰早已把理论兴趣完全查封了），而只有实践兴趣；在他看来,科学只不过是一种用以达到信仰的手段。他是以一种不纯洁的、卑躬屈节的、与科学精神相违背的态度去从事科学研究的。

因此,神学的精神不是科学的精神。科学的精神是普遍的精神,是纯粹的精神,是无名无姓的精神,它既不是基督教的精神,也不是异教的精神。从来没有基督教的数学或异教的数学,也没有基督教或异教的逻辑学、心理学和形而上学,也没有基督教或异教的哲学。如果某种哲学自称为基督教的哲学,而且确实也是这样的哲学,那它就恰恰是一种有缺陷的、有局限性的、与哲学概念相矛盾的哲学。哲学不是宇宙起源论和神谱学,它既不是赫西俄德和荷马的那种离奇古怪的哲学,也不是亚里士多德或柏拉图的哲学。哲学是那些严肃地致力于研究的人们的科学,是关于逻辑和形而上学原理的科学,是关于那些支配着自然界和人类的规律的科学:这些规律是永恒的、固定不变的,它们现在支配着基督教世界,正如过去支配着异教徒的世界一样。与此相反,神学实质上是基督教的神学,它的原则不是真理本身,而是基督教的真理,凡是合乎基督教的事物都是真实的,分离主义正是神学的实质。因此,只有当人们以真正科学的精神去研究历史时,才能写出真实的、无偏颇性的历史。从基督教的观点去观察异教,那种观察就是错误的、不科学的。谁以神学精神去阅读哲学家的著作,谁就不能理解他们的著作,神学家们从教父时代开始直到今天所作的种种错误解释,充分证明了这一点。曲解、伪造和诽谤甚至经常是宗教狂热者心爱的玩意;正是由于他们仅仅依据于一个特殊的原则,他们就不知羞耻地为了自己的信仰而牺牲真理,甚至为了自己特殊的宗教利益而不履行公共的职责。

为了通过对某些人物的比较来想象神学精神与科学精神之间的对立，只需要思考一下贝尔纳和阿贝拉尔，朗弗兰克和别连加尔，沃厄戚和笛卡尔，朱里耶和培尔，朗格和沃尔夫，歌德和莱辛，梅兰希顿以及他那个时代的神学家就行了。宗教狂热者甚至把对这些人的愤怒看作自己宁愿死去的理由之一。爱情、真理、人道以及普遍性精神，始终站在科学家一边，而憎恨、欺骗①、狡诈、对异教徒的迫害狂以及分离主义精神，则总是站在神学家一边。培尔说："埃拉斯姆、路德维希·斐微斯以及其他一些人与从前的僧侣和牧师多么不同啊！这些人对文学研究的爱好胜过对神学研究的爱好，他们喜爱和平，厌恶暴力，他们孜孜不息地规劝君侯们放弃战争。"②这是不足为奇的。科学使精神得到解放，使胸怀开阔，神学却使精神受到压抑和限制。因此，神学总是怀着狂热的仇恨迫害着哲学，因为哲学使人们上升到普遍性的观点，对异教也能作出公正的评价，承认异教也有真理的成分，哲学不是使真理依附于基督教，而是使基督教依附于真理，使基督教隶属于真理。神学总是仇视这样一些人，并指责他们为异端邪说，因为这些人认为应当信仰无处不在的上帝，而不应信仰只存在于特定地区的上帝。例如，莱布尼茨就受到指责，特别是沃尔夫被指责为主张异端邪说，因为他们对印度人和中国人也作了公正的评价。日前，对于那些虔诚的神学家来说，难道明智的纳坦③不也是一把插在他们心中的刀、

---

①　例如，可参看莱辛对别连加尔的评述。《莱辛全集》，柏林 1791 年，第 13 卷，第 90—93 页。

②　《对乡下佬提出的问题的答复》，第 618 页。

③　莱辛的一个同名剧本中的主角。——译者注

一根插在他们眼中的刺吗？

可是，不要以为这种对哲学的仇视仅仅针对某种特殊的哲学。现在和将来都没有任何一种哲学能够免于被神学家看作非基督教的哲学。神学家所看中的哲学是虚假的哲学，或者根本不是哲学。在我们这个时代，莱布尼茨哲学被某些人当作基督教的哲学加以颂扬，而在他那个时代却被大多数正统派神学家、即那些货真价实的神学家看作非基督教的哲学，正如他们今天把黑格尔哲学看作非基督教的哲学一样。可是，也不要以为那些仇视哲学的人会对神学以外的其他科学持友好态度。一般说来，对科学的仇视只有在对哲学的仇视中才充分表现出来，因为只有哲学才是一门使科学观念得到充分表现的科学，它把科学精神表述为一种不以特定对象为转移的精神。如果某个对哲学感到恼怒的神学家没有把他的仇恨扩大到其他各门科学之上，那只是因为他对那些科学的精神心怀恐惧或者茫然无知。如果这个神学家诚实而又勇敢，他就应当这样做，因为《圣经》上写道：凡是不拥护我的事物就是反对我的事物。然而，物理学、天文学、植物学、生理学、解剖学和法学，在正教徒看来都不是拥护耶稣而是反对耶稣的。有多少人由于有了物理学、医学、法学而完全抛弃自己的基督教信仰哟！他们的自由思想如果不是来自这些科学，那又来自何处呢？这些科学是非基督教的科学，因而也是反对基督教的科学。

事实上，当神学精神占据统治地位的时候，这些科学以及全部
科学都被看作是为自身而存在的科学，因而是非基督教的科学：他们之所以赞同和重视科学研究，并不是为了科学自身，而是把科学

看作神学的一个手段。大家知道,路德起初是哲学的坚决反对者,后来虽然对哲学表示赞许,但仅仅出于一种外在的必要性,仅仅由于他认为哲学对神学来说是有益的。例如,路德说:我确信如果没有科学,真正的神学就不能存在①。梅兰希顿也是从同一意义上去推荐哲学的。"为了你们必须首先铭记心中的教会幸福,我恳求你们不要轻视对神学家来说如此必需的哲学。"②那个世纪的其他神学家也仅仅是出于一些外在的、与科学本身毫不相干的原因而去研究科学的。例如,麦希奥尔·阿达姆③在他的《德国神学家传记》中叙述上面提到的达维德·龙格的生平时明确指出,龙格也研究哲学,因为他认识到哲学对神学家来说是多么有益。在另一个神学家的传记中,阿达姆提出这样的问题:"神学家是否应当研究数学?"他从奥古斯丁的著作中引证了一段谈到数学有益于神学的话,对这个问题作了肯定的回答。

因此,只要神学居于统治地位,科学精神就要受到压抑。甚至在后一个时期,当正教不再居于统治地位,而只是一种受人敬重的势力时,科学精神仍然处于铩羽状态。它只能像关在笼子里的鸟儿那样扑来扑去,而不能自由地翱翔苍空。它备受约束,胆战心惊,顾虑重重,自我欺骗,自我矛盾,十分狼狈。它受到种种限制,充满许多虚幻的、与事情无关的顾虑。任何科学研究都 140

---

①　参看《路德传》,载于阿达姆的《德国神学家传记》,美因河畔的法兰克福,1726年,第49页。

②　《梅兰希顿和其他人的声明》,第1卷,第34、37页。

③　生于西里西亚,生年不详。长期住在海德堡,1622年死于此地。——德文版编者注

被限制在一定范围之内,它的对象是被随意确定的。任何一种思想,不论它是正统的或非正统的,只要没有经过神学的仔细审查,就不能得到表达。到处都与宗教有牵连,没有一门学科是独立的、自主的;他们看待任何一门学科不是根据这门学科自身的利益,而只是根据神学的利益;不是根据某种学说本身,而只是根据信仰可能从这种学说中获得的利弊,来对这种学说作出评价和判断。

例如,笛卡尔主义者特别强调指出,如果我们能够给予动物一个有认识能力的灵魂,我们就破坏了关于人类灵魂不死的天然证明,正是由于这个缘故,只有不信教者和伊壁鸠鲁学说的信徒才是他们学说的最顽固的反对者。笛卡尔主义者把这一点作为他们关于动物只不过是一种没有灵魂的机器这一学说的真理性的标准。他们试图从他们的学说不仅与灵魂不死的教义相一致,而且与关于上帝本质的宗教观念相一致中,去证明他们学说的真理性。不可否认,从宗教观念的观点看来,他们的这种论断的根据是无可反驳的。他们从奥古斯丁关于上帝是公正的,因而不幸是罪孽的必然证明这个论题中推断出:如果动物具有感觉,它们就会遭到不幸,即使它们没有犯下罪孽,因此动物必然是没有感觉的,因为,如果不是这样,上帝就会是不公正的和残暴的,他使无辜的生物遭受各种各样的不幸和痛苦,而没有为此给予它们以补偿。他们进一步推断说:由于上帝创造万物仅仅为了自己的荣誉,因此他不可能创造出任何具有爱情和认识能力的灵魂,而不责成它们去爱上帝和认识上帝;相反,如果上帝给予动物以灵魂,从而使动物具有感觉,那么上帝也只是为了一种肉体的快乐,为了使动物背离上帝,因而是为了罪孽而创造它们的[1]。

因此,在正教时代之所以有些人对科学争论持厌恶态度,而且是一种不堪忍受的厌恶态度,正是由于这些争论总是牵涉到宗教的利益,总是有一方谴责另一方,说后者的论点会给信仰的事业带来严重后果。例如,培尔与列克勒尔克关于凯特伏尔特和格鲁[2]的可塑造的自然的争论,就围绕着这样一个问题:这一争论究竟是把武器交给无神论的拥护者,还是交给无神论的反对者? 甚至莱布尼茨也特别喜欢从一种外在的观点,即从自己的思想或其他哲学家的思想对神学利益有所影响的观点,去评价自己的或别人的思想;他这样做或者是出于他想爱护和巴结他那个时代,或者是出于他确实受到他那个时代的局限性的约束。因此,哲学家们总是一只眼睛瞧着哲学,而另一只眼睛又同时瞧着神学。他们的精神不是牢不可分的、绝对的,而是相对的、分裂为二的,因而也是模棱两可的。他们没有坚持哲学的那条独一无二的标准:事物就其自

----

① 参看《转变为机器的动物》一文的摘录,载于培尔的杂志《文学界的新闻》,《培尔文集》第 1 卷第 8—9 页。还可参看《论动物的灵魂和意识》,阿姆斯特丹,1691 年,第 11 章,第 74 页等。

② 拉尔夫·凯特伏尔特,1617 年生于萨默塞特辖区,1688 年去世,当时他任剑桥耶稣学院的院长。1678 年发表《理智的体系》一书,由此著名于世,这一著作所要达到的目的与莱布尼茨的《神正论》(1710 年)所要达到的目的是一致的。这一著作中陈述的关于"可塑造的自然"的学说,指的是一种非物质的力的实体,这种实体支配着植物和动物的生命的发展。亚里士多德关于隐德来希的理论是这种学说的原型,而 19 世纪常常被人们用来说明自然发展过程的那种"生命力",则是这一学说的一种褪了色的摹仿物。

上面提到的诺埃米亚·格鲁生于 1628 年,死于 1711 年,是一位当时建过殊勋的植物学家、生理学家。他在皇家学会支持亨利希·奥尔登堡的观点,后者对斯宾诺莎很友好。——德文版编者注

142 身而言或者是正确的还是错误的。la théologie nuit à la philoso-
phie〔"神学对于哲学来说是有害的"〕,培尔的这句名言是多么真
实,而在他那个时代看来又是多么令人惊奇哟!

在神学的压迫下,自然科学家在自相矛盾方面并不亚于哲学
家。17 和 18 世纪的自然科学家宣称,他们之所以从事于自然研
究,只是为了考察和了解上帝的威力、善良和智慧。他们保证自己
研究自然只是为了宗教的利益,并用这种保证使他们在自己的良
心面前,以及在他们那个时代的宗教成见面前,为自己研究自然的
热情进行辩护。这一点也证明,在神学看来,自然研究本身是应禁
止的、不合于宗教的,或者是空洞无益的。① 但是,宗教利益本
身——当然,这不是指他们的诚实的、善良的愿望而言——只是一
种借口、想象和自我欺骗,这无损于这些卓越的、应受尊敬的人们
对真理的喜爱。在他们内心的深处,认识自然这种欲望是他们的
这种热情的主要动因。激动他们心情的正是自然本身,引起他们
注意的正是这个对象本身。

一个爱好艺术同时又虔诚信教的人,宁愿要宗教题材的画,而
不愿要世俗题材的画。可是,如果某个善良的人对我们说,他欣赏
这些画仅仅出于宗教的兴趣,那他就是说谎了。毫无疑问,这个善
良的人怀有宗教的兴趣,也怀有艺术的兴趣;艺术兴趣是一种独立
143 的、立足于自身之上的兴趣,因而不信教的人和异教徒都可能怀有

---

① 甚至关于莱布尼茨,他的《普罗托卡亚》一书的出版者也明确指出:他在观察自
然现象时绝不是作为一个游手好闲的旁观者,而是根据另一些学者的值得赞扬的范
例,在这种研究中对上帝及其尽善尽美表示仰慕(《莱布尼茨全集》,迪唐编辑,第 2 卷
第 2 编,第 190 页)。

这种兴趣。这个善良的人保存这些画，诚然是由于他具有宗教感，可是，一般说来，他保存一些画，而且是一些优美的画，则是由于他具有艺术感。对美的爱显然是这个人的基本特征；宗教感仅仅决定他喜欢哪一种艺术题材。他希望看见美，希望自己的周围总是美丽的事物，可是，这不是某种单纯的美、纯粹的美，不确定的美，不是随便任何一种美；因为，如果是这样，他就忘怀了他的宗教感对他提出的要求，他就损害了自己的宗教感，把它置于次要地位。因此，他把圣徒希罗尼姆的画像、某个使徒的头像，简言之，把某种宗教题材置于他的审美感和宗教感之间，当作这两者的中间人。可是，这些宗教画仿佛只不过是对他的良心的安慰，是他的审美感向他的宗教感所作的让步，是一种使他进入甜蜜梦境的美丽幻觉：他只怀有宗教的兴趣。应当公正一些！请把应当给予宗教的东西给予宗教，但也要把应当给予艺术的东西给予艺术！

　　17 和 18 世纪自然科学家对自然的兴趣，情况也与此相类似。它虽然是一种隐蔽的兴趣，但却是一种基本的兴趣。宗教的兴趣不仅不是他们研究自然的推动力，反而是对这种研究的障碍和限制。为了赞美上帝的善良、威力和智慧，自然研究不仅不必要，而且甚至有害。为了达到这个目的，只需要对自然界做一些一般的、表面的观察，就完全足够了。阿西西的圣徒弗兰西斯仅仅看一眼那些最渺小、最卑贱的昆虫，就感动得流出宗教的爱慕惊叹之泪。我们愈是研究自然，我们就愈加了解自然的发展，就会更早地得出关于自然界具有独立性的思想，就会更加深入地理解自然的原因，就会更多地把那些使感性的目光感到惊奇的五光十色的景象归结为相同的目的、规律和形态。只要知道那是什么，这对于宗教观察 144

来说已经足够了。可是,自然研究的核心则是要知道那是怎样的与何以是这样的。那些如此众多,如此多种多样,其中有些又如此渺小、如此无足轻重的生物,按目的来说,都与我们一样运用同样的手段来维持生活;我们用通常的目光已经察觉到的这个事实,对于宗教的兴趣来说完全足够了。但是,对于自然界的纯粹兴趣来说,则希望知道这个动物的器官是如何构造的、如何运用的,它的食物是如何组成的,它的生活方式是怎样的。此外,智慧和善良是那样一个主词的普遍的、不明确的宾词,这个主词即使按威力和无处不在来说不被认为处于自然界之外,但按本质来说则被认为处于自然界之外;威力不仅是一个不明确的宾词,而且是一个不可理解的宾词。因此,在这些不确定的特性与具有这种结构、这些器官、这种生活方式的动物或其他某些特定的生物之间,是没有任何联系的。因此,我根据这个动物对上帝的智慧、威力和善良的了解,相同于我根据另一个在种属上截然不同的动物,根据树木或石头对上帝的智慧、威力和善良的了解。更不用说,从人格化的上帝中只能解释人格化的生物的存在,而不能解释像树木、石头这样一些没有自我、没有感觉的生物的存在,从实质上说,只能解释那些爱上帝和思考上帝的生物的存在,而不能解释动物的存在,因此,反过来说,从这些动物之中也不能解释具有如此规定性的上帝。关于这一点,这里不能多加阐发。

可是,对超自然的威力、善良和智慧的仰慕,实质上不外是对事物本身的仰慕,这种仰慕仅仅在外表上、在主观上、在观察者的情感中与宗教观念有联系,因此,即使撇开宗教观念,也仍然能够感觉出这种仰慕的心情。正是由于在仰慕的事物和上帝的特性之间没有必然的联系,因此,关于这些特性的观念始终只不过是一种使自己与自然界疏远的因素,只不过是一个使事物隶属于关于造物主的一般观念的因素,在这种观念中,事物恰恰失去了它仅仅对自然科学家来说所具有的那种意义。因此,无论 17 和 18 世纪的自然科学家就他们的品质而言如何卓越,就他们的研究热情而言如何孜孜不倦,就他们用以侦察自然的手段而言如何富有创造才能,可是,整个说来,他们的自然研究精神毕竟是有限的:他们仅仅观察个别的现象,缺乏对整个自然界作深入的研究。神学以及它对奇迹的信仰,它那个超自然的、处于世界之外的、人格化的、随意支配自然界和把自然界当作机器加以操纵的上帝观念,使人类与自然界疏远开来,剥夺了人类深入地感知和思考自然界的能力。大多数人对自然界的向往,不是一种对故乡的思念,不是一种对亲属的怀念,而毋宁是一种对这个不可思议之物的惊奇感,是一种外表的诧异感,而不是一种发自内心深处的仰慕。它只不过是一种推动人们去研究自然的好奇心,因此人们首先注意的只是那些稀奇的事物(Curiosa)。在他们的上帝看来自然界是怎样的,在他们自己看来自然界也是怎样的;这就是说,他们认为自然界只不过是一架机器。罗伯特·波义耳和克里斯托夫·斯图尔姆①甚至想把自然界这个词当作异教徒的虚构废除掉。可是,谁相信处于自然 146

---

① 我们从斯宾诺莎与皇家学会第一任秘书亨利希·奥尔登堡的通信中了解到罗伯特·波义耳的情况,他也是这个学会的成员。波义耳 1627 年生于爱尔兰,后在牛津以及欧洲一些著名大学求学,1691 年死于伦敦,留下大量的物理学和神学著作,他对神学也是很关心的。约翰·克里斯托夫·斯图尔姆是他的同时代人,也是他的志同道合者。斯图尔姆生于 1635 年,死于 1703 年,从 1669 年起任阿尔特多夫大学的数学教授,他希望把数学和一种对神学的实际兴趣结合到一起。——德文版编者注

界之外的上帝,谁就不再对自然界的隐蔽本质感兴趣,——因此,
当时出现这样一句名言:"谁也不想深入研究自然界的隐蔽本质;
幸运的是,自然界只向人显露出它的外貌。"——谁始终处于一种
与自然界脱节的、外在于自然界的地位上,谁就不会对自然界有任
何认识。早期的自然科学家的情况就是如此。神学所提出的上帝
观念就是自然科学家的精神的界限、边界。那个没有生气的、外在
的合目的性概念也是由此产生的。

不过,精神对自然界还是感兴趣的;神学的兴趣已经不再是一
种独一无二的、压倒一切的兴趣了。人不再只是仰望苍空,地下的
宝藏也吸引着他的目光。[4]但是,与此同时,人在怀着喜悦的心情
注视着自然的时候,总是感到一种神学的恐怖,这种恐怖感把人从
这个世界移到彼岸世界。在有害的单一和有益的众多之间的这种
分裂,在天与地之间的这种二元论,使神学本身也分裂为二,而二
乃是众多的泉源,因而神学分解为许多特殊的或分支的神学。

神学精神的强度愈低,神学的广度也就愈大,以致阿唐·基希
尔(死于 1680 年)这位易于受骗的自然科学家、学者、耶稣教徒竟
对上帝的存在列举了 6561 条证明。到了后来,神学变得何其多种
多样啊! 自然界中的每个领域无不提出各自特有的神学:当时就
有星象的神学、岩石的神学、叶柄的神学和昆虫的神学。甚至某些
特殊的动物也有它们各自的神学。当 1748 年出现大批蝗虫的时
147 候,迪普霍尔茨的传教士拉特列夫就着手给蝗虫著书立说,并创立
了他自己的蝗虫神学。这本书在论证"上帝的伟大智慧"时,还提
出了这样的证明:"上帝是这样安排蝗虫的头颅的:它的头颅很长,
嘴在下面,以便蝗虫在吃食的时候不必深深地弯下腰去,也能方便

而迅速地取走它的食物。"①的确,自然界没有一种生物不曾被神学收为养子,不曾被神学赠给一个神圣的称号以资纪念,感谢这种生物在反对无神论的斗争中对神学作过贡献。J.A.法布里齐乌斯写了一本关于液体神学和烟火神学的书;普菲德尔巴赫的一位监督写了一本《关于雪的精神训诫》的书;P.阿尔瓦特写了《雷鸣的神学,或对雷电的理性考察和神学考察》一书;J.S.普列写了《地震的神学,或物理学和神学对地震的考察》一书;另一个人写了《雨是上帝存在的证明》一文。甚至那些首先表明自然界的隐蔽发展过程的妖魔鬼怪,也被封为神学博士。例如,富有学识的J.C.施瓦茨曾作了这样一个题目的就职演说:"论应用魔鬼来证明上帝本性的益处"(阿尔特多夫,1715 年)。的确,人的身体上的每个器官都被神学用作反对无神论的致命武器:现在,关于上帝存在的证明不是取自尽善尽美观念、不是取自神性概念,不是的!而是取自眼睛、耳朵、心脏、头脑、舌头、双手、双脚、脊椎、胃以及生殖器②。

　　有见识的自然科学家轻视,甚至放弃在个别事物中对上帝的 148 目的进行探索和揭示这样一种打算,其借口是这种打算太胆大妄为了,其实这是因为他们与培根和笛卡尔一样,已经觉察出或者至少感觉到目的论是不能导致什么成果的。可是,一般说来,外在的

---

　　① E.L. 拉特列夫:《蝗虫的神学》,汉诺威,1748 年,第 126 页。

　　② 参看 J.A. 法布里齐乌斯的《新老作家著作目录》,其中有 W. 德哈姆的星象神学,汉堡,1739 年。[还可参看迪唐出版的《莱布尼茨全集》第 2 卷第 2 编第 144 页上对 G.E. 施塔尔的反驳,后者是"燃素说"的创始人。上面提到的 J.C. 施瓦茨(1670—1747)是科堡大学校长,是一位特别多产的神学作家。——德文版编者注]

合目的性这个概念本身仍是他们的精神的一个不可排除的思想形式。勒阿缪尔无疑是 18 世纪上半叶一位思想极其开朗的自然科学家,他在其研究工作中持一种纯粹客观的观点,可是甚至这位杰出人物也说:"肯定有一些已为我们所知的特殊目的,可是它们的数量也许比我们所想象的少一些。"①他还援引许多事例来证明这一论点,可见他自己也没有摆脱这个观念的束缚。

　　但是,目的论恰恰是一种使自然研究受到妨碍的思想形态。只要人受到外在的合目的性概念的束缚,他就不能对自然界有直接的认识,因为他与自然界之间有一个处于世界之外的上帝观念。唯物主义、机械主义和偶因论,都是这一点的必然结果:全部生命、全部精神、全部理性都被纳入上帝概念之中,然而上帝却被看作是非精神的、没有理性的和没有生命的。任何一种对自然界的比较深刻的认识,例如希波克拉底关于自然界不用思索就能猜准正确手段的论题,都被认为是邪说、异教或无神论。像在其他各个领域里一样,上帝在这里也把神性排挤掉了。只有乔尔丹诺·布鲁诺和斯宾诺莎才认为自然界具有内在的生命,并以纯粹的形态把这个观念保存下来。斯宾诺莎的实体没有任何"理智",因为它就是理智本身。

　　尽管神学似乎包含有某种积极因素,这就是它使人们注意到自然界中的理性事物,可是这只不过是一种假象,我们不应受其迷惑。对于上帝的智慧和理智,我们只能从主观的意义上加以理解,只能根据与人的实践理性相类比加以思考,人的实践理性利用事

---

① 《昆虫史札记》,阿姆斯特丹,1737 年,第 1 卷,第 1 编,第 1 篇札记,第 30 页。

物以达到一定的意图和目的,事物对于这些目的本身来说是根本漠不关心的。因此,人总是处于自然界之外,人没有与其自身分离,没有由于对上帝的信仰而上升为神圣之物,没有超出日常实际生活的观念,超出外部活动的观念。可是,正如在内在方面,神学甚至在自然爱好者的心灵中也限制和阻碍着对自然的研究一样,神学在外在方面也破坏和阻挠自然科学以及一般科学的发展,而且,每当自然爱好者通过从事自然研究而使自己笃信宗教的热情日益降低时,神学的这种破坏和阻挠也就愈加激烈。[5] 作为例证,我们只要想一想哥白尼体系的命运就足够了。

甚至在今天,我们从图书方面仍能觉察出神学对科学精神施加的这种种压制和敌视的后果。当时的某些非常有意义的、极其富有才华的哲学著作,例如乔尔丹诺·布鲁诺和尼古拉·陶勒努斯的著作,之所以成为如此稀有的珍本,主要只是由于神学家对它们横加压制,给它们加上无神论著作的坏名声。可是,无神论的罪行究竟是什么呢?从政治上说,在某些众所周知的时代里,这就是叛国的罪行。

然而,为什么神学精神是一种与哲学和科学——因为,如上所述,哲学是科学的观念。——相对立的精神呢?这种对立的最高 150 原则是什么呢?这就是:神学的基础是奇迹,哲学的基础是事物的本性;哲学的基础是理性,是规律性和必然性的泉源,是科学的原则,神学的基础则是意志,它是愚昧无知的避难所;简言之,与科学原则相对立的原则,就是那个随意性原则。不过,请注意:神学作为一门特殊学问的基础,神学与哲学的特殊区别的基础,它不受哲学影响的基础,以及它不受下述限制的基础,这些限制是为了防止正统神学家作出危险结论或使他得到某种满足而强加于正统神学家的理性的,其基础或许是这样一种论断:上帝的意志与上帝的本质等是没有区别的。而这些论断和限制之所以没有否定神学自己的原则,恰恰是因为这只不过是一些论断和外表的限制。

哲学把道德规律看作伦理的关系,看作精神的范畴,看作一些立足于自身之上的观念,简言之,看作规律,而神学则把它看作上帝的命令。在哲学家看来,善之所以是善,因为它是美好的;而在神学家看来,却是因为它是上帝所愿望的,它是上帝的命令。上帝或者天主——在较晚的神学家看来,上帝太抽象了,是一个空洞概念,因此他们宁愿称他为天主——所说的一切都是正确的;至于它本身是否是善,这根本无关紧要,天主的意志就是善和正确的泉源;天主的意志实现一切。当哲学家反对把意志原则看作最高原则时,神学家就向哲学家作这样的反驳:"上帝或天主所希望的事物,就是善良的、神圣的,因为他只能希望神圣的、善良的事物,因为他自身就是神圣的,因此我对上帝的服从绝不是盲目的。"这种反驳纯然是诡辩,这是为了搪塞对方,而承认对方是正确的。因为,意志作为意志而言并不是善的根据;那种特定的、神圣的、与善的观念相同一的意志的性质,才是上帝所希望的事物就是善的这一点的根据。某一事物之所以是善的,因为上帝在这样希望时不是作为一个普通的希望者,而是作为一个善良的和神圣的希望者。在这里,意志依附于善的观念,特殊的情况(这个或那个命令)是从绝对的善这个观念中引申出来的。但是,当神学家使意志成为原则时,他所希望的和所指的恰恰不是这个。他所指的是:作为意志的意志,纯粹的、不以希望者的性格为转移而且不考虑对象的特性

的意志,作为自由的随意性——按照他的观点——的意志,从而那
种居于支配地位的、没有规律和理性的意志,乃是善的源泉。我希
望着,这就是决定性的根据;我不关心事物的内容,我不受任何规
律的约束;我是万物的主宰,我是立法者,我是无所不能的。Sic
volo,sic jubeo,stat pro ratione voluntas[①] 在神学家看来,主就是
这样说的。

　　因此,在神学看来,某物之所以是神圣的,只是因为它是上帝
设置的;而在哲学看来,如果某物本身确实是神圣的,那是出于这
样一个简单的原因,即:如果对象的性质本身不是最后的、唯一起
决定性作用、积极作用和联系作用的根据,那么我们归根结底就不
得不承认,上帝并非出于其本性或根据其概念必然是善良的和神
圣的,而仅仅是出于一种随意的行动,因而上帝是自己任命自己为
上帝的。因为,如果我们一旦把随意性看作是一条原则,那么我们
所设置的任何界限都是随意的,非理性就是唯一合理的和必然的
后果,绝对的荒谬本身就成为事物的首要的本质和原则。[6]

　　但是,对道德规律所作的这种论证只是一种特殊情况。一般
说来,神学所特有的意向在于从上帝中,而且是从上帝的意志中引 152
出事物。可以说,神学的最高的形而上学原则就是从虚无中、即从
意志中创造出事物,这条原则并非仅仅植基于奥古斯丁的精神之
中。这条原则不是一条思维的原则,而毋宁是一种毫无思想内容
的托辞,尽管它显得似乎很深刻。因此,如果想在这种虚无的背后

---

　　① "我怎样希望,我就怎样发布命令,这种意志就是根据。"这是尤维纳尔的著名
诗句。——德文版编者注

发现秘密,那是荒唐可笑的。虚无不外是那种没有根据的、纯粹的
意志在本体论或形而上学上的表现。奥古斯丁说:"为什么上帝要
创造天地呢?……因为他愿意创造。上帝的意志就是天地的起
源。"相反,哲学的意向在于从自然的原因中引出事物,也就是说,
从那些作为思维的质料的原因中,从事物的本质中,或者用近代哲
学家所使用的术语来说,从事物的观念中引出事物。[7]

　　例如,对于如何解释基督教的起源这个问题,神学不假思索就
能直截了当地回答说:基督教没有自然的起源;何必对这个得不出
任何结果的问题伤脑筋呢? 上帝创立基督教是为了拯救人类,因
为他认为创立基督教是件好事,是合乎目的的。上帝的意志就是
基督教的根据。可是,哲学却对这个问题绞尽脑汁,它经过深思熟
虑之后才开口回答说:对于你向我提出的这个问题,仅仅根据某
些——其中大部分仅仅是表面的——原因是不容易作出回答的;
如果我想给你一个我自己也感到满意的回答,我就至少必须经历
一个漫长的、而且十分艰难的过程;理性是一块酸面包哟! 可是,
为了向你说明我的方法的独特之处,这里只需要谈这样一点就够
了。对于数学家来说,点足以使地球运转起来;哲学家却没有这么
幸运。哲学家需要两种东西:时间和自然界。时间能揭露一切奥
秘,自然界是无所不能的;不过,自然界的威力是智慧的威力,而不
是纯粹意志的威力。

　　我首先从宗教的本性谈起;在这里,用我自己的术语来说:宗
教是人类精神、即民族精神的一种本质形式。因此,不同的宗教具
有共同的基础;纵然它们按其内容而言可能千差万别,但它们具有
共同的规律。不论东方哲学和西方哲学差别多大,它们的逻辑规

律、形而上学规律、理性形式和一般观念却到处是相同的。由此产生出一种令人惊讶的相似性，产生出这样的现象：甚至某些似乎是随意杜撰出来的专门术语，例如经院哲学的"此岸"（Haecceitas）一词，也能在梵语中找到。对于各种宗教来说，情况也是如此。我们或者根本不能说有什么异教徒的宗教，或者必须承认异教徒的宗教和基督教是同一的。可是，这种同一性无非就是宗教的本性。甚至偶像崇拜——即使是对那些奇形怪状的偶像的崇拜——也带有宗教本质的痕迹，这些痕迹对于思想家去深入理解宗教的隐蔽本质，也如发狂和疯癫对于了解人的心理本质一样重要。因此，在各个民族中，特别是东方民族中出现的那些与基督教观念惊人地相似的观念，并不是某种原始的、历史上曾经存在过的宗教的残余，也不是基督教的某种前兆，而是从宗教的本性中、从宗教的内在规律中、从宗教的本质中产生出来的，它们是一些必要的概念，是宗教所必需的观念。宗教规律恰恰是一些必需的观念，只有这些观念的内容才是有区别的，这里当然是指本质的区别；这种内容本身可能是非宗教的，也就是说，是与宗教的本质相抵触的。因此，基督教有一个必然的起源，一个植基于宗教本性之中的起源。[154] 如果基督教希望符合于宗教的本质，它就必须是现在这个样子。

　　基督教的第二个起源是时间上的、历史上的起源。基督教只能产生于它出现于其中的那个时代。在那个时代，古代世界日趋没落，道德极其败坏，各种民族差别和民族联系趋于瓦解，简言之，在存在着古典民族和古典时代的情况下支撑着和推动着古代世界的那一切原则都趋于崩溃。只有在这样一个时代，宗教才以一种纯粹的、排除掉一切异己成分的、与自己的本质相符合的形态表现出来。正如在一个完全败坏的、道德上和经济上都已崩溃的家庭里,往往在某个孩子身上保存着纯洁的感情,保存着对家庭的最深刻、最神圣的感情。这令人感到奇怪,因为它与通常的估计和经验相矛盾;尽管如此,它仍然是理所当然的和合乎规律的,因为对不和睦的忧虑使孩子心里充满对不和睦的恐惧,于是孩子转向自身,以求在这里、在内心世界中找到他在外部世界中找不到的东西。当时基督教的情况也是如此。我们只有通过自身而认识善,这话是正确的;可是,当我们通过恶而认识善时,我们也是通过自身而认识善;感觉到恶的不幸,也就感觉到善的幸福,因为在不具有善的情况下往往产生与具有善时相同的结果。古代的那些异教的哲学家或者生活在古代世界的古典时代,或者生活在对古典时代有着鲜明生动的记忆的时代里,而且处于错综复杂的政治关系之中。由于这个缘故,他们在思考道德观念时,至少不具有坚决的彻底性,不是独立地思考道德观念本身,而总是同时也考虑到某些民族的、政治的目的。由此产生出古代哲学家关于妇女公有、堕胎和扼杀弱婴之类的思想,在我们看来,这些思想是可憎的和不道德的,而对他们那个时代来说,对他们的那个指向某些政治目标和道德目标的普遍精神来说,则是可以理解的。然而,基督教之所以具有它的那种纯洁性、严整性和彻底性,正是由于它那个时代在政治和道德上是败坏的;精神在当时与一切政治断绝关系,它在抛弃这个邪恶世界的同时也抛弃了整个世界。在外部世界中,已不再有任何事物使它为之神往,不再有任何事物能够吸引它的目光和诱惑它的心灵。人已经对生活感到厌倦,他正是在欢乐之中厌恶欢乐的。罗马世界中的享乐和淫欲,无非是一种绝望的、自我毁灭的、自我憎恨的欢乐,是一种表面堂皇而内心痛苦的不幸。只有在这样一个毫无价值的时代和世界里,道德观念——这是基督教中唯一实在的和真实的东西——才能获得它的那种纯洁性;只要我们注意到基督教的最终目的,并剥掉幻想的东方装饰,使这些作为媒介的图像的真实意义显露出来,就能做到这一点①。即使基督教在开创时与某些民族目标有联系,那也只不过意味着,一般说来,事物并不是一开始出现时就立即显露出它的真正本质。

然而,如果你认为刚才从宗教的本性和产生宗教的时代去说明你的宗教的起源这一点过于一般化,不值得重视,那我只请你想一想你对于奇迹的信仰,这种信仰是你和所有其他人所共有的。即使你对教义的神圣性和内在真实性谈得很多,即使你在这样谈论的时候对奇迹表现出完全无所谓的态度,并不认为它具有特殊的价值,可是,当某人以否定的态度反对奇迹时,我们根据你对这个人的恼怒就能看出,在你看来,奇迹无论如何是某种非常实在的东西,因此你所说的与你所想的并不一致。谁否认你的奇迹,你就会认为他不是基督教徒。因此,在你那里,对奇迹的信仰就与基督教接合到一起并等同起来了。可是,在各个民族的宗教中都存在着对奇迹的信仰。因此,按照真理和理性的全部法则,下面这个结论是正确的:奇迹是一种自然的需求,是民族宗教的一种表现形

①　拉·莫特·勒·瓦耶[生于 1588 年,死于 1672 年,路德维希十四世的教师——德文版编者注]在其著作《异教徒的美德》第 354 页上写下这样一个评语:"在道德极其败坏的时代里能发现一些最卓越的道德典范;美德使自己增强起来以与罪恶相对抗,这两者的敌对状态使双方的力量成倍增长"。此著作载于他的文集第 5 卷,1684 年出版。

式。与异教的奇迹一样,基督教的奇迹也是从同一种需求中产生的,从同一种必然性中产生的。对奇迹的信仰是一条心理学的逻辑规律;奇迹不仅不是超自然的,甚至是宗教精神的一种合乎规律、合乎自然的现象。你用以使你自己与异教徒区别开来的那种东西,只不过是你的奇迹的目的、性质和类型。因此,如果你为自己的宗教具有自然的起源感到羞愧,那你首先要为你对奇迹的信仰感到羞愧,因为这种信仰具有纯粹是自然的起源。如果你想对我反驳说:根本不能把你的奇迹与异教徒的奇迹相提并论,因为你的奇迹是真实的,异教徒的奇迹是虚妄的,因而你的奇迹是有根据的,异教徒的奇迹是虚假的;那我也可以反驳说:关于奇迹是真实的还是虚妄的问题,更正确一点说,关于奇迹是否出现过或者是杜撰出来的问题——因为,即使奇迹出现过,它也绝不是真理,真理就是规律、理性、法则,而不是对规律的排除和否定,不是异常情况——是一个完全次要的问题,而且与此毫不相关;因为,即使异教徒的奇迹只不过是一些杜撰出来的、虚妄的奇迹,可是,对他们来说,也如对你们一样,奇迹是一种需要,是他们的宗教所必需的概念。如果异教徒对虚妄奇迹的信仰,与你对奇迹的信仰一样,产生于同一种需要,那么,反过来说,你对奇迹的信仰也和异教徒对奇迹的信仰一样产生于同一个泉源。不论你怎样地把你的奇迹与异教徒的奇迹区别开来,不论你怎样吹嘘说,在你那里,奇迹仅仅是为证实真理服务的,因而具有一种与异教徒的奇迹根本不同的意义,可是,你的真实的奇迹和异教徒的虚妄的奇迹都立足于同一个内在的根据之上。奇迹是宗教的一个必要的观念,它被看成为事实、事件;至于它是真实的还是非真实的,这并没有什么差别;对奇迹的信仰就是奇迹的本质。信仰与理性和自然的规律没有联系,因而与历史的真实性和现实性的规律也没有联系。因此,在对奇迹的信仰中包含着一个值得注意的矛盾,这就是:这种信仰希望感觉成为它的可靠性的一个最后的和决定性的证明,可是它又拒绝给予感觉以任何真理性和可靠性,因为它否定了感性现象的规律性;它希望用自然的眼睛看见超自然的、即违背自然的事物,并相信它能够看到。但是,奇迹既不是感觉的对象,也不是理性、思维精神的对象。

　　例如,如果水会变成酒,那么,为了证实这个奇迹是一个感性事实,这个奇迹就必须在我眼前发生,也就是说,我必须看见水是怎样变成酒的。只有通过我亲眼看见这是如何发生的,看见这个奇怪的变化过程,我才会相信这个奇迹是可以信赖的;可是,那样一来,这个奇迹同时又不是奇迹了,因为我已知道它是怎样发生的。为了使自己不受欺骗,为了使自己对此毫无怀疑,为了获得一种极其完备和十分可靠的确实性,我们这样设想:水变为酒这个奇迹不是在瓮里发生的,而是在透明的、一目了然的玻璃杯里发生的。可是,我的眼睛看见什么呢? 我所看见的不 158 外是杯子里是酒而不是水,也就是说,是这一种自然物而不是另一种自然物,但我们不了解、即没有看见酒是怎样进入杯子里的;因此,我只是相信奇迹,而没有看见奇迹;我只看见酒以一种我不能觉察的方式取代了水,可是对这个奇迹本身,我却没有获得任何客观的、感性的确定性。我的感觉仅仅告诉我:酒是酒,水是水,原来装水的杯子转瞬间装上了酒;但没有告诉我:水变成了酒。这种非自然的和超自然的创造并不是事实,而只不过是信仰的事情。

正如空间中的虚空不是感觉的对象,不是经验的对象,性质上的虚空,水和酒之间的这个无限的深渊也是如此,只有信仰才能跳越这个深渊。

因此,真实的奇迹没有任何客观的特征,可以借以与杜撰的、想象的或者只不过是伪造的奇迹区别开来。把奇迹看作是历史的事实或真实的事件,这是自我欺骗。事实是这样一种东西,它在其产生的那个时刻就只能是它那个样子,因而旁观者不可能对它有所怀疑;由此直接地和必然地引出这样一个论断:它存在着,而且是这样地存在着。可是,奇迹则是一种没有发生而又发生的东西,是一种没有完成但又完全完成的东西,是一种没有感性过程、没有自然根据的感性事实。因此,奇迹甚至在它出现的那个时刻,也没有必然引出它是奇迹这样的论断;奇迹赖以成为奇迹的那种东西,这一事实的本质因素,并不是感知的对象;因为我只能想象和相信它是按奇迹的方式发生的,但我并不知道它确是如此发生的。奇迹并未排除这样的怀疑:也许它是奇迹,也许它是按自然的方式发生的。它让人自行处理,让人听从于自己的意志和心愿:奇迹是与真实的、感性的和无可反驳的事实概念相矛盾的。事实是笃实的、开朗的、可信赖的、无条件的、绝对肯定或者绝对否定的,而奇迹则是暧昧不明的、骗人的、隐匿的、不诚实的。事实仅仅把自己表现为它实际上是的那个样子;即使它没有告诉我它的自然的根据和过程,它也没有否认它具有自然的(哪怕是我不知道的)根据,因而它不需要把自己冒充为自然的事实,然而奇迹却把感性的事实冒充为非感性的事实。事实是单纯的和天然的,因而是不可抗拒的;奇迹却想获得别人的敬仰,它给予自己以一种特殊的、但不具有丝毫事实性和客观性的意义,它所说的不同于它所想的,它使用某些最普通的符号和词汇,但赋予它们以一种随心所欲的、与词的使用,甚至与语言的法则本身相矛盾的意义。奇迹根本不值得信仰,因为它与真理的本质相抵触。真理仅仅信赖自己,它不屑于借助某些使人沉醉、引起幻想但又压抑理智的手段,迫使人们对它表示赞同。帕斯卡尔说:"我们必须根据奇迹对教义作出判断,同时也必须根据教义对奇迹作出判断。我们用教义去辨认奇迹,同时也用奇迹去辨认教义。这一切都是真实的,是与自身不矛盾的。"①可是,奇迹并不能证实教义,教义也不能证实奇迹。教义是真实的,奇迹却依据于一个根本错误的前提,依据于一种极其肤浅的自然观,依据于一个不是人从自然界深处获得的判断,它不是从认识的观点,而是从日常现实生活的观点去观察自然界,在日常生活中自然界仅仅在其表面的外貌方面成为我们的对象。正如在那些见识肤浅的、世俗的人们看来,那些重视精神境界的人们的生活是可悲的、不幸的,因为这种生活没有呈现出显著的变动,没有呈现出令人惊讶的变化,这些人不了解这种表面上千篇一律和单调乏味的景象,恰恰证明内心生活的丰富多彩和自得其乐;同样地,在那些从日常生活观点观察问题的人们看来(在日常生活中,他们总是仅仅注意那些千篇一律、周而复始的现象,他们所观察的对象只是内在规律性的表面结果,而不是这种规律性本身),自然界是一种平凡的、琐屑的事物,因此他们认为只有在强制性的中断、剧院里的喧哗和莫明其妙的短剧中,才能

_____

① 《论奇迹》,第 1 条。

觉察出上帝精神的踪迹。然而,事实上,只有自然规律才是值得惊叹的,才是那种支配着自然界的上帝精神;规律绝不是僵死的文字,而是活生生的、有深刻意义的精神,是自然界本身的内在的、有创造力的、决定着一切的灵魂①。

161　　因此,尽管哲学也相信奇迹,但它不相信神学的奇迹。至少,那种配得上这个称号的哲学,那种并非神学的卑贱情妇的哲学,那种并非在思考和表述任何思想时都用哭泣的声调向神学乞求宽恕,以求不致损害它与神学之间的舒适愉快的友好和睦关系的哲学,那种没有怀着奴隶般的情感向千百年来的成见枷锁屈膝匍拜的哲学,是不相信奇迹的。这种哲学不相信随心所欲的和漫无规律的奇迹,不相信幻想出来的奇迹,而相信理性的奇迹,相信来自事物本性的奇迹,相信认识中的那些隐蔽的、严肃的奇迹,贤哲之士只有集中自己的智慧并在一个科学上极度振奋的时刻,才能在偏僻的缪斯之庙里看到这种奇迹。这种哲学不相信那种在市集的广场上靠敲锣打鼓来引起那些追求外表

---

①　对于那些把自然规律看作僵死的东西、因而仅仅想在外界现象的多样性和杂乱性中发现精神和生命的人们,这里可以指出(不过在这里对此不作进一步的应用):甚至自然界中的异常现象和不规则现象也是内在规律的结果(这条规律是多么生动、多么明确啊!)。例如,"雄蕊中的花丝有一半还没有成熟,或者果实的小瓣仍然是空的,这就是一条真实的、甚至在整个(植物)科属中都肯定有效的自然规律。"的确如此,"为了形成一种和谐匀称的组织,自然界往往创造一些完全无用的形态"(德·康多尔和K.斯普伦格尔:《科学的植物学原理》)。从某种观点看来,奇迹诚然是不可克服的和不可或缺的;理性甚至对奇迹表示容忍,尽管这种容忍只是以非理性的形式表现出来。例如,莱布尼茨这样谈论奇迹:"自然规律受规律创立者的支配"(《论信仰与理性的一致》)。诚然,在这样一个前提下,奇迹具有好的意义,是从你的观念中得出的一个完全自然的结果;然而,这个前提恰恰是错误的,而且是根本错误的。

豪华的庸俗市民对它张口凝视的奇迹。它相信的是那种永恒不灭的、永远自我更新的、有生命力的、普遍的奇迹,而不是那种局部的、短暂的、僵死的、因而没有思想和意义的奇迹。哲学不向往有时间性的事物,尤其不会向往埃及人对古代木乃伊的顶礼膜拜。

第四章　宗教和道德;培尔
关于无神论的思想

　　现在回过头来谈谈培尔。可以说,培尔按其天性而言,按其本意而言,根本不是神学家,而是一个非神学的、甚至是反神学的人,也就是一个有思想的人。根据以上所述,我们对神学的人和反神学的人之间的对立,被当作神学的人和有思想的人之间的对立的同义词使用,并不感到奇怪;因为,谁从上帝的意志中引出某物,谁就恰恰由于这个缘故而越出思维的领域,谁就提不出任何作为沉思对象的内在根据。培尔的本质兴趣不在于用一些不明确的观念和普遍性来愚弄自己,他在一切场合都激烈反对这些不明确的观念和普遍性。他的本质兴趣在于清楚明白地观察事物,从事物的规定性和固有本质方面去理解事物,并从事物的自然的根据、即真实的和理性的根据中引出事物。在他的头一部重要著作,即在他的《关于 1680 年 12 月出现彗星一事写给索尔朋的一位博士的杂感》〔Pensées diverses écrites à un docteur de Sorbonne, à l'occasion de la comète qui parut au mois de décembre 1680〕[①]中(这颗彗星的出现几乎使全世界陷于极端恐怖之中),已经十分明

---

　　① 收入他的《文集》第 3 卷。

显地表现出这种精神、这种兴趣。培尔的意图不外是按照彗星的 163
本来面目去描述彗星,把它看作是一个自然的物体,排除宗教成见
赋予它的恐怖意义,把它的真实形态表现出来。可是,在这点上,
由于他的同时代人见识狭隘,他不能指望仅仅借助于哲学和物理
学的论据来达到他的目的,于是他特别试图借助神学的论据来破
除他们的成见。他证明说:如果彗星是上帝为预示灾祸而创造的,
因而仅仅被用作一种达到宗教目的的手段,像当时人们普遍认为
的那样,那么彗星就会使偶像崇拜者更加迷信,从而产生一些与上
帝的本质相矛盾的后果。

　　这个论点引导培尔得出一个在当时来说应受指责的论断,即
无神论并不是一种比多神教,或者一般说来比偶像崇拜或迷信更
加严重的邪恶。这个论断又引导他得出下面这些"声名狼藉的"论
点:无神论并非必然地与不道德现象连结在一起;甚至国家本身也
完全可能由无神论者组成,因为无神论者可能由于自然的原因而
去办好事;一般说来,人们在生活中不仅没有遵循,反而违背他们
的神学原则、即宗教原则;因此,无神论者也可能——部分说来确
是如此——这样地生活,即好像他们是信仰上帝的,而信仰上帝
者、基督教徒却可能——实际上也是如此——这样的生活,即好像
他们是不信仰上帝的。这是一个严酷的真理! 基督教徒在生活中
没有遵循他们的宗教信念,他们的生活与他们的信仰是矛盾的。

　　培尔说:"所有的人都知道,甚至那些只了解福音书的基本常
识的人也知道,我们的神圣的宗教精神给我们规定,要我们忍受不
公正的行为,要我们谦让恭顺,因此这种精神肯定不会向我们灌输
好战的情绪;福音的勇气是一种与好战的勇气截然不同的勇气;可

是,世界上没有一个比基督教徒更加好战的民族。在这方面,甚至
164 土耳其人也比基督教徒逊色一些。确实应当更加尊敬基督教徒,
因为他们比伊斯兰教徒更加了解如何置人于死地,如何大量摧残
和毁灭人类[1]! 不信教者甚至是从我们这里学会如何使用更优良
的武器。我当然知道不信教者向我们学习这种技能时不是把我们
看作基督教徒,而是因为我们拥有更多的知识和技能……尽管如
此,我在这里仍然发现一个十分令人信服的证明:世界上人们并不
是以宗教教义为行动的准绳,因为,显而易见,基督教徒把他们的
全部精神和全部感情都用于使他们的战争技能日臻完善,他们对
福音的了解丝毫也没有使他们放弃这个残酷的打算。"[2]

"甚至那些把一切偶像崇拜都排除于自己崇拜范围之外的基
督教徒,仍给自己塑造了一个偶像,这个偶像名为名誉;他们把自
己的安宁、才能、生命,甚至对自己灵魂的拯救,都献给这个偶像。
即使一个十分热忱的新教徒,如果他被别人打了一记耳光,也会为
了恢复名誉而与别人决斗。他完全知道:宗教吩咐他要宽恕最严
重的侮辱,他每天在耶稣基督自己规定的祈祷中恳求上帝宽恕他
的罪孽,就像他自己宽恕他所遭受的侮辱那样,也就是说,如果他
不宽恕,他就要谴责自己。他还知道:宗教禁止他杀害别人;如果
杀害别人,国家的法律就要处他死刑;而他不冒杀害别人的可能
性,他就不能进行决斗。他自己还要冒这样的危险,即自己被别人
杀害,使自己的灵魂在复仇的愤怒中毁灭,也就是笔直地走向地

---

① 《历史批判辞典》,条目"穆罕默德",注释部分,第 261 页,1740 年出版。
② 《杂感》,第 141 节,第 90 和 91 页。

狱，因为他不能确信是否自己还有行善的时间。可是，这一切都无 165
补于事，因为对名誉的考虑对他发生了一种比他的生命利益、灵魂
拯救或宗教信仰更大的影响……就基督教所禁止的一切事情来
说，情况都是如此，可是基督教徒并不因此而较少受到尊敬。"①
"甚至日常生活的活动，那些按照人们的观点完全无可指责的生财
之道（例如经商和放债），也不仅与福音的精神相抵触，而且违背基
督和信徒的明确规定的禁令。一个终生致力于注释《圣经》的神学
家，如果他把自己的时间用于祈祷和热爱基督的活动，那就有益得
多。所有的作家都必定同意这样的看法：如果按照福音的规定去
评判他们，他们就会受到谴责。"②

"宗教没有能力控制我们的激情。过去有一段时期，在德国曾
允许牧师和修道士在每年向他们的主教交纳一定数额的税款之
后，可以保留自己的情妇。人们通常把贪欲看作造成这种可耻宽
容的唯一原因。然而，也许正是由于采取这个措施，才使那些可敬
的妇女的贞操少冒一些风险，并使她们的丈夫免于担心忧虑，也能
防止他们采取报复行动，而这对教士们来说是有好处的。看起来，
基督教已如此没有能力抑制淫荡行为，以致人们认为有必要牺牲
一部分妇女以拯救另一部分妇女，容忍较轻的罪行以防止发生更
严重的罪行。可是，尽管采取这种办法，严重犯罪的行为仍然成为
一种司空见惯的现象"（《杂感》第 165 节）。"因此，当代的道德败
坏决不是来自于最近几百年来不信教的思想"（第 156 节）。"如果 166

---

① 《对乡下佬所提问题的答复》，第 966 页，第 3 卷。

② "对淫邪的说明"，载于《历史批判辞典》第 4 卷第 649 页和《对乡下佬所提问题
的答复》一书中最有趣的一章——第 28 章第 3 卷第 979 页等。

信仰指的是真正的信仰,即那种总是与上帝的爱相伴出现并且是
神圣精神的特殊恩赐的信仰,那这就说对了;可是,如果把不信仰
理解为缺乏信念,也就是说,由于我们认为基督教的信条是不可靠
的和不确定的,因而我们过着不幸的生活,那这就不对了;因为,除
了某些显贵的人士和冒牌的学者,或者,在你们这些神学家先生之
中的某些人之外,我们所有这些人都相信人的轮回秘密,相信耶稣
基督的逝世和痛苦,相信基督的升天和他降临到我们的祭坛之
上[①],相信末日审判和死者复活,相信天堂和地狱。也许,我们对
这些事情没有明确的信念,可是,我们至少有一些无可置疑的信
念。我们的农民,我们的手艺工人,我们的士兵,我们的市民,我们
所有的妇女,以及大多数贵族和学者,都真诚地和坚定地相信作为
信仰的象征的全部信条。只有极少数人怀疑基督教的完善性,并
把关于来世生活的一切言论看作无稽之谈"(第 150 节)。"然而,
只有关于我们的宗教秘密的信念才与各种各样的不道德现象相处
得最为融洽。""对我们的秘密的信念并不能使人的心灵纯洁起来"
(第 147 节)。"正如经验所教导的,那些相信天堂和地狱的人也能
犯各种各样的罪行。由此可见,作恶的欲望并不是产生于对上帝
缺乏了解,正如作恶的人并不会通过认识赏罚严明的上帝就变好
一些。因为,一个对上帝毫无认识的人的作恶欲望,并不比一个对
上帝很了解的人的作恶愿望更强烈一些"(第 145 节)。"在那些犯
下许多罪行的强盗和被收买的凶手中间,有一些人不信教,这种情
况是可能的;可是,相反的情况尤其可能,即在那许多落在刽子手

---

①　培尔是以天主教徒的身份写他的《杂感》的。

刀下的罪犯中间，找不到一个无神论者。"[1]"我们甚至可以把下列三点当作原则：一、某些极其不道德的人可能同时完全确信某种宗教的真理性，甚至基督教的真理性；二、心灵的认识不是我们的行动的原因；决定我们的行动的，不是头脑中的那些一般的观念和见解，而是当时心中的激情（第 138 节）；最后，第三，一般说来（因为，我总是把那些遵循上帝精神的人排除在外），对宗教的信仰并不支配和决定人的品行，除非他极其易于在心中产生对信仰不同者的愤怒、恐惧（当他受到威胁时）和其他类似激情"（《杂感》第 143 节）。

既然信仰或宗教没有能力抑制我们的激情，因此我们所做的善行也不是来自于信仰。"如果人们认为他们所做的那些值得赞美的事情来自对上帝的爱，那他们是多么错误啊！……瞧吧，就大多数可尊敬的人士来说，情况就是如此。他们有一种精细地加以培植而不愿抛弃的、衷心喜爱的情欲。在其他方面，他们的品行都是合乎道德的。他们以此自豪，并且认为他们在这方面对上帝作出了很大的贡献。可怜的无知啊！如果你们能够对上帝作出很大的贡献，那你们就应懂得，你们首先应当献出你们衷心喜爱的那种情欲，我们却不应献出我们的气质使自己对之无动于衷的那种情欲"（第 176 节）。"如果说某些罪恶比其他罪恶出现得更加普遍和 168 更加经常，那么其原因仅仅在于有一些罪恶更容易犯一些，而且，一般说来，它们比其他罪恶引起一种更强烈的快乐。因为，总而言之，快乐（la joie）是人的一切行为与活动的灵魂；尽管有人反对这

---

① "对无神论者的说明"，《历史批判辞典》第 4 卷第 13 条注释的第一段，1740 年出版，第 629 页。

种看法,然而,可以肯定地说,人对欢乐的喜爱胜过于对痛苦的憎恶,对善的感受胜过于对恶的感受。只要在接受烦恼和痛苦之前能享受快乐,人就会毫不踌躇地接受烦恼和痛苦;不仅如此,只要在接受烦恼和痛苦之后能享受快乐,人也会接受烦恼和痛苦"(第167 节)。"举例来说,为什么在基督教徒中的复仇情绪如此普遍呢? 也许是因为我们不知道福音已把复仇看作一种罪行而禁止我们采取这种行动? 绝不是如此。……这是因为复仇对所有的人都有一种魔力。意大利人就看出复仇有这样大的魔力,以致他们以一种令人战栗的口吻这样说:上帝之所以为自己保留复仇情绪,为的是使他自己唯一能够享受这份如此精美可口的佳肴"(第171 节)。"人们——我当然把神圣精神的天恩在他们身上充分施展自己效力的人们排除在外——活动的真正原则不外是这样一些:气质;对享乐的自然爱好;对某些对象的喜爱;享乐的欲望;在与我们友人交往中养成的某些习惯;某些植基于我们本性之中的情绪"(第 136 节)。"因此,你们不要以为,那些不信宗教的人比你们这些信仰自己宗教的基督教徒在举止上坏一些;因为,如上所述,对同情、适度、宽宏等的喜爱,不是来自我们知道有一个上帝,而是来自某种气质结构,这种气质结构通过教育、个人利益、荣誉感、理智本能以及其他一些与此类似的、在无神论者和其他人身上都有的动机而愈益增强"(第 146 节)。"支配世界的只是一些世俗的原则——对世俗的法庭审判的恐惧,首先是对蒙受耻辱的恐惧。妇女的谦恭温顺就是一个例证。有多少妇女就是《忠实的牧人》这首田园诗中描绘的那种宫人草的原型,她们为了所尊敬的神而牺牲自己爱情的热情哟!"(第 162—164 节)

"无神论者组成的社会只要严厉惩罚犯罪行为，并把荣誉和耻辱的观念与某些事物联系到一起，就能在实现市民的、合乎道德的美德方面不亚于其他任何社会。因为，并非由于社会成员不了解有某个原初的存在者是世界的支持者和创造者，以致他们不仅没有荣誉感和耻辱感、奖励感和惩罚感以及其他一些推动人们前进的情感，而且没有对理性的一切认识。因此，在无神论者中间也能碰到那样一类人，他们与别人交往时坦率诚恳，乐于帮助穷人，仇视不正义的行为，对朋友忠实，对侮辱者宽宏大量，能够抑制情欲，对任何人都亲切友好。""人们关于荣誉与合乎礼节的概念——这些概念在基督教徒中间占据统治地位，它们在不同时期和不同民族中是各不相同的——绝不是来源于他们的宗教。诚然，也有一些普遍概念，因为，在任何一个基督教国家中，妇女的贞洁都不是被看作一种耻辱。然而，如果我们希望成为诚实的人，那我们就必须承认，这个概念是与摩西和福音一样古老；它是某种与世界本身一样古老的印象（impression）。异教徒也不是从他们的宗教中获得这个概念的；这个概念是自然的产物，也就是说，是一种普遍的天意"（第 172 节）。"因此，那种认为无神论者只要不担心受到世俗法庭的制裁，就会犯下任何罪行的想法，是根本错误的。伊壁鸠鲁主义者做了许多合乎道德的和值得尊敬的事情，他们完全可以不做这些事情，而又不必担心受到惩罚，他们在做这些事情时确实为了美德而牺牲了自己的利益和快乐。理性曾经对古代的智者说过这样的话：人们是出于对善的爱而行善，美德本身必然会获得善报，只有恶人才是由于害怕惩罚而不去作恶。……难道我们没有读过，伊壁鸠鲁尽管否认天意和灵魂不死，但他并没有由此不再敬神? 有人指责说:伊壁鸠鲁根本谈不上对神有什么崇敬,因为他确信神既没有促使人行善,也没有促使人作恶;对于这样的指责,难道伊壁鸠鲁不会反驳说:仅仅神的完美本性就足以成为对神崇敬的根据? 因此,的确是这样:理性不需要宗教的协助,就能发现教父们如此颂扬的虔诚敬神观念,这个观念使得人们仅仅由于上帝无限完美,而去爱慕上帝和遵守上帝的命令。我由此相信,理性往往不需要了解宗教就能使人们确信有一些值得尊敬的事情,人们出色地和应受赞扬地做这些事情,并不是由于从其中可以获得什么好处,而是因为这是合乎理性的"(第178节)。

"有一些这样的思维规律,它们本身就是正确的和真实的,它们不以人的意志为转移,不是主观随意性的结果。把人的精神跟这些规律的本质和特性对立起来,这是无益而又可笑的。可是,如果对于理智活动来说存在着某些特定的和不变的规律,那么对于意志活动来说也应有这样的规律。这些活动的法则并不都是随意制定的;有一些法则来自于自然的必然性,是我们绝对必须遵守的。因此,正如与推理法则相矛盾的结论是错误的,同样地,与意志法则不一致的意志活动也是错误的。其中最普遍的法则是:人必然愿意做与理性相符合的事情,如果他经常想做违背理性的事情,那他就没有完成自己的职责。你们应当确信,绝不会有那样的无神论者,他们竟把遵循逻辑规律看作是无关紧要的。因此,他们显然认识到,任何一个人只要作出谬误的推理或诡辩,不论他是故意或者无意,那都是可耻的。既然如此,你们为甚么要否认无神论者具有认识每个人都有责任按照理智调整意志活动、即实现道德规律的能力呢? 美德因其自然本性就是讨人喜爱的,而不以任何规律为转移。有人曾这样地询问希腊哲学家："你从哲学中学到什么呢？"回答是："自动地（άγεπιτάχτως）做别人出于害怕法律才做的事情。"恰恰是由于美德有一种内在的美，内在的善，由于道德真理根据事物的本性自身并在上帝制定训诫之先就已把某种职责加诸人，因此托马斯·阿奎那和雨果·格罗齐才能断言："即使没有上帝，我们也有责任服从自然法的规律。"①

　　希腊哲学家赫尔米主张我们不应当利用商人的无知，而必须在商人不了解商品的真实价格的时候，提醒商人注意这一点……赫尔米不赞成"Volenti non fit injuria"（"只要本人愿意，无论怎样对待他都没有什么不公正"）这样的言论。"他的行为符合于这个善良的原则，因为当有人想卖给他一本书而要价太低的时候，他就对这个人说要价太低了，并付出比要价更多的钱。他在其他许多场合下都是这么做的，只要情况需要，他就经常这样做。难道还能想象出一种更加配得上哲学家称号的行为？像这样立身处世的基督教徒确实是很少了。"②"在占领麦加拉③之后，德默特里写信给哲学家斯提尔波，要他开出在抢劫这个城市期间他所遭受的损失的清单。斯提尔波回答说，他没有损失什么，因为没有任何人能够抢劫他的理智和学识。同时，他给这位君主提出许多忠告，向后者灌输关于人道和慈善的崇高信念；他使这位君主深受感动，以致后者接受了他的忠告。我完全相信，在我们的教徒中间也有一些如此立身处世的善良的人；可是我也相信，也有一些人遵奉这样的原则：人

172

----

①　《杂感续篇》，第 406、410、415 页。

②　《历史批判辞典》，"赫尔米"这一条目。

③　麦加拉（Megara）是古希腊麦加利的首都。——译者注

总是先考虑自己的利益。如果某个君主在抢劫城市之后向这些人许诺,答应赔偿他们的全部损失,那么这些人肯定会利用这个机会,向他灌输仁慈的信念,要他关怀人民的福利,不过,他们同时也不会忘记向他送上一份关于他们丢失的全部物品的精确清单,他们会作种种安排,以便他们所获得的赔偿超过他们所遭受的损失。可是,你们在这里看到一位丝毫也不比教徒逊色的哲学家,他只是把作为战胜者的君主给他的恩典,用于向这位君主灌输和平与宽容的思想;他没有向君主呈上一份损失清单;他的家被抢了,人们向他提出充足的赔偿,然而他回答说,他没有损失什么,他的财产不是士兵们能够抢劫的什物。这种态度无疑是十分高尚的。"①

"异教哲学家克谢诺克拉特的德行是如此纯洁,如此庄严,如此合乎道德,或者毋宁说如此严峻,以致当今的神学家肯定会把与他类似的人看作是冉森教徒或严正派。他完全能够控制自己的情欲。有一位色艺超群的才妓打赌说,他抵抗不了她的诱惑;可是,她输了,尽管她睡在他的身边,因而有可能施展她的全部色艺。的确,这是一次卓越的胜利,它简直可以与圣徒阿德尔姆以及其他某些据说已幸运地经受住类似考验的圣徒比美。然而,贞洁并不是这位智者的唯一美德;他的一生还因具有其他各种能节制自己的美德而知名于世。他既不爱享受,也不爱财富,也不喜欢受人赞扬。他绝不会受人贿赂;他的真实性和正确性是如此地毋庸置疑,以致雅典的行政当局宣布,只有他一个人可以不必用誓言来证实自己的供词。他向当时最大的酒色之徒波列莫宣讲节制的美德,

---

① 《历史批判辞典》,"斯提尔波"条目。

给予后者以如此深刻的印象，以致后者立即作出决定，改正自己的错误，并致力于研究哲学。波列莫还把这种悔改决心坚持下去；这位悔改者后来成为一个颇受尊敬的哲学家。如果卡普勤教徒[①]的布道在今天能产生这样的转变，那么人们就会把这看作是神圣精神的特殊影响，并对神恩的法力表示赞叹，按照冉森教徒的观点，神恩主要是通过自身发生作用的；因为，克谢诺克拉特的讲演对之产生如此转变的那个人，绝不是通常类型的酒色之徒，而是他那一类人的行家，他把自己的放荡行为看作一种特殊的荣誉，等等。"[②]

　　"甚至对异教哲学家中间的那些直言不讳的无神论者，也不能在他们的道德品行方面提出任何指责，他们也清楚地认识到善与恶、正确与错误之间的区别。迪阿戈尔这位往往被称为无神论者的人，给曼梯尼阿的居民制定了卓越的法律。""根据勃利尼著作中的某些段落，甚至可以把他划入无神论者之列。除了自然界之外，他不承认其他任何神，而且嘲笑关于神意的信条。""在犹太人中间有一个教派，它直言不讳地否认灵魂不死，这个教派就是沙都凯派。"可是，我并不认为这个教派由于它信奉这种不合乎宗教的教义就比其他犹太人更坏些。也许，恰恰相反，他们比那些以遵奉宗教法规过分自夸的法利赛人更公正些。巴尔扎克先生[③]在他的《基督教的苏格拉底》一书中报导了一位作为无神论者度过一生的

174

---

　　①　卡普勤教徒(Kapuziner)是天主教卡普勤教团的教徒，他们均穿深褐色僧衣，头戴尖帽。这个教团是弗兰西斯教团的三大支派之一。——译者注

　　②　《历史批判辞典》，"克谢诺克拉特"条目。

　　③　法国著名的散文作家，1594年生于昂古莱姆，1655年去世。他通过其著作对法语的发展作了很大贡献。——德文版编者注

君主的遗言,并且给予他以这样的评语:这位君主并不缺乏合乎道德的品德,他"老老实实地"发誓,也只喝清凉的饮料,他过着极其合乎常规的生活。"①"不久以前,在君士坦丁堡有一个名叫马霍麦特·埃芬第的人被判处死刑,因为他在阐述教义时否认上帝的存在。只要他承认自己的错误并答应改正,他可以拯救自己的生命,可是他宁愿坚持自己的亵渎神明的观点;他说,虽然他不指望获得什么酬报,可是对真理的爱使他有责任作为殉教者牺牲自己,以便使真理得到证实。"②

175　　因此,社会和国家的幸福决不是与无神论不相容的。相反,正是宗教往往怂恿人们去犯无神论者不可能犯的罪行。"宗教怂恿异教徒犯罪,因为宗教把诸神描绘成小偷、淫荡者等;然而,宗教没有怂恿无神论者犯罪。它摧毁了许多无神论者不能摧毁的障碍。在父亲的心中,天性、人性和怜悯心联合起来反对他想扼杀自己的幼儿的邪念。摩洛的偶像崇拜者借助于天性、人性和怜悯心,而不需要宗教的干预就能控制住自己;可是,由于宗教干预了这件事,他就对天性、人性、怜悯心和理性横加践踏。尽管异教徒曾经对基督教徒做了那么多不公正的事情,可是,只要他们求教于自然的理性,就像斯宾诺莎被任命为某个案件的法官时所做的那样,他们就不会使那样多无辜的人遭到处决、监禁、拷打、流放或因罚款而弄得倾家荡产。可是,宗教灌输给他们的,恰恰是理性禁止他们做的那些事情。"③

---

①　《杂感》,第 174 节;《杂感续篇》,第 396 页。

②　《杂感》,第 182 节。

③　《对乡下佬所提问题的答复》,第 952 页。

"一般说来(因为还有例外情况),最易于引起非正义行为的莫过于这样一种情况:一个国家分裂为几种不同的宗教,所有的法庭都被某个教派的信徒所垄断,而这个教派对其他教派又怀着极大的仇恨。法国的新教徒希望从内战中获得的最大好处,是使这个国家的诉讼不再仅仅由天主教徒法官来审理。这些新教徒相信,只要有一个罗马教皇的信徒干预他们的诉讼,他们就会在自己的全部诉讼中失败。如果给他们指定的法官既不是基督教徒,也不是伊斯兰教徒,也不是犹太人,也不是异教徒,而是一些卓越的法学家和值得尊敬的公务人员,难道他们还会有这样的顾虑吗?"

"你们应当考虑到,一旦在一个国家中存在着两种宗教,其中一种宗教深信另一种宗教是上帝的死敌,应当永世打入地狱,它们之间的敌视情绪达到如此激烈的程度,以致一个教派指责另一教派,说后者使整个国家遭到上帝的诅咒,因而出现鼠疫、饥荒、洪水和飓风。在那种情况下,在国王面前言听计从的教派,就不会放过任何中伤另一教派的机会,说什么为了结束上帝的这些惩罚,国王必须禁止异教在国内流传。当国王听了他的神学家们的谗言而相信这些异教徒或偶像崇拜者之所以陷入迷途,绝不是由于纯朴和忠厚,而是出于恶念,因此不能以所谓心地善良为借口而饶恕他们的不信神、不敬神的行为,正如不能宽恕醉汉的杀人罪行一样,这时国王就更容易听信他们的中伤了。然而,这样一种偏见和成见引起多么大的混乱,多么深的焦虑啊!像斯宾诺莎那样的人是绝不会有这种偏见和成见的。其次,你们应该考虑到,受错误的宗教狂热支配着的良心,是不能靠那些曾经使斯宾诺莎学说的信徒控制住自己的动机来约束的。理性,对公共事务的关怀,人的尊严,对非正义行为的厌恶,这些动机能控制住斯宾诺莎学说的信徒,使他不去伤害他的亲友。可是,我认为,如果一个人相信他通过屠杀异教徒就能开拓上帝的疆域,那他就会把一切道德法规踩在脚下,他不仅绝不会由于良心的谴责而约束自己,反而会受他的良心的推动而不择手段地采取行动,以求上帝的圣名不再受到玷污,并在异教或偶像崇拜的废墟上建立起正统的教义。这样一种宗教狂热会在一个国家内造成多么大的破坏啊!难道宗教狂热者会担心不信教者可能造成这样大的破坏?"①

177　　"如果法国的宫廷是无神论的,那它是否会像它过去那样地对待加尔文教徒呢?它是否也会在某一天庆祝巴托洛莫之夜呢?"②"自从第四世纪一直到今天,在基督教徒中间发生的咒骂、暴动、内战、革命和宫廷政变,与不信教者中间发生的类似事件同样频繁,或者还更多些。如果某些国家较少受到这些灾祸的危害,那并不是来自对基督教的信仰:这种区别产生于这些国家的民族精神和政治制度不同。使这些国家陷入混乱境地或者甚至使它们遭到颠覆的那种种骚动和灾祸,往往是由宗教引起的,宗教恰恰是历史上最猛烈的风暴。为了表述基督教所犯下的残酷罪行,语言太软弱无能了,不论它犯下这些罪行是为了清除异教徒的偶像崇拜,还是为了屠杀异教徒,还是为了支持一个从主要教会中脱离出来的教派。这些罪行的记录使人不寒而栗;任何人只要心地善良,就必然

---

① 《对乡下佬所提问题的答复》,第955页。
② 《杂感》,第155节。

对此感到震惊;善良的人看了这些记载不能不感到愤慨,他忍不住
要诅咒这些暴行的罪魁祸首。他不想在这些罪魁祸首的坟墓上撒
上花朵,而宁愿扔之以石头;他不想到尤维纳尔那里寻找祝福,而
宁愿到梯布尔那里寻找诅咒。"①

在这里,善良的读者可能会问:那么,培尔提出所有这一切论
证究竟意味着什么呢? 是否以此攻击和猜疑宗教呢? 宗教必然是
尊崇人的。以宗教的名义做出的事情,却不一定是按照宗教的精
神做出的。应对宗教史上的残酷罪行负责的,是人的情欲、懦弱和
堕落,而不是宗教。如果在某个地方或某个时刻宗教确实煽动人
犯罪,或者哪怕仅仅没有阻止人们犯罪,没有约束和纠正人的行
为,那它恰恰就是虚假的宗教或者至少是一种虚假的宗教信仰。
诚然,培尔所谴责的不是宗教自身,不是就其观念而言的宗教,或
者不是与其观念相符合的宗教,不是真正的宗教。可是,虚假的宗
教和真正的宗教之间的这种区别是什么呢? 这就是宗教的内容、
宗教的精神。而这种内容、这种精神又是什么呢? 这就是上帝概
念。问题在于人们是怎样想象上帝的,上帝如何成为意识的对象。
如果这个概念是非神圣的、恶劣的,那么宗教和宗教信仰也就没有
什么价值。希腊人从感性方面想象上帝,因而他们的崇拜也是感
性的。可是,上帝概念不只是宗教的对象,而且也是哲学和道德的
对象。我们可以把上帝想象为义务的最高原则,并不会因此使上
帝成为宗教崇敬的对象。

因此,宗教赖以成为宗教的那种东西,宗教借以与伦理学和哲

①《对乡下佬所提问题的答复》,第 957 页。

学相区别的那种真正本质,也就是宗教自身,还不是美好的、神圣的和敬仰上帝的;只有当它的内容是敬仰上帝的,它才是美好的、神圣的。宗教史上的残酷罪行,宗教意识的"迷误",只不过是那样一些现象,这些现象显示出宗教赖以与伦理学和哲学区别开来的那种真正本质,显示出那种自行其是的、不受理性的指导和支配的宗教的本质。神圣性是宗教的最高范畴,信仰是宗教的主观形式;信仰隐匿着自己的对象,使它成为一种不能被好学精神的粗鲁目光所看到的神秘之物。在异教徒看来,他们的神也

179　是神圣的,他们在自己的庙堂中所感到的那种恐怖也是神圣的。然而,问题恰恰在于,是否这种神圣的东西也是某种理性的、美好的东西,简言之,是否也是一种能经受哲学考验的东西。因此,神圣性不是一个原初的、本身就属于哲学的概念,因为它依赖于真理、理性和伦理的概念,因为只有真实之物才是神圣的,神圣之物却不一定是真实的。可见,如果对某种宗教来说伦理概念不是最高的、最神圣的概念,如果这种宗教还把一种与伦理概念不同的特殊内容作为最高的神圣之物,那么,即使它作出神圣的行动,也不会由此产生出道德的行动和情感,它甚至可能成为犯罪的动机。

　　因此,培尔所谴责的是那样一种宗教:它不论其内容如何,始终与伦理学和哲学有一种独特的区别;它与通常所谓自然的或理性的宗教不同,是一种实证的宗教,一种仪式隆重的敬神活动,一种被教会加以世俗化的宗教。由于这个缘故,在人自身那里,宗教就必然地、而不是偶然地成为一种实证的事物,也就是说,成为一种没有思想和没有见解的、独特的、与理性和道德有区别的事物。

教会的事务成为宗教的事务。只要人相信教会所教导的事情,完成教会所吩咐的宗教活动,他就已经获得拯救;他的其余的活动和思想都是无关紧要的,或者至少只具有次要的意义,即使它们也是教会所要求的。主要的是教会,精神只有在它与教会有联系的情况下才具有意义;精神、思想本身则是次要的。天主教会是实证的教会宗教概念的唯一充分的体现;天主教教会最忠实、最彻底地实现了宗教的本质,可是,恰恰也是天主教教会极其鲜明地表现出宗教利益或教会利益对于道德利益是漠不关心的,它毫无差别地赞同一切行动,只要这些行动是以神圣教会的名义或为了神圣教会 180 的利益作出的;至于它是直接地还是间接地,是通过行动还是通过明确的言词来表示赞同,那就无关紧要了。

天主教会在君士坦丁教会会议①上是否宣布过:"Fides non est servanda haereticis"〔"对异教徒没有必要遵守自己的诺言"〕?关于这一点,过去有过很多争论。天主教徒否认这件事,新教徒则加以肯定。培尔在他的《对乡下佬所提问题的答复》中,除哲学问题外,也讨论了许多历史问题和文学问题,同时也谈到了这个问题。他说得十分中肯。他指出,即使天主教会没有从教义上说过这样的话,甚至否认这样的话,然而这话毕竟是不宽容教义的自然结果。培尔说,无数的人——不只是天主教徒,而且还有新教徒——都主张,行政当局有责任惩罚那些违犯宗教法规的人(不论是违犯"十戒"中的第一条或第二条),偶像崇拜者和异教徒比小偷

---

①　君士坦丁教士会议举行于 1414 年,它通过了五条关于教会改革的法令,把全世界耶稣教代表会议变为常设机构,地位在罗马教皇之上。——译者注

和杀人犯还更危险,小偷和杀人犯仅仅抢去暂时的财富,偶像崇拜者和异教徒却是夺走永恒的财富,绝不应当宽恕他们,只有特殊的必要情况才属例外。从这些原则中自然而然得出这样一些结论:关于宽恕异教的誓言不是必须遵守的,至多只是在不得不遵守这个誓言时才加以遵守。各个教派都承认,那种注定使人犯罪的誓言是无效的。如果对于天启真理的反对者,对于违犯"十戒"中头一条和第二条戒规的人,也应像对杀人犯和盗匪一样必须加以惩罚,那么容许异教徒保存他们的宗教,便也是一种罪行;因此,我们不必向异教徒遵守那种允许他们信仰自由的誓言。履行这个誓言,就与必然遵守上帝戒规的誓言相抵触;这种做法应受指责,正如对杀人犯和盗匪遵守誓言应受指责一样。不过,不论这些结论是多么自然而然,大部分接受这些结论的人(它们就是从这些人那里产生出来的),毕竟没有承认它们。可是,培尔最后指出:"人们往往在理论上抛弃他们在实践中应遵循的东西,这一点仍然值得注意。人们向某种制度表示敬重,但又不受这种制度的约束;因为,人们虽然不承认可以对那些信奉虚妄宗教的人不遵守誓言,可是他们又向统治者建议不必遵守诸如此类的许诺,同时赞扬统治者宣布某些完全合法的法律文件是无效的。不久前,我们看到一些关于这方面的极其显明的事件,但对它们没有必要作专门的阐述。"①

可是,天主教会不仅教导说——例如,它的最伟大的教父圣徒奥古斯丁就可作为这一点的代表——对于异教徒可以采取强制措

---

①　《对乡下佬所提问题的答复》,第512—514页。《历史批判辞典》,"洛约拉"条目。

施,不仅一有机会就用事实证实这个观点,而且还把消灭异教徒当作世俗行政当局的职责①。在培尔那个时代,天主教徒对于向法国宗教改革者采取的强制措施,不仅表示谅解,而且为之辩护,把它说成是一种合法的,老早已获得教会的认可和赞赏的行动。因此,教会是否正式说过上面那句话,这就无关紧要了。正如培尔所指出的,允许对异教徒进行迫害,就是允许对异教徒犯任何罪行;这种行动根本不考虑任何法律观念,不考虑法制和道德的基本原则,它就是绝对的非法,违背诺言是鸡毛蒜皮的小事,是一种可笑的钻牛角尖,只适合于用经院哲学的决疑法加以评论。如果我剥夺了一个人的自由权利、信仰权利和理性权利,那么这个人还剩下什么权利妨碍我行动呢?

　　撤销南特敕令②本身就已经是一个可耻的行动,更不用说在当时和在此以前人们的那些行动了。尽管如此,以罗马教皇为首的天主教会仍然隆重纪念这一事件,从而通过这一事实证明,一个行动不论它本身的性质如何,只要它符合于教会的利益,就可以是

---

　　①　B.卡朗札:《宗教会议录》;还可参看《文学界的新闻》第688—690页和495页,以及《历史批判辞典》条目"列昂一世",注释A。我们德国人也有一些出色的事件。在亨利希六世死后(1197年),他的弟弟菲利普提醒德国的诸侯们注意他们的庄严诺言,即承认他的侄子弗里德里希为他死去的哥哥的继承人。这些诸侯宣称他们不能遵守这个已作出的誓言,因为那时弗里德里希还没有受过洗礼,因此他们没有责任向当时还不信教的弗里德里希遵守他们的誓言。

　　②　楠特敕令是法国国王亨利四世于1598年4月13日在南特城颁布的敕令。它承认天主教是法国占支配地位的宗教,同时也给予法国新教徒以信教自由和相当广泛的政治权利。可是,当亨利四世还在位时,天主教徒已开始攻击新教徒享有这些权利。1685年,纽多维克彻底废除这个敕令,理由是这个敕令已达到了目的,即已使新教徒转而信奉天主教了。——译者注

一种敬神的行动，也就是说，是一种按照教会精神来说合乎宗教的行动①。培尔甚至从天主教的一些用来赞美圣母的著作中引证下面这句话，把它当作一条含义明确而被经常引用的格言："一个人可能很坏，但他对于圣母可能同时又十分虔诚"；此外，培尔还引证某些关于荡妇和罪犯——但这些人同时又是圣母玛利亚的虔诚信徒——的事件，不论人们对此提出什么反驳，这些事件毕竟是天主教的"深刻的教会精神"的一种很有特征的、尽管也很通俗的表现。一位有德行的妇女为她的丈夫与一个下流女人来往深为苦恼，因而恳求玛利亚赐恩，惩罚那个女人，可是她从玛利亚自己的口中得到这样的回答："我不能答应你的请求。这并不是因为我不承认你的请求是正当的，而是因为这个女人虽然淫荡，但对我十分敬仰，这就使我不好下手，不便对她施加以你所期望的那种惩罚。"另一个事例引自《关于纳瓦尔女王的新闻》。"一位年青的王子每逢他前去赴某个幽会的时候，总是先到路旁教堂里做一次祷告。当他兴高采烈地享受了爱情，归途中也很少忘记到同一教堂去表达他的感谢。"这位女王引证这个故事，把它作为一个特别虔诚的人的例证。其次，在法国宗教战争时期，一个在道德上严格要求自己的人，恰恰由于他的这种品德而被怀疑为信仰无神论和异教，因为当时异教徒都有在道德上严格要求自己这个特点。培尔说："国务总理德·洛皮塔尔以及近百年来那些以其在道德上严格要求自己而著称的人，竟被看作是不良的天主教徒，这种情况不仅令人吃惊，

---

① 关于这一点，还可参看培尔的著作：《文学界的新闻》第555—58页，第7节，第601—2页，第2节，以及《哲学评论》第4章，第1部分。

而且极其使人感到恼怒。"①

天主教及其教堂内华丽庄严的装饰,只不过是实证的宗教与宗教本身或按其内容应当和希望成为的那种宗教之间的明显矛盾的表现,这种矛盾在宗教改革时期已经达到顶点,因此必然使宗教受到极其深刻的震动,必然激起对天主教的愤怒情绪。新教就是从这种愤怒情绪中产生出来的,因此它一开始在精神方面就有一种更高的意向,它希望做到——事实上也部分做到——使宗教重 184 新成为它按其内容应当成为和愿意成为的那种东西,成为一种内心的事情。虽然新教使宗教摆脱了许多表面的、非本质的因素,以批判的态度把必要的和多余的、基督教的和非基督教的、本质的和外表的区别开,可是,或者由于事物本性的必然性,或者由于人的天性,或由于当时的环境和一般事物的自然的、合乎规律的发展过程,新教重新又使人们心中的宗教本身成为一种形式的、外表的东西,因为它把这种特定的、独断的、受一定数量的信条限制的信仰,提升为主要内容,简言之,新教立即又重新具有了现实宗教的性质,具有了形式的祈祷活动的性质。教会活动虽然只具有次要的意义,但它毕竟具有意义;许多烦琐的仪式被废除了,可是仍然保留一些仪式;他们把本质活动和非本质活动区别开,把这些仪式加以纯化和简化,使之减少到最低限度,可是,宗教作为宗教信仰来说也表现为一种形式的活动,正如在内心里表现为一种形式的信

---

① 《杂感》,第 174、149 节;《历史批判辞典》,条目"纳瓦尔"(玛格里特·德·瓦洛阿,弗朗索阿一世的姐妹)。注释 N."洛皮塔尔",注释 H.[洛皮塔尔被怀疑为新教的支持者,因此被选定为在巴托洛莫之夜加以屠杀的目标之一。但他逃出这次屠杀,1573 年春死于极度贫困之中,时年七十左右。——德文版编者注]

仰,而且这一点被认为是本质的。在早期的新教徒的传记中,我们
经常发现书中慎重其事地记载某个人经常到教堂去和参加圣礼的
活动,把它作为这个人虔诚信教的特殊标志。莱布尼茨之所以获
得不信教的名声(汉诺威的市民用德国北方的方言称他为
Lövenix,即不信教者),显然就是因为他很少或根本不去教堂①。
如果有人认为只要上教堂和参加圣礼就算信教了,那么新教徒就
会说:教堂是无关紧要的;可是,如果某个人很少去或者根本不去
教堂,那他们就会立即宣布这个人是不信教的。这样一来,就充分
暴露了他们的真正思想:在他们看来,教会活动也是非常重要的。

185

　　人们对于某个行动的真正看法,并不表现在他们对完成这个
行动如何评价,而表现在当某个人没有完成这个行动时他们对不
完成这个行动如何评价。当然,只要这个行动已经完成,人们对此
是不会非议的;在这种场合下,人们之所以没有特别强调这个行
动,恰恰因为它已经完成了,恰恰因为它的价值已通过对它的完成
而表现出来了。这时,人们甚至不能对此有所议论,否则就会使谈
话的题材失去乐趣。当某个行动的价值已通过完成这一行动得到
证实时,还去议论这种价值,那就可笑了;因此,人们还要做的事情
无非是贬低这一行动的价值,而且人们以一种慷慨激昂的雄辩所
抨击的,恰恰是赋予行动以意义的那种东西,没有这种东西,行动
就毫无意义。可是,如果你对这些美妙的宽容言词信以为真,而不
完成这一行动(因为它本身是毫无意义的),那你就要吃苦头了。
从别人对你所作的评价中,你将看出,无论如何,从你的那些虔诚

———————————

　　①　卢多维希:《莱布尼茨哲学的发展》,第1部分,第257节。

信教的批评者的观点看来，行动本身是某种非常实在的东西。若你不信，就瞧一瞧吧！只有反面的情况才显示出真实的评价和真实的想法。可是，正是由于新教认为教会活动具有重要意义（诚然，它认为具有重要意义的主要是教义，因而它比较重视内在的精神方面），因此，无论在天主教或者在新教中，宗教都是一个与道德原则不同的原则，因而培尔的论断无论对天主教或者对新教来说都是适合的。

　　此外，实证的宗教使上帝成为经验的、即普通的、外在的对象，因而这个对象只不过是经验的感觉和情感的对象。这就必然地，也就是说，甚至违背其意愿和意志，使宗教观念和宗教活动不仅在外表方面，而且在内心方面与一种真正的祈祷意义联结到一起。上帝变成一个在形式上要对其负责的对象，宗教变成向王中之王呈献应交的祭品、应表达的敬意和应交纳的贡税。"上帝是好忌妒的"这句话，乃是被禁锢在宗教服役的枷锁之中的情感之一种真正的、有代表性的表现。对上帝的信仰本身变成对上帝所负的义务：理论上的怀疑变成为对上帝威严的侮辱；宗教变成神性的 point d'honneur〔"荣誉问题"〕。上帝的愤怒不是别的，正是人们害怕由于自己的鲁莽行动和没有完成自己的敬神责任而冒犯自己的对象这样一种宗教感的具体体现。因此，一个人对另一个人所负的责任只处于次要的地位，只具有次要的意义；只有对上帝所负的责任，才是一种本质的、对内在良心有约束力的、决定着人的幸福的责任。如果说对人所负的责任也应完成，那也不是为了这些责任，而是为了上帝，因为上帝命令这样做，因而是出于一种对它们来说是外在的原因来完成的。这样一来，人们心灵必然与道德精神格格不入,因而与经验也格格不入,最恶劣的性格可以与对上帝的宗教服务相容并存,这种情况绝不是偶然的,而是一种从事物的本性中产生出来的现象。

其次,实证的宗教是与时间和地点相联系的,正是由于这个缘故,它也受有限之物的一切规律的支配,受外在的必然性的支配,简言之,它受事物的自然进程的支配。因此,甚至在人的情感中,宗教也必然变成一种与一定时间和地点有联系的活动。当人待在教堂里的时候,人想到上帝,可是,一旦人不看见教堂,人也就不再想到上帝了;人把属于上帝的东西给予上帝,其目的在于使自己解脱出来,以便更加有保障和更加不受限制地把属于世界的东西给予世界。至于说到罪孽,那么,人们通过耐心地听取那些令人厌倦的惩戒说教,已经充分地赎罪了。牧师谆谆教诲他的听众,如果他们不改善自己的道德品行,那么到教堂去和参加圣礼是没有什么意义的。可是,事物的本性比人的语言有力得多。实证的宗教无非是世俗的宗教,因此它只能期待自己起世俗的作用;它不能设想它不受必然性规律的支配,它不受一切现实之物的命运的摆布。它不能回避习俗的力量以及它的必然后果,它不能阻止宗教变为习俗之物,神圣之物变成习俗之物,习俗之物最后又变成神圣之物(这只是因为它是习俗之物);它不能促使宗教的单纯标记不变成实物,不能促使现象不被看成本质;它不能防止出现这样的情况:宗教的虚假力量不外就是舆论的力量。不!它不能做到这一点。天主教会的力量是什么呢?新教的正统思想的力量是什么呢?你们不要搞错了!这不是信仰的力量,而是与这种力量不同的舆论力量。实证的宗教变成习俗,变成一种与关于光荣和耻辱、合乎礼仪和不合乎礼仪这样一些强有力的——因为它们是无意识地发挥作用的——观念相联系的事物。Honny soit qui mal y pense〔"不这样想的人是可耻的"〕这句话也是信仰的格言,这句格言就是信仰的力量。谁偏离这种被普遍接受的信仰,谁就是不名誉的、可耻的和不受法律保护的①。尽管宗教企图使习俗的力量依赖于宗教自己,并带着一种自命不凡的神色鄙视在市民性、人性和道德性方面的责任,可是它之所以具有自己的意义、根据和力量,则应归功于舆论的道德力量。如果把宗教看作国家赖以得到支持的最高力量,那就错了。

　　老实说,宗教应被看作一个特殊的原则,而不是现代国家赖以维持的原则。现代国家之所以能够长久地维持下来,毋宁说恰恰是由于它使自己与宗教原则分离开;它虽然在它自身的内部恰如其分地给宗教原则指定一个专门的范围,但它没有把自己的本质与宗教原则混同起来。相反,在希腊人和罗马人那里,国家的事务和宗教的事务是混合在一起的,神就是国家的最高法律;某些不信教的异教哲学家给予神的那种尊敬,不是给予这些神自身,而是给予他们的祖国;这种尊敬是爱国主义的行动,是他们对现存法律的尊敬的标志。因此,古代国家是与它的信仰一道灭亡的。可是,如果某个现代国家把它的事务和宗教的事务混为一谈,那它就会走

188

---

　　① 　培尔对耶稣会士曼布尔作过这种评语:"革新者和社会安宁破坏者的称号是如此令人讨厌,相反,教会的驯服信徒的称号却是如此美好,以致人们很难抛弃后者,而因接受前者蒙受耻辱。……有人告诉我:新颖之物有很大吸引力。我回答说:就宗教而言,只有那些非常敏感而又徒骛虚名的人才轻视旧事物,其余的人都很重视过去的成见"(《最近来自〈加尔文教史的总评〉的作者的书简》,第 265—266 页)。

向灭亡,或者已经灭亡,因为它到自身之外去寻找援助。

这是宗教赖以得到支持的巨大力量。那些由于它们的宗教信仰、由于它们的坚定信念而受到赞美的时代,是这样一些时代:在那时,一般说来,任何人稍微偏离一下世代相传的规章,就会弄得身败名裂;在那时,任何人只要胆敢作些变动,就会被看成是轻率的、独断的、叛逆的、轻浮的、忘恩负义的和不忠实的;在那时,任何改革都被看作是对美好制度的干扰;在那时,甚至思想也不是免税的;在那时,一个人每当有什么新颖独创的见解,都必须极其恭顺地请求受侮辱的公众予以谅解;在那时,精神就是对礼仪的违犯。可是,作为这些时代的力量和性质的根据的,并非宗教,而是世代相传的习惯力量;宗教只不过是这种力量的特殊表现。

因此,如果实证的宗教对人发生良好的影响,产生合乎道德的结果,使情欲受到节制,简言之,它没有变成我们所说的实证宗教将变成的那种东西,那么这种情况的出现是偶然的;其原因并不在于宗教,而在于人,人通过自己个人的道德力量,或者通过善的力量,如宗教通过良心或自由理智向人显露出来的那样,使宗教受到控制,并向一切实证宗教的命运进行斗争。可是,如果宗教起了恶劣的影响或者根本没有发挥任何影响,它没有使情欲受到压抑或者甚至是不道德行为的根源,简言之,它变成我们所说的实证宗教将变成的那种东西,那么,这种情况则是必然的,也就是说,这是宗教本质的暴露。

因此,只有在下述场合下,即:实证的宗教还不是实证的宗教,还没有得到承认,而正在为获得承认而斗争;相对于现有的宗教来说,它毋宁是一种未经批准的行为,一种不敬神的行为,一种没有

威信的、单纯的理性宗教;它除了信仰的权利、精神的权利和自然
法的权利之外,还不具有其他任何权利;——只有在这样一些场合
下,实证的宗教才是一种能在道德上发挥良好作用的宗教。基督
教曾经一度是这样的宗教,宗教改革派也曾一度是这样的宗教。
只有它们的早期阶段才是它们的黄金时代,在那个阶段,信仰作为
不信仰来说是与那种得到承认的实证信仰对立的,信仰——至少
不同于在此以前被崇尊的那种信仰——还是一种自由的行动,因
而是一种精神的、道德的行动。因此,宗教的最危险的敌人就是它
的那些虚假的朋友,这些人虽然在表面上仿佛长期阻止宗教的没
落,然而事实上却有力地促进宗教的没落,也就是说,他们把宗教
或某种信仰变成直接或间接的法律,即某种非宗教的东西,因为他 190
们把世俗的弊端和不信教结合到一起了。只有那种真诚地对待信
仰的人,才会给予不信教者以充分自由。只有当不信教是自由的,
那时信仰也才是自由的,才会把虚假的、装腔作势的信仰与真实
的、自然的信仰区别开。

　　正如培尔中肯地指出的:"对宗教的爱在大多数人那里与他们
的其他情欲没有什么区别,这是自幼信奉的实证宗教的本质特
征。"的确,实证宗教甚至必然与情欲相联系:对实证宗教的攻击,
也就是对我的攻击,对我个人荣誉的攻击,对我的好名声、我的长
辈、我的财富的攻击。要知道,实证宗教的基础仅仅是信仰,而不
是理智,不是相互谅解的原则,不是普遍性的原则;这就是相信无
法加以证明的事物,因为它是不能证明的,甚至往往违背一切理性
根据的。由此产生出宗教仇恨的愤怒,由此产生出我们的那些笃
信宗教的神学家的某种神圣的或非神圣的怒火。因此,培尔所说

的话是真实的，尽管这是一个严峻的、不愉快的真理，人们会抱怨说出这个真理的人，并采用各种诡辩竭力加以驳斥。因为，培尔作为论战者站在理性的经验论的立场上，始终不是从自己的观点、也不是从观念的观点，而是从其论敌的观点，一般说来从一种有力的观点去观察事物的，他总是力图从事物的规定性、事物的特性方面去辩证地理解事物。培尔所指的不是那种不确定的一般含义的宗教，在那种情况下，人们把宗教和道德等同起来，例如，把一个无良心的人称为不信教的人，然后，当你的宗教受到攻击时，你就熟练地把这个人用作挡箭牌。他所指的是这样一种宗教，你们通过自己的宗教活动以及你们对那些按照你们的观点不合乎宗教然而毕191 竟合乎道德的人的评价，使这种宗教确立起来；简言之，他所指的是那样一种宗教，人们把这种宗教当作一种独特的、与人的道德和理智的力量不同的力量加以利用。基督教按其道德内容而言当然不应由于基督教徒干了坏事而受到指责；培尔恰恰证明，基督教徒在生活中不是遵循，而是违背基督教的教义。可是，基督教作为一种立足于特殊原则之上、立足于信仰之上的宗教，简言之，作为实证宗教来说，就不能免于培尔的遣责，就不能不受到任何一种实证宗教的命运的支配。

可是，你们把基督教徒的恶归诸人，那你们也应把基督教徒的善归诸人，而不应归诸基督教徒。事实上，如果以为天主教徒和新教徒所作的善是他们的基督教徒的身份作出的，也就是把基督教徒看作某种与人分离的独特之物（有些人恰恰是这么做和这么想的），仿佛人的那种原初的、永恒不变的力量竟会在基督教中消失，那么这种想法是愚蠢的。善良的人始终只是善良的基督教徒。我们应当把基督教徒的善良行为归诸谁呢？归诸基督教徒，还是归诸人？我认为这应归诸人。一个人在他的青年时期，在信仰基督教之前并且不依赖于基督教已经希望行善并实际行善，现在，当他经历了感性快乐、爱情和政治欲望这个危险时期之后，他是多么更加愿意行善啊！可是，坏人即使作为基督教徒也仍然是坏人。如果说基督教徒也行善，那么他行善也不是为了他自身，不是因为本性促使他行善，不是因为他不能不这么做，不是因为善的观念对他来说已成为一种必然性，而只是因为上帝命令他行善，因而是出于一种不道德的、不体面的原因。如果《圣经》中没有明确规定禁止他抢劫、杀人和通奸，那他就会抢劫、杀人和通奸。只有上帝的命令才能约束他，只有那种对他来说是外在的、异己的戒规才能约束 192 他（因为这种人已经彻底败坏）；因此，对于这种戒规，他根本找不到任何内在的、自由的、从他自身中产生出来的必须遵守的根据，它是作为一种障碍横隔于他每时每刻总有可能犯罪和实际犯罪之间。由于基督教徒以自己为尺度去思考别人，看不到自身之中存在着善的力量，因此他把每一个没有像他那样按照《圣经》行事的人，都看成可能犯一切罪行。他认为人的本性已经彻底败坏，这是他从内心深处确信不疑的唯一信条，对他来说，这个信条即使不比关于上帝存在的信条更加神圣，那也是同样神圣的。无论如何，这个信条成为人类已经彻底败坏这一点的事实证明，因为这个信条是以这样一种状况为前提，并把这种状况当作自己由以产生和得以被人确信的条件，这就是：善的观念被绝对荒废了，被绝对抛弃了；在那里，那个唯一真实的和有效的信念，即关于善是一种不能排除的力量的信念，已经消失不见了。

因此,只要人类相信这个信条,只要人类在内心深处彻底败坏,那么人就不可能有任何彻底的改善。在罪孽具有神圣的继承权的情况下,在人的唯一的善、即对善的信念被排除的场合下,美德就失去了它的继承权。只有当善被看作人自己的内在本质、看作人的真正本性,而对罪孽的信念被看作最大罪恶的情况下,善才能渗透到人自身之中。神学就是这样地把伦理学彻底排除了,因为它把善排除于人之外,从人那里夺去了他的最美好之物,夺去了他的真正的上帝,以便为此给予他一个外在的、异己的上帝。

第五章　道德的独立性

培尔关于道德具有独立性的观念，他关于道德关系的思想（这种道德关系是通过自身来规定和建立的，是绝对普遍和必然的，它不以实证宗教的分离主义和神学的信条为转移），从本质上说，是与培尔在其著作《关于彗星的杂感》中所阐述的思想相联系的。诚然，培尔不是从官方教授这种职业地位提出这个概念，因为这个概念被正教所禁止[①]，而正教又是他所尊敬并且正式承认的权力机构，可是培尔毕竟以私人学者的身份坚决地提出这个概念，特别是194当他碰到了信教者以及他们当作榜样提出来的圣贤之士的生活和学说与道德法则相抵触这样一个矛盾。他对大卫的批判是很有名的，在这一批判中，他以当时令人惊讶的勇气和自由思想分析和阐述了这个圣徒的行为。尽管培尔在许多地方、甚至在正文中怎样

---

① 培尔说，他关于善的概念具有独立性的观点是与许多严肃的和具有正统思想的学者的见解相一致的；可是，他对这句话又作了这样的注释："这就是说，绝不能根据这个个别见解而指责这些学者背离正统思想"（《杂感续篇》，第146节，第398页）。无论如何，这是一个异教的概念，特别是如果这个概念不是附带提出的，而是特别加以强调，或者甚至被提升为一个独立的原则。因为，在神学家看来，道德观念的实在性仅仅与上帝观念相联系，而且这不是指纯粹的、一般意义而言的上帝，而是执掌赏罚之权的上帝。因此，自古以来，神学家们认为，对他们的信仰的否定（只有否定性的情况才显示出真实的信念）就是对道德观念的否定；在他们看来，像斯宾诺莎那样的人竟能在没有他们那种信仰的情况下合乎道德地度过一生，这简直是不可理解的。

努力克制自己,可是在注释中,他的批判则是他对真理的爱战胜正教思想的一次辉煌胜利(一般说来,培尔有一个特点,这就是他用一些可说是非正式的条目来弥补他在正文中所受到的限制)。除了极个别的例外情况(例如加尔文把沙拉和阿勃拉姆的行为当作一些令人警惕的事例,说明甚至虔诚的、神圣的心灵也会受到魔鬼的诱惑),正教总是为了它的特殊利益,即认为《圣经》中的一切都是真实、善良和可赞美的这样一种利益,而牺牲真理和正义的最高利益。培尔卓越地指出,神学家提出来的那些用作辩护的论据是毫无价值的,神学家提出来的那些用以摆脱这种处境的格言是极其有害的和应受谴责的;神学家却企图借助于这些格言从某个人的神圣性中推出他的行为的合法性和道德性,即使他的行为是与各种关于公理和正义的概念根本抵触的。

关于这一点,培尔写道:"这意味着提出一个十分危险的原则。因为,这样一来,就不再可能根据道德观念去检验古代先知们的行为,以便惩罚其中那些与道德观念不一致的先知;而那些自由思想者、les libertins"——自由思想始终是一个可怕的字眼,培尔企图利用这个词来开导正教,根据正教的原则说明它的教义是有害的和不合理的,从而使它明白这一点——"就可以指责我们的那些好诡辩的人,说他们赞同某些显然不公正的行动,说他们赞同这些行动是为了巴结某些人,看这些人的脸色行事。我们可以把对伟大人物所说的话运用到圣徒之上:他们也需要在某些事情上获得人们的谅解。如果我们给按照世俗方式思考问题的人们提供了进行下述指责的借口(即:一旦某个人受到上帝的感悟,我们就应把他的行为看作道德的准则,我们就不敢谴责那些与正义概念相矛盾

的行动，只要这些行动是这个人作的），那我们就使永恒的规律、从
而也使真正的宗教受到极不公平的待遇。没有第三种看法：或者
这些行动毫无价值，或者与它们相类似的行动并不是坏的；因此，
如果我们必须二者选一，那么难道考虑道德的利益不比考虑个别
人的荣誉更好一些吗？"①培尔特别对教父们作了如下的指责："他
们为了个别人的威严而牺牲道德的普遍利益，我很想把西塞罗的
下面这句俏皮话用到所有那些被这些精神所鼓舞的人们身上：你
们为了保卫哲学之城的要塞而放弃了哲学之城。"②

培尔在他的《对耶稣·基督的"强迫他们入教"这句话的哲学
评论》中极其断然地和极其坚决地谈到了道德规律的普遍性和独
立性，在那里提出了许多论据，证明没有什么事情比强迫别人改变
宗教信仰更加可恶了，同时批驳了那些强迫别人改变宗教信仰的
人所作的种种诡辩，批驳了为圣徒奥古斯丁进行的迫害活动所作
的辩护（译自让·福克斯·德·布吕格先生的英文本，M.J.F.1686
年）。培尔在这里提出了一个基本原理："自然之光和我们知识的 196
普遍基本规律，是解释全部经典的基本原则，尤其在道德问题上。"

第一章里包含有对这一原理的阐述。他的目的在于批驳那些
迫害异教徒的人赋予《圣经》中这句话的那种字面上的意义。在这
里，培尔无可反驳地批驳了这种字面上的意义，他写道："我依据于
这样一个理性基本原则，即：任何一种使人不得不犯罪的字面上的
意义，都是错误的。为了使本义和转义区别开来，圣徒奥古斯丁提

---

① 《历史批判辞典》，条目"大卫"，评论 H.。
② 《历史批判辞典》，条目"抄拉"，附注 K.。关于教父们的道德观点，还可参看条
目"阿比默勒什"，附注 A；条目"阿森杜努斯"（"塞普梯米努斯"），附注 B.。

出一条规则,也可说是一条标准。他说,耶稣基督说过,如果我们没有吃过圣子的躯体,我们就不会幸福;这句话似乎是要我们犯罪;不过,这句话是一个比喻,它使我们分享主的痛苦,它以一种有益而且愉快的方式使我们记住主的躯体是为了我们而被钉在十字架上和遭受杀害的。我在这里不想研究是否这句话证明了圣徒奥古斯丁不赞同天主教会的观点,或者是否他以适当的方式运用了自己的原则;我只想指出他的论证立足于这样一个基本原则之上(只有根据这个原则,才能保证对圣经作出正确的理解):如果《圣经》中某句话在字面上的意义使人必定要犯罪,或者(为了排除一切模棱两可的含义)使人必定要去干自然之光、十戒中的戒规以及福音道德所禁止的活动,那就完全可以确定人们对这句话的理解是错误的,他们不是向人民陈述上帝的启示,而是提出他们自己的幻觉,他们的情欲和成见。"

"我根本不想象索赛纳的信徒们那样把自然之光和形而上学原则的审判权扩大到那样的程度;索赛纳的信徒们提出这样一个
197 原理:《圣经》中任何一句话的含义只要与自然之光和形而上学原则相矛盾,那都是错误的,根据这个基本原理,他们不相信三位一体,不相信上帝会以人的形态显现出来。不!我不是无条件地、毫无节制地作出自己的论断。我当然知道,有一些基本原理是人们即使用《圣经》中最明显、最明确的言词也无法反驳的,例如这样一些基本原理:整体大于部分;从等数中减去等数,余数仍然相等;两个相互矛盾的原理不可能都是真实的;在主体被排除之后,主体的本质不可能依然存在。即使人们从《圣经》中引证一百条反驳这些原理的言词,即使人们像摩西和使徒们那样制造出数千个奇迹,以

便用以证明那种与人类理智的普遍原理相对立的教义,但是,只要
人还是目前这个样子,他就绝不会相信这一点,他宁愿相信或者
《圣经》中所说的只不过是比喻,或者是一些需要从反面去理解
(par contre—vérité)的言词,或者这些奇迹是魔鬼做出的,而不愿
相信自然之光在这些基本原理上自己搞错了。这一点是如此真
实,甚至天主教徒也承认,无论《圣经》,无论教会,无论奇迹,都不
能驳倒理性的那些明确无误的知识,例如整体大于部分这样一个
基本原理,尽管否定形而上学和怀疑人类健全理智的一切原则,对
于他们来说是十分有利的。”

　　“为了避免作大量的引证,我只一般地谈谈天主教中那些对异
教进行批驳的传教士的观点。他们明确地宣称,关于圣餐中的面
包和葡萄酒是上帝的躯体和血液变成的教义,与健全的哲学并不
矛盾;为了证明这一教义与形而上学的基本原理不冲突,他们杜撰
出上千种区别,想出上千条诡计。新教徒也不赞同索塞纳派教徒
关于三位一体和投胎转世是一些自相矛盾的教义的观点;他们宣 198
称绝不能证明有这样的矛盾。所有的神学家都是这样做的,不论
他们属于哪个教派。起初,他们随心所欲地把天启、信仰的功绩和
圣礼的深刻意义吹得天花乱坠,可是后来他们又来到理性的王座
面前,拜倒在它的脚下表达自己的忠诚;他们承认——即使他们没
有用明确的语言,但他们的全部行动极其清楚地和很有说服力地
表明了这一点——通过自然之光或形而上学的基本原理而与我们
交谈的理性,在一切问题上都是最高的法庭,是最后的、决定性的
裁判。人们已经不再说:神学是女王,而哲学是她的女仆;神学家
甚至用事实证明,他们认为哲学是女王,而神学是她的女仆;只有

这一点才能解释他们为了不致被人指责他们与理性的哲学相矛盾，而使自己的理智蒙受的种种痛苦。为了免受这种指责，他们宁愿修改哲学的基本原理，并根据他们当时的需要，时而贬低这一原理，时而贬低那一原理；可是，通过这一切行动，他们恰恰十分清楚地表明他们承认哲学的最高权力，承认他们极其有必要向哲学巴结讨好。如果他们不承认，任何一个教义只要没有在理性和自然之光的最高法庭面前登记并在法律上得到证明和证实，它就只有一个不结实的、像玻璃一样易碎的基础，那他们就不会如此费力地力图向理性讨好，并力求使自己与理性的法则一致起来。"

　　"如果我们要询问造成这种现象的真实原因，那我们只有到下述情况中去寻找：一旦人们睁开自己的眼睛，那种清晰透明之光就会使所有的人受到启发，并无可置疑地相信它的真理；这种光使人们有权作出这样的结论：正是上帝，正是本质的和实体的真理本身，直接通过它自身使我们受到启发，并使我们在它的本质中认识到那个处于形而上学的普遍原则和概念之中的永恒真理的观念。可是，关于这些普遍真理，为什么永恒真理对我们采取这样的态度呢？为什么在各个时期、各个时代和各个国家中，永恒真理都以这样一种方式显现出来，即：只要人们稍加注意，就能够认识它，并且不能拒绝对它表示赞同？我再重复一次：如果不是为了与这些真理一道给予人们一个规则、一个尺度，用以判断其他那些特殊的事物（在精神看来，这些事物经常是半真半假的，时而混乱模糊，时而又比较清楚），那又是为了什么呢？诚然，上帝预见到，尽管心灵与上帝的本质是统一的（这种统一即使不是一个清楚明白的概念，但有头脑的人毕竟没有把它看作幻想），但心灵与肉体相统一的规律并没有对各种真理提供一个清楚明白的概念,不能保证防止各种错误,可是,上帝毕竟想给予心灵一个不会错误的手段,以便把真假区别开来。这个手段就是自然之光,就是形而上学的原则,我们从这些原则中获得一个标准、一个原初的规则,以便用以判断从书本中获得的和老师告诉我们的学说是正确的还是不正确的。由此可以推断,对我们来说,关于一个对象的真理性的唯一可靠的保证,就是它与这种原始的、普遍的光相一致,这种光是上帝照耀在一切人的心灵之中的,只要人们给予它以应有的注意,它就不可避免地或不可抗衡地使人们对它深信不疑。我们之所以能够洞悉《圣经》中无数词句的真正意义,只能归功于这种原始的和形而上学的光;如果我们从字面的通常意义上去理解《圣经》中的词句,我们就可能对神——它始终思考自己——得出一些最卑鄙的观念。"

　　"我再重复一遍,我绝没有像索赛纳的信徒们那样把这个原则推广到遥远的地步。诚然,就思辨的真理而言,可能有某些界限;然而,我认为,就实践的、普遍的、与道德相关的原则而言,则根本没有这些界限。我想说的是:在我看来,一切道德戒律毫无例外都应服从公正(d'équité)这个自然观念,这个观念像形而上学之光那样照耀着每个诞生于世界上的人。不过,由于情欲和成见经常使关于公正的自然观念模糊不清,因此我希望每一个想正确认识这个观念的人,摆脱自己特殊的利益,摆脱自己祖国的习俗,从一般方面把这个观念作为自己沉思的对象。因为,那种狡诈而又根深蒂固的情欲很容易使人们相信,凡是对他们来说有益而且惬意的行动,都是合乎理性的;习俗的力量和教育给我们指出的方向,很容易使我们认为某一事物是美好而又适宜的,然而这一事物其实

并非如此。因此,为了排除这些障碍,我希望那些打算清楚地了解
道德方面的自然之光的人们,超越于自己的个人利益和自己祖国
的习俗之上,从一般方面向自己提出这样的问题:这个规则或这个
基本原理是公正的吗? 如果这涉及要在一个国家中把这个规则付
诸实施,而它在那里还没有效力,既有获得承认的可能性,也有遭
到拒绝的可能性,在这种情况下,人们在对它进行不偏不倚的考察
之后是否能认识到它是公正的,因而值得接受下来? 我相信,这种
超脱态度将驱散那些有时在我们的思想中使上帝发出的这种原初
的和普遍的光芒暗淡下来的云彩,以便所有的人都能了解这个普
遍的道德原则,从而给予他们一块试金石,用以检验一切个别的学
说和规律,甚至检验上帝以一种异常的方式,通过先知们而直接或
间接地显示给他们的那些学说和规律。"

　　"我完全相信,为了使亚当了解自己的职责,上帝在从外表方
面使亚当听到自己的话语之前,已经从内心方面告诉他了,因为上
帝向亚当显示了关于绝对完善的存在物之崇高而无限的观念,显
示了永恒的道德法则,而且是以这样一种方式显示出来,以致亚当
之所以认为自己负有服从上帝的义务,并不是因为有某种外界的
禁令震动他的听觉,而是因为在上帝从外表方面告诉他这一点之
前,内在之光已经照耀着他,不断地向他灌输关于他的职责的观念
以及他对最高的存在物的依赖性。因此,下面这个论断甚至对亚
当来说也是正确的:天启的真理仿佛受到自然之光的审判,以便获
得自然之光的核准、记载和证实,从而获得有强制性的法律力量。
而且,顺便也可以指出,下述情况也是极其可能的:既然我们的祖
先不会因为摘食禁果这样的建议在他们的心中激起的模糊快感,

不会由于有限精神的本质的局限性（当他们的心灵被这种强烈而又模糊的快感控制时，这种局限性便妨碍他们从事精神的思索），而忽视永恒的道德法则，因此他们未必会违背上帝的禁令。这个情况必然经常警告我们：即使有人——不论是谁——向我们建议新的道德法则，我们也决不要忽视自然之光。" 202

"亚当只有通过把上帝的外在禁令与他关于最高本质的原始观念加以比较，才能看出上帝的外在禁令的合法性；这一点如果对〔堕落之前的〕亚当来说只不过是一种可能性，那么，在亚当堕落之后，这一点就变成为一种不可避免的必然性。因为，在人们了解到有两个截然不同的立法者之后，为了不致把上帝的外表的启示和伪装的魔鬼的那些偶然的暗示或灵感混淆起来，人们就绝对需要一个区别的原则。而这个区别原则不是别的，恰恰就是自然之光，就是铭刻在一切人的心灵之中的道德观念，简言之，就是普遍的理性；只要人认真地听取普遍理性的忠告，普遍理性就使所有的人头脑清醒，而不会使任何人陷入迷途，特别是在如下那种明朗的场合，即：物质的事物既没有通过感性的形象，也没有通过它们在心中激起的情欲，使心灵受到干扰。长老的一切梦境、一切幻觉，他们从上帝口中听到的一切话语，天使的一切表现，一切奇迹，简言之，所有的一切都必须接受自然之光的检验；因为，如果不是这样，如何能够区分究竟这些启示来自某个邪恶的、令人陷入迷途的家伙，还是来自万物的缔造者呢？……"

"仔细认真和深思熟虑的人清楚地了解到，那种明亮清澈之光在任何地方和任何时候都不会离开我们，它向我们指出：整体大于部分；向自己的恩人谢恩是一种职责；己所不欲，勿施于人；我们要

遵守自己的誓言，要按自己的良心处理事情。我说，这样的人清楚
地认识到，这样的光来自上帝，它是一种自然的启示；那么，这样的
人怎么可能认为，上帝此后会自相矛盾，也就是说，对同一件事情
既加以肯定，又加以否定，不论上帝为了向我们显示一种与自然理
性的普遍原则截然相反的情况而亲自对我们说，还是派遣别人对
我们说？伊壁鸠鲁主义者断言，我们的感觉既然是我们认识的首
要原则和我们心中真理的泉源，因此不可能是靠不住的；他们的这
个论断完全正确，尽管他们对它作了错误的应用。诚然，他们关于
感觉的证明是真理的法则和标准这个假设是错误的，可是，一旦他
们作出这个假设，他们就有充分权利推断说，我们的感觉在一切可
疑的和有争议的问题上都必然是作出决断的法官。总之，既然自
然的形而上学之光、科学的普遍原则以及那些通过它们自己使我
们深信不疑的原始观念已经给予我们，以便我们借助它们作出正
确的判断并在它们之中找到区别的规则，那它们就必然是我们的
最高法官，我们就必须绝对服从它们在一切有争议的和有怀疑的
问题上作出的决断。因此，如果有人断言，上帝向我们显示出一个
与原初的原则截然相反的道德原则，那我们就要向他反驳，并且指
出他搞错了，否认他的批判的证明，比否认理性的证明更加明智得
多。如果有人不承认这一点，那他也就否定了我们的信仰……"

"罗马天主教徒为了拥护教会的权威和反对自由的研究方法
所说的全部废话，归根到底就是如此。他们不考虑这一点，而是绕
了很大圈子，花了九牛二虎之力，才达到别人直截了当地达到的目
标。别人开诚布公地、直截了当地宣称，我们必须遵循那种在我们
看来是较好的意义；而他们却说，我们对此必须十分小心谨慎，因

为我们的概念可能欺骗我们,我们的理性只不过是谬误和愚昧,因 204
此我们必须以教会的决断为准绳。可是,那样一来,他们不是又回
到理性那里去了吗? 那些把教会的判断看得比自己的判断更加重
要的人们,难道不应当首先作出这样的结论:教会比我自己有更高
的见识,因而比我自己更加值得信赖? 每个人都是根据自己的认
识作出决断;如果他认为某种东西是天启,那只是因为他的健全智
能,他的自然之光,简言之,他的理性告诉他,关于这个东西是天启
这一点的证明是确实可靠的。 如果我们应当不相信理性,而把它
看作谬误和愚昧的原则,那我们会处于什么样的境地呢? 那样一
来,我们自己不是也不得不怀疑下述论断:教会比我们自己有更高
的见识,因而比我自己更加值得信赖? 那时我们必定不得不担心,
教会无论在原则方面,或者在从其中引出的结论方面,都可能搞错
了? 那样一来,关于上帝所说的一切都是真实的这样一个论点,又
如何加以证明呢? 如果我们没有理性(它是一个可以信赖的、不会
弄错的法则,是一切问题的绝对标准,甚至是包括《圣经》上是否记
载有这一点或那一点这类问题的绝对标准),那就会认为上帝通过
摩西告诉我们他创造了第一个人这一点也是真实的。 难道那时我
们就没有怀疑上述证明的大前提,因而也怀疑其结论的理由吗?
然而,由于这种情况是世界上最可怕的混乱和最恶劣的猜疑,因此
我们肯定不得不承认,任何一个特殊的信条,不论人们是根据《圣
经》还是根据其他经典提出的,如果它受到自然之光的清楚明白的
概念的驳斥,特别在道德问题上受到驳斥,那都是错误的。"①

---

　① 《文集》,第二卷,第367—370页。

205　　　由于我们把《杂感》一书的作者对迷信进行的斗争,以及他力
图使人类变得开化起来,使自然界从宗教恐怖的对象变成自由理
性所观察的对象,从而使自然哲学与神学分离开来,看作是他的特
殊功绩,因此,我们也必须承认,他力图使伦理学独立于神学,使伦
理学的独立性和绝对的普遍性确立起来,这也是值得赞扬的。当
然,有些人认为(这些人仍然拘泥于古老迷信中对上帝一词的理
解,希望把上帝这个称号与某种魔法的力量联系起来,使上帝这个
词处于伦理学以及整个科学的首位,仿佛这样一来就能使伦理学
和整个科学获得一个稳妥可靠而又丰富多彩的基础),这种努力是
错误的、表面的和浅薄的;要知道,在我们这个时代,恰恰是那些陷
入迷途的人们经常在自己周围散布"错误的"这个词,而那些最浅
薄、最没有头脑的家伙现在恰恰极其慷慨地使用"表面的"、"浅薄
的"这样一些词。但是,真理的朋友们,你们不要被他们愚弄! 要
遵循严格的科学规律! 坚定地坚持理性! 那样一来,上帝就处在
你的心中,虽然不是在名义上,而是在实质上,但这尤其重要。

　　名义是无足重要的;关键在于规定性,在于概念。只有概念才
能把上帝和偶像、真理和幻象区别开。如果你把上帝当作某种特
定的认识和科学的原则,你就不会把普遍的上帝概念及其不确定
的整体性当作原则,因为,上帝作为这种普遍的概念,就既是这门
科学的原则,同样也是那门科学的原则,因而也是一切科学的原
则。因此,你怎么能从上帝那里引出某种特定的科学呢? 难道这
不意味着想从黑暗中引出光明,事实上把科学变成没有原则的东
西,任凭科学受到偶然产生的念头的摆弄? 举例来说,如果你想把
206 上帝看作法哲学的原则,那你是否能够通过上帝是恩人、仁慈者、

无所不能者、自然界的缔造者这样的观念来论证法哲学呢？不可能！除了合法性这个宾词之外，你没有别的宾词。上帝作为无所不能者，作为一种不受限制的、不受任何法律约束的力量，就能把合法的事情变成不合法的事情，把不合法的事情变成合法的事情；如果上帝免去了那些按照法律概念应当施加的惩罚，上帝这个恩人就是不合法的了。如果上帝应当成为这门科学的原则，而不同时也是其他任何一门科学的原则，那就只能在这种规定性中、而不在其他任何规定性中去考察上帝。当你打算论证这门科学时，如果你采取其他任何一个宾词，你就否定了这门科学的界限，取消了这门科学的量度、规律以及它的神圣观念；你的科学论证就只不过是世界上最卑鄙的魔法。

请听一个事例。有一个人希望以下述方式证明他的朋友的诗是优美的：卡伊是一个善良的人或者是一个卓越的法学家，因此他的诗也是优美的。你对这个人的理智怎么想呢？你会对之捧腹大笑。为什么呢？因为他当作证明的根据的，不是那种与其他特性有区别而且不依赖于其他特性的写诗特性，不是诗篇只能来自其中的那种特定的特性或能力，而是有道德的人或法学家。可是，如果你想从一个与法权观念毫无共同之点的神性这个宾词中引出法权概念，那么你的这种做法不也同样是没有头脑吗？难道这不是从虚无中创造出事物吗？如果你把上帝当作伦理学的原则，情况也同样是如此。在那种情况下，你除了善或神圣性这些宾词之外，就没有其他的宾词，你除了一个伦理的宾词之外，就没有其他的宾词。其他任何宾词不仅是多余的，而且带来干扰，甚至造成破坏。上帝不是作为一般的上帝，而是作为善，才能成为伦理学的原则；

我们应当考虑的不是主词,而仅仅是宾词;一切都被归结为善的观
念,因为只有借助这个观念,你才能把上帝想象为善良的。因此,
究竟被当作原则的是作为善的上帝还是善本身,这是无关紧要的,
因为仅仅具有这种规定性的上帝才是伦理学的原则。上帝还只不
过是名称、词,伦理学概念才是本质、概念。你是否仍然使用上帝
这个词,还是把它抛弃,这是无关紧要的;不是把善理解为宾词,不
是把善理解为一个存在物的特性(这个存在物还有其他一些甚至
与善相对立的特性),而是从善的绝对独立性方面加以理解,这是
有益的,这是正直的,这是一种有益的进步,这是一种必然性。只
有以这种方式,才能对道德之物作出纯粹的、洁白无瑕的、不含有
杂质的理解,才能了解道德之物的真实面貌;只有这样才能把道德
之物理解为观念;只有作这样的理解,才是从它的真理性方面,从
它的不受欺骗和不受贿赂的个性方面,对它加以理解。

上帝是善、智慧和全能;从神学的观点看来,上帝就是如此。
虽然全能在表面上受到智慧和善的限制,但在全能观念中,善的观
念本身在客观上被否定了。上帝所能希望和实现的,仅仅是善和
智慧,这种说法是一种主观的限制,以便消除在这个观念本身中必
然包含的那个不体面的结论。甚至莱布尼茨在他的《神正论》中也
把威力理解为一个特殊的、与意志和理智有区别的宾词。因此,理
智和意志的威力并没有被理解为唯一真实的威力;威力的概念还
没有被置于精神的统治之下,只是一个模糊的、感性的观念,是一
个不受约束的、独断专横的夜魔或山怪,它甚至使最聪明的头脑之
中的精神之光熄灭;威力概念不是一个表达真实思想的词,不是理
性的标记,而是一块抹煞一切意义、玷污理性优美图稿的黑斑。从

本质上说，这个威力概念也就是构成居民对妖术和魔法的信念的基础的那个概念；区别仅仅在于，在有思想的正教徒的头脑中，威 208 力概念仅仅或者主要与上帝概念连结在一起。这是一种无法抑制的对奇迹的信仰，这种信仰虽然是为上帝的道德精神特性效劳（上帝的奇迹和魔鬼的奇迹通过其道德内容而相互区别），但它同时也是一种独立的信仰。

　　威力概念甚至出现在最聪明的头脑之中，并且对它的最隐秘的思想也起到破坏性的干扰；对于这种情况，我在关于莱布尼茨的著作中已经指出过了①。诚然，人们几乎普遍认为，全能不能超出事物的本质或本性的范围之外，也就是说，它不能把某个与事物的本质、从而与事物的概念相矛盾的东西，跟这个事物的本质结合到一起。对全能的这种限制是那个在其他方面对待理性都如此傲慢的信仰对理性所作的一个极其有意思的让步，可是，这种限制对于全能概念来说仍然是某种外在的东西，它本身是一种主观随意的、对全能的权利有所侵犯的限制。与一般说来理性在神学中所起的作用一样，这种限制只是用来防止产生从不受限制的全能中必然产生的那些显然愚蠢的和有害的后果，可是恰恰由于这个缘故它不能使弊端得到彻底根除。既然全能不能完成那些与它相矛盾的非理性的事情，因此理性是一种比全能更高的威力，而且只有理性才是真正的威力。然而，全能概念恰恰是一个无意义的、非理性的不受约束性概念；因此，它能够而且甚至应当把那种与事物的本质相矛盾的、否定事物的本质的东西，跟事物的本质连接到一起。全

————————

①　《费尔巴哈全集》第 2 版，第 4 卷，第 17 和 22 节。——德文版编者注

能是漫无边际的荒谬无稽之海；没有一个可以借以确定它的源流
的立足点。事实上，尽管在本质之物和非本质之物之间作了细致
的区分，可是，全能在它出现于其中的一切头脑中，仍然是人们可
能想象的那一切最愚蠢的、最可笑的念头、观念和问题由此产生的
一个永不枯竭的源泉。

　　因此，对奇迹的意义所作的一种最素朴的讽刺，是认为甚至妖
魔鬼怪也能创造奇迹这样一种信念，而这种信念只不过是以一种
符合民间习俗的方式表现出奇迹的真实本质，因为奇迹概念并不
是上帝的概念。因此，在我们的教父们的思想中，就把创造奇迹的
威力这样一个为上帝和恶的原则所共有的宾词，硬塞到上帝概念
之中；创造奇迹的威力是一种非理性的和无规律的威力，它为上帝
和恶的原则所共有，区别仅仅在于：上帝的威力是无所不能的，他
创造奇迹的目的（这个目的对于奇迹本身来说是外在的），不是为
了欺骗人，引导人犯错误，而是为了使人得到改进，变得开化起来，
但这种区别并没有使这个概念本身，甚至也没有使概念的内容起
任何变化。因此，对奇迹的信仰和奇迹这个概念本身，既是一种非
理性的信仰和概念，也是一种非宗教的和不道德的信仰和概念。[8]

　　一般说来，科学在经院哲学家中间不可能得到发展，因为经院
哲学家不具有纯粹的科学原则，他们把神学和哲学的界限混淆起
来，他们的原则不是一些自由的、为思维所固有的原则，也就是说，
在他们看来，信仰观念本身不用思考和思索就是思维的原则；由此
产生出经院哲学家的那些愚蠢的问题，例如，是否上帝通过他的无
所不能的力量能够使少女恢复她已失去的贞节？是否上帝能够把
无所不知和无所不能的力量赐给一个创造物，但又不因此而使创

209

造物失去其创造物的本质？所有这些问题毫无例外都只不过是起初从虚无中创造出万物这一观念的必然结果。正如科学在这种情况下得不到发展一样，伦理学也不可能得到发展，它也长期处于神学的统治之下；只要伦理学依附于神学，它就不能从道德观念的纯 210 粹状态、从它的真正意义方面去理解道德观念。神学把伦理学建立在上帝的意志之上；既然神学直截了当地把这种意志看作伦理学的基础（因为它是上帝的意志，是天主的命令），因此伦理学所具有的原则是主观随意的和非道德的，它从根基上否定了伦理学。因为，善除了它自己的力量之外没有其他任何力量，它只能通过它自身使人受到约束和规定，也就是说，它除了善这个概念本身之外，它不能提出其他任何使人必须行善的道德根据。[9] 可是，既然神学根据上帝就是善的意志，上帝的本性就是善自身，而把上帝的意志看作伦理学的基础，因此，只有伦理的概念才是决定性的、本质的概念，神学就这样地否定了自己是神学，于是我们就站立到哲学的基地上，站立到独立自由的伦理学的观点上了。

因此，对伦理学作独立的理解，这是人类的一项神圣任务；所有以其他方式理解的神学观念都是对伦理学的歪曲和污蔑，使之失去光彩。只有在康德和费希特那里，为了哲学的幸福，也为了人类的幸福，才对哲学作了独立的理解，使之摆脱对神学的依附，从而也只有在他们那里，伦理观念才以其纯粹清澈的形态表现出来。被某些人如此蔑视的无神论，不外是这样一个必然的、从而有益的过渡阶段，即从经验的、作为外界事物体现出来的上帝，从与"有上帝吗？"这个普通问题相联系的上帝，从那个按其本性来说恰恰由此被否定和怀疑的、非宗教的上帝，过渡到唯心主义，过渡到关于精神的思想,过渡到神性本身这个概念,过渡到对自然的本质——
也如对道德观念的本质——作独立的、纯粹的理解。[10]"绝对命
令"(即绝对的道德戒规)是伦理学用以向全世界宣布自己的自由
和独立的一篇宣言,是从过去的幸福理论的晴空中迸发出来的一
次有益于健康的闪电。道德观念起初只能以纯粹的义务必然性这
样一种赤裸裸的、排除了一切神人同性论因素的形态发挥作用。
头一部伦理学的文法是康德写出的。

　　我清楚地知道你们嘲笑绝对命令。可是,我理解你们为何嘲
笑;你们的嘲笑只会导致绝对命令获得荣誉。你们的那种傲慢的
宗教感,你们的那种由于腹痛症和其他病痛使你们的那个贪食的
肚子鼓胀起来的宗教感,你们的那种醉心于十字架和圣像的宗教
感,你们的那种迷信的宗教感,你们的那种唯物主义的宗教感,你
们的那种自私自利的宗教感,你们的那种顽固不化的宗教感,——
这一切使你们看不到绝对命令这个崇高观念,更不用说理解它了。

　　可是,费希特在他的伦理学中以及零散地在他的其他一些著
作中阐述的观念,比康德的观念更加崇高。基督教提不出任何在
崇高方面可以与费希特的观念媲美的观念,原因很简单,就是因为
基督教作为一种面向一般的人、特别是面向民众的宗教,就不得不
把道德观念与普遍利益联系起来,这样才能使道德观念为民众所
接受。费希特的观念是严峻的,部分说来几乎是超人的;然而,伦
理学并不是教育学,后者的任务才是教导人们如何运用经验的道
德手段。伦理学不能向人卑躬屈膝,逢迎巴结,不能迁就人的弱
点;毋宁说,伦理学必须把人惊醒,使人受到震动,甚至把人压得粉
碎。必须用绝对铁面无私的口吻宣布道德戒规;而且,对于经验的

人来说,道德戒规始终具有一种无限的、理想的性质,以便使人不要以为自己已经是他只不过可能成为和应当成为的那种人了。费希特是唯一的一个为了道德观念而牺牲世界上的全部力量、美和快乐的英雄,由此也产生了他的体系的片面性。可是,只有对伦理学作这种独立的理解,才能产生一种如此纯粹的道德性质①。

神学家产生不出这样的性质。神学家行善并不是为了善本身;道德观念并不是一个独立地支配着神学家的观念。神学家总是想到上帝,而且不是把上帝作为善(如果是这样,他就把善这个观念解放出来,使它成为独立的了),而是作为一般的上帝,这个上帝观念总是与经验的、自私自利的需要连接在一起,上帝在与人发生关系时不只是把人看作道德的、精神的存在物,而且把人看作物质的、依附的、受到恐惧和希望这样一些形形色色的弱点和情欲支配的存在物,上帝是无所不能的主,是人类的那个拥有支配权的保护人和行善者。神学家所做的一切,都是以无所不能的主的名义、按照上帝的命令并且当着上帝的面做出的。神学家为了上帝而牺牲自己的生命,可见他为之牺牲生命的那个人,就是他的保护人,就是他的父亲,就是那个将赐给他以报酬的人;他知道,永恒的幸福在等待着他。即使他牺牲自己和行善不是由于天堂在等待着他,但他毕竟知道天堂在等待着他,他对天堂的信仰和他对上帝的信仰是如此紧密地交织在一起,以致谁夺走了他的天堂,谁也就夺走了他的上帝。不管他如何从精神方面想象天堂里的快乐,可是

———————————

① 参看费希特的儿子写的《费希特传》。这是一件有价值的、十分值得感谢的纪念品。

幸福毕竟总与经验的幸福欲望联系在一起。因此,神学家的道德行为和道德感不具有任何纯粹道德的基础;只有当他从善的绝对独立性并纯粹为了善本身去思考善时,他的道德行为和道德感才有这样的基础。神学家需要那样一个存在物作为他的对象,对于这个存在物来说,他自己又是它的对象,他被这个存在物所看见,而他自己也看见了它,他注视这个存在物,主要是为了在它那里重新看到他自己的形象。

基督教徒把自己的恭顺态度与异教徒的傲慢态度相比,并以此感到自豪。他们把异教徒的道德称为"外表豪华的罪恶",说这种道德产生于沽名钓誉,产生于自私自利。就算这样吧! 然而,既然你行善不是出于对善本身的爱,而是出于对上帝的爱(请注意:是对你心目中的那个上帝,也就是说,是对那样一个存在物,你在对这个存在物的理解和尊敬方面,没有超出那个其存在仅仅在于承认观念的威力和真实性的个人概念之上),因此你的全部的爱看来仅仅是为这个人服务,为他的利益效劳;你的宗教只不过是一种灵化了的自私自利心。你把这个人想象为一种与你不同的、绝对的、神圣的个人,但这并不能改变问题的本质。你所谈到的上帝的本质规定性,并不是道德的规定性,而是个人的规定性。道德的规定性只不过是一种附属品,一种偶然之物,它的任务仅仅在于使这个人得到照射而处于显著地位,而不是独立自在地被你所考察;这种规定性只不过是为你笃信宗教的目的服务的一种手段。不论你是被一个有死之物还是被一个不死之物所看见,不论你是在你对所期望的荣誉的可怜希望中得到酬报,还是从王中之王那里获得酬报,不论你行善是为了取悦于人还是为了取悦于最高的存在物,这都一样；善始终不是从一些自由的和独立的原因中产生出来，不是从一些客观的、来自善本身的原因中产生出来。把自己想象为最高的存在物的对象，比把自己想象为与自己类似的人所赞赏的对象，这的确是一种更加恶劣的傲慢态度；尽管这种傲慢由于不具有傲慢的外貌，而很难被看作一种傲慢。可是，它欺骗不了思想家的那种看穿种种幻象的目光。思想家知道区别仅仅在于，教徒之 214 所以把他自己的东西拿给他的对象，就是为了从最高存在物的手中拿回从他自己那里拿去的东西。此外，既然异教徒的牺牲不能从他所期望的酬报中得到补偿。用以报答牺牲生命的名声和荣誉是什么呢？那只是幻影、虚无。可是，基督教徒的牺牲却无止境地获得酬报；在这里，与所获得的酬报相比，牺牲是微不足道的。

的确，有头脑的异教徒对善这个观念的看法比较纯洁，因为他们没有把个人概念掺杂到这个观念之中。有些人不得不把善的观念作为宾词或者作为特性——虽然也是本质的特性——加诸主词或者存在物之上，而从主词或存在物那里获得支持，以便这个观念不致在毫无支持的情况下从自己的视野中消失；这一些人是多么痛苦哟！在存在不再被独立加以思考，而是被假定为一个存在者、即存在着的幽灵般的主体的情况下，哲学精神就消失了；同样地，在善没有从各种个性中解放出来纯粹通过它自身而被思考，并且仅仅为了它自身而被喜爱和实现的情况下，道德精神也就逐渐消失。因此，只要你们对自己的那种仿佛比较深刻的宗教论证妄自尊大，并在一种十分可笑的自负心理的支配下，把人类和科学的某些极其积极和极其深刻的进步称作过时的观点的情况下，就可以而且必须以一种正当的蔑视眼光看待你们。你们有什么著作能够与费希特和康德的著作媲美呢？你们有什么性格能够与康德、费希特和弗里德里希二世的性格媲美呢？培尔在当时关于宗教所说的那些话，在今天又得到多么有力的证实啊！在宗教的背后可以隐藏最不纯洁的思想：最污秽的、最可鄙的念头，最卑劣的个性，最恶劣的形势，都可以与宗教和睦地相容并存，但是不能与道德观念相容并存。

215　　因此，只有伦理学才是真正的宗教；伦理学是宗教的精神，这种精神是开诚布公的和有自信心的，它不受幻象的欺骗和愚弄，它没有隐藏在模糊的标记和混乱的观念后面，它是一种纯粹的、素朴的、名副其实的、不带有任何东方华丽装饰的真理。正如历史所证明的，只有伦理学才能产生一种坦率的、自由的、诚恳的、高尚的、没有矛盾的、自然的、真实的、真正宗教的性质。弗里德里希是一位宗教的君主。只有神圣的正义观念才是国家的宗教、君主的宗教。正义是一种无限的美德。正义的君主本身就是一位虔诚的君主，因为他恭顺地服从于神圣的正义的观念和职责，正义不外就是一种符合理性的、普遍的爱，而对人类的爱才是对上帝的真正的爱，正如各个时代的智者所了解和表述的那样。可是，虔诚的君主并不仅仅因为他是虔诚的，就是一个正义的、善良的君主；不仅如此，君主由于关怀自己的幸福，由于关怀他对上帝的职责，而很易于忘记和忽视他对自己的臣属、自己的国家的那些从属的和一般的职责。科斯莫·德·麦迪奇早就说过，手里拿着念珠的人是治理不好国家的①。

---

　　① 马基雅维利：*Istor.Fiorent*，第 7 册，第 250 页；《尼·马基雅维利文集》，第 4 卷，米兰，1804 年。

　　高居于伦理学之上的神学,无论对国家和生活而言,或者对科学而言,都是有害的。谁把某种东西置于职责之上,谁也就在他的思想中否定了自己的职责。如果一个人不是极其严肃认真地从事某项工作,那么这项工作在他内心深处就只具有次要的意义,他就缺乏真理的祝福和神的力量。只有对那些把伦理学本身看作神学、把对人的职责看作对上帝的职责的人来说,这种职责才是一种神圣的必要性,一种最后的决断,一种肯定无误的事实,一种原始的力量,一种不能解脱的约束力量,一种意志的隐德来希,简言之——还能再说什么呢?——一种真理。只有这样的人才能像弗里德里希二世那样如此谈论自己:

216

　　　　我的至高绝对的上帝就是我的职责①。

只有这样的人才能成为像弗里德里希那样的人,才能做出弗里德里希为人类做出的那些事业。

---

　　① 《弗里德里希大帝全集》,第一卷,柏林,1835 年,第 724 页。

第六章　教义与理性的矛盾

　　伦理学与神学的分离最清楚不过地表现在：精神已背离了神学；精神变得对神学的教义漠不关心；精神一心想保全自己免受神学的影响；精神希望不再与神学发生联系。在精神和神学之间出现了一种真正的决裂，一种确确实实的仇恨，这种仇恨在理论上则表现为人们认识到，并且断言：教义与理性是相矛盾的。

　　促使培尔详细阐明这一矛盾的，不是那些正统派神学家，而是那些理性主义的神学家。这些神学家断言：《圣经》与理性不可能相互矛盾，例如在 1686 年弗拉涅克尔大学提出的一篇论文中就是这样说的。[①] 理性主义者们承认理性的权利，但同时也承认正统神学的权利；他们想同时服侍两个主人。甚至连卓越的巴尔塔扎

尔·贝克尔[②]也是这样。1692 年，他曾勇敢地写了一本题为《受魔法控制的世界》的著作，反对崇拜巫婆鬼神，他更多地相信自己的哲学论据，而不大相信《圣经》上关于这个问题的格言；然而，他又

---

　　① 《对乡下佬所提问题的答复》，第 765 页注释。

　　② 阿姆斯特丹宗教改革派牧师，笛卡尔的著名拥护者，具有鲜明的自由思想，这一点可以从他那本主要著作中看出来。他几乎和培尔在同一个时期并以同样鲜明的观点写了一本关于彗星的著作。1634 年，他生于弗里斯兰省的一个小市镇上，由于受狂热的乡村教士的无休止的迫害，弄得精疲力竭，卒于 1698 年。——德文版编者注

用《圣经》的权威来支持自己的思想,当然这在他那个时代是不可避免的,并且,他把《圣经》上的那些不利于他的段落解释成有利于他的观点,而这在当时是很必要的。

理性主义者甚至站在正统派的立场上,承认教义对于他们来说是一种权威;然而理性对于他们来说也是一种权威。这就产生了矛盾:他们否认理性的利益,但又认为自己是按照理性的利益行动的,并且力图把与理性相矛盾的事物证明为与理性相一致。他们承认,神的化身、定数以及三位一体在理性看来实际上都是神秘之物,因而只是信仰的对象。然而,他们又企图通过一些同样违背理性或者甚至更加违背理性的教义证明:在这个问题上的各种异议已经消除,在思考这些教义时最初碰到的各种矛盾已经得到令人满意的解决。这些教义特别是指人的堕落以及那些与此直接相关的神学学说。

与理性主义者相反,培尔在其《历史批判辞典》中,不时指出自然的光与启示的光之间的区别,他特别指出,在堕落即原罪说与神的本质之间的矛盾是不可解决的。这当然会激怒理性主义的神学家们;他们企图证明相反的学说,反驳培尔。但是,他们的解释不能使培尔的精神得到满足,他们的论据也不能使培尔的思想受到迷惑。他们只给培尔提供了把他的偶然的表达提升为真正的证明,把理性主义神学的缺点和矛盾昭示于众的机会。[11] 当理性主义神学家通过拥护理性而达到拥护正统神学时,培尔却通过站到正统神学方面并对极端正统派说(岂止是说,而且还证明):人类堕落的学说——它是正统派最重要的教义,甚至是它的基础——是完全不可思议的,也就是说,是与哲学概念相违背的,从而达到拥护理性。为了使这个矛盾醒然入目,培尔把各种有争议的观点集中在几个论题中。7 个论题构成了神学学说的内容,与这 7 个论题相对立的是 19 条哲学格言,如果信仰和理性能够一致的话,神学的论题就一定得与哲学的格言相一致,但是,它们是永远不会一致的。

下面是神学的原理:

1.上帝是一种永恒的、必然的、智慧无穷的、善良的、神圣而强大的存在物,他永远是宏伟和幸福的,他的宏伟和幸福既不会增加也不会减少。

2.上帝可以自由地决定创造哪些事物,他从无限众多的、可能的事物中随便挑出几个来,赋予它们以存在,由它们构成世界,而将其余的置于虚无之中。

3.人这种存在物属于上帝愿意创造的存在物之列;因此,他创造了男人和女人,他除了赐给他们以其他的恩典外,还赋予他们以自由的意志,所以,他们可以服从上帝,也可以不服从上帝;但是,如果他们违反了他关于不准吃某种水果的禁令,他就以死来威吓他们。

4.他们不顾禁令吃了这种水果,从此以后,他们以及他们的全部后代都注定要终生贫困,到一定时候就会死亡,并永远堕入地狱。由于他们对罪恶的嗜好,致使他们几乎无止境地、无休止地犯罪。

5.然而,上帝由于他那无限的仁慈,愿意使很少一部分人免于堕入地狱,这些人虽然在此生中遭受贫困和罪恶的腐蚀,但通过上帝的帮助,他们能够获得永恒天国的幸福。

6.从亘古起,他就预见到所有的事件,安排了所有的事物,他把每一事物安排在一定的位置上,他永远按照他的喜好控制和支配世界,因此没有什么事情是不经他的允许或违背他的意愿而发生的,相反,只要他认为恰当,只要他始终认为恰当,他可以阻止一切不愉快的事情以及接踵而来的一切罪恶,他认为罪恶是世上最令人愤恨、最讨厌的事情;他可以使每个人的心灵中产生出他认为好的思想。

7.上帝将宽恕人们,但他知道人们不会接受宽恕,而且他们由于不接受宽恕而犯更大的罪恶。这胜过于这样的情况:上帝不向他们提供宽恕,并且向他们宣布,上帝热诚地希望他们接受这种宽恕,但这种宽恕不是上帝知道他们会接受的那种宽恕。

下面是哲学的格言:

1.由于这个无限完美的存在物在自身中具有既不增加也不减少的伟大与幸福,因此,只有他的善才能促使他去创造世界;在他的善中不包含任何对赞美的需求,也不包含任何一种使他的幸福和宏伟得到保持或加强的自私自利的动机。

2.这个无限完美的存在物的善是无限的,如果人们能想象出一种比他的善更加无限的善,那么他的善就不是无限的了;无限性这种特征也是他的所有其他完善性所固有的,是他对美德的爱、对罪恶的恨等所固有的;它们是如此无限,以致再也想不出什么东西比它们更加无限了。

3.既然上帝在创造世界时是以无限的善为指针,因此,所有的智慧、理智、威力和伟大都仅仅以增进有才智的创造物的幸福为目的。上帝之所以显示出他的完美，只是为了使这种创造物从对上帝的认识、赞叹和爱戴中找到他们的幸福。

4.上帝把福祉分给那些能够享受幸福的创造物，只是为了使这种创造物获得幸福。因此，他不允许这些福祉导致使他们陷入不幸，如果对这些福祉的偶然滥用能够导致他们走向毁灭，他就会授给他们一种保证他们正确应用福祉的方法；因为如果不这样做，上帝所分给的福祉就不是真正的福祉，他的善就比不上我们在其他任何一种福祉中所能想象的善。

5.一个坏人只要知道他送给自己敌人的珍贵礼物会导致敌人毁灭，他就会把这种礼物送给他的敌人。如果无限完美的存在物明确地知道，他的创造物将毁灭性地使用自由意志，他就不会把自由意志给予他的创造物。因此，如果无限完善的存在物把自由意志给予他的创造物，那他也一定同时给予他们一种适当使用自由意志的方法，他不允许他们在任何情况下忘记使用这个方法。如果没有一种防止滥用自由意志的可靠方法，那么上帝就宁愿从他们那里收回自由意志的能力，而不愿承认这种能力是他们毁灭的泉源。这一点特别清楚地表现在：自由意志是上帝自己挑选出来赋予他们的一种恩惠，并未经他们的请求，所以，上帝在这种情况下比在他只是由于他们的苦苦哀求才施与恩惠，更应该对这种恩惠的毁灭性结果负多得多的责任。

6.如果一个人送给某人一根丝绳，并且肯定后者会出于自由的欲望用这根丝绳勒死自己，那么这个人就掌握了一种致那个人于死地的可靠方法,这种方法与自己刺死他或通过别人杀死他同样可靠。采用第一种方法的目的与采用任何一种方法相同,都是为了置他于死地,而且采用第一种方法的用意甚至更加险恶,因为他想把那个人的死亡的全部罪责和惩罚完全推到那个人头上。

7.一个真正的善人总是毫不拖延地施与恩惠,他并不是直等到他喜爱的人们由于缺少恩惠而长期受苦之后,再施与他本来从一开始就能毫不费力地施与的恩惠。如果他的有限的力量使他在行善的时候不能避免把善与痛苦或者甚至罪恶掺杂到一起,他虽然也愿行善,但只是怀着惋惜的心情行善。如果他不掌握其他没有痛苦的方法,他就只好依靠这种方法行善。但如果他用恩惠的手段能同样容易地达到其施恩的目的,那他就会选择这条直接的道路,而不选择从善到恶的弯路。如果他施与某人以大量的财富和荣誉,那么他的目的并不是让这个人享受这些幸福,然后通过没收这些幸福来狠狠惩罚他,这个人愈是习惯于享受这种幸福,他就愈加不幸,比一个始终不曾享有幸福的人更加不幸。情况确实是这样:坏人是会向他所仇视的敌人施与大量恩泽的。

8.作为一个统治者所能获得的最伟大、最真实的荣誉,就是在他的臣民中间能够始终保持道德、秩序、和平和内心安宁。这种荣誉如果建立在臣民的不幸之上,就只能是一种虚假的荣誉。

9.统治者只有在他力所能及地力求在不掺杂罪恶的情况下行善时,才显示出他对善行怀有最大的爱。如果对一个统治者来说,使他的臣民获得幸福并非难事,但他却允许罪恶产生,直到忍无可忍时才加以处罚,那么,他对善行的爱就不像人们想象的那么大,因而这种爱也不是无限的。

10.对罪恶的最大的恨绝不表现在一个让罪恶长期作孽、然后加以惩罚的人身上,而是表现在一个没等罪恶产生就扑灭它,也就是说,防止罪恶出现在人身上。例如,如果一个国王把他的财政整理得那么好,以致在他那里绝不会发生任何舞弊事件,那么国王必然会对他的承办财政者的不公正产生强烈的恨,而不会在长期耐心地观望他们如何用他的臣民的血来养肥他们自己之后,才吊死他们。

11.一个关心其臣民的德行和幸福的统治者会千方百计地表明,他的臣民绝不能违反他的法律,如果他认为有必要惩罚他们的不服从,他就会通过惩罚来治愈他们对恶的嗜好,在他们的心灵中重新恢复对于善的坚固的、持久的向往,他决不会想到要通过对罪行的惩罚来加强他们对恶的爱好。

12.如果一个人准许犯一种他可以防止的恶,那么他就不会为是否作恶而发愁了,或者他还会希望作恶。

13.如果统治者对他的国家是井然有序还是混乱不堪漠不关心,那他就犯了一个很大的错误。他愈是希望他的国家发生混乱,他的错误就愈大。如果他通过秘密的、间接的、然而准确无误的方法在他的国家中挑起叛乱,使他的国家陷于崩溃的边缘,以便其后他可以向全世界标榜他具有拯救一个濒临崩溃的庞大帝国所必需的勇气与智力,那么他的所作所为便是极为卑鄙的。但如果他之所以挑起这种叛乱,是因为他除此之外别无他法来防止他的臣民的完全覆没和为了在新的基础上天长日久地巩固其臣民的幸福,那么人们就会对这种不可救药的必然性甚为惋惜,同时对他所不得不采取的行为和方式大加赞许。

14.如果人们不能防止某种恶,或者不准许这种恶就会发生更大的恶,那么准许这种恶就是可以原谅的。但是,如果人们拥有一些极其有效的手段,既可以对付这种恶,也可以对付由于压抑这种恶而产生的其他所有的恶,那么,准许这种恶就是绝不可饶恕的。225

15.这个无限强大的存在物,物质的创造者与精神的创造者,永远可以用这种物质和这种精神创造他想创造的一切。存在物的全能没有把无运动、无位置、无形状给予物质,它也不能把无思想传递给精神。因此,如果这个存在物也准许肉体的或道德的恶,那么这种情况之所以发生,并不是因为没有这种恶就绝对不可避免地要发生另一种更大的肉体的恶或道德的恶。根据行善者力量的有限来说明善与恶必然混杂在一起的一切理由,对于这种存在物来说都不存在的。

16.不论一个人是用道德的手段还是用肉体的手段来引起一个事件,他都是这个事件的原因。一个部长不必离开他的办公室,仅仅由于善于利用叛党首领的心理而粉碎了一次叛乱的全部计划,那么,不管他是不是用暴力来粉碎这次叛乱,他都是这次叛乱破灭的原因。

17.如果我恰恰选择了我所知道的一个已经规定了的时刻,那么我利用的是一个必然的原因,还是一个自由的原因,那都是一样的。假定当火接近火药时，火药可能点燃也可能不点燃，而我又明确知道，火药最易于在早晨八点钟点燃，那么，如果我在这个时刻使火靠近火药，我就是火药着火的原因，诚然，假定火是必然的原因，这也是正确的。因为我抓住了那样一个时刻，我知道自由的原因在这个时刻会通过其自身的力量而成为必然的原因，因此对我而言，自由的原因已不再是自由的原因了。一个存在物相对于一个他早已被确定的对象而言或者相对于一个他自身被规定的时间而言，不可能是自由的或漠不关心的。存在着的一切在它们存在的时期内或者在它们存在的那个时刻都是必然地存在的。

18.如果一个人数众多的民族犯了叛乱的罪行，那么，假使只饶恕其中很少一部分人，而处决其余所有的人，甚至连婴儿也不放过，那就绝不能认为这种处理是仁慈的。

19.如果一个医生从一些包含有很多他明确知道病人会愉快地接受的药物中，偏偏只挑那些他同样明确地知道病人会拒绝的药物给病人，那么，无论他怎样请求和告诫病人不要拒绝这种药物，人们至少有一个合理的理由相信，他的真正的愿望不是治愈病人；因为如果他真正想治愈病人，他就会从他知道病人最乐意接受的药物中选出一种给病人。但如果他还知道，病人拒绝他所给予的药物会使病人的病情恶化，以致死亡，那么人们就忍不住认为，不论他怎样请求和告诫，他仍是希望病人死去。

这就是要加以协调的两个方面，一方面是七条神学原理，另一

方面是 19 条哲学原理。显而易见,这里存在着很大的分歧。[①]　227

　　从培尔为了打击他的敌人所持的而且必然持有的观点看来,这 19 条命题最彻底、最清楚、最令人信服地反驳了堕落教义(它是正统派的根本弊端,然而也是它的基本原则),反驳了那些与此相关的观念和教义;没有什么比这 19 条原理更加清楚、更加有力地阐明了教义对于理智和一切神圣概念进行的圣巴托罗莫之夜式的摧毁。它们给正统神学的理论暴行提供了一个极其明显的(虽然是间接的)全貌。

　　莱布尼茨为了向高贵的王后献殷勤,而且为了向占统治地位的观念、即宗教观念十分宽容地献殷勤(他之所以如此宽容和如此自由地对待这些观念,只是因为他那包罗一切的精神本质上不受它们的限制),起来反驳培尔对信仰与理性相一致的观点所作的驳斥。不过他没有抓住主题;他没有停留在神学观点的范围之内;他在教义和对培尔的驳斥之间插入了他自己的解释和思想。例如,他作了这样的反驳:美德不是上帝所爱的唯一的品质,人类的幸福不是他唯一的目的,上帝的对象是宇宙而不仅仅是人类本身。所有这些反驳都离开了神学的观点,把争论的问题移到一个一般的范围、即哲学的范围之内。在哲学的范围内,教义以及与之相关的观念(培尔攻击这些观念而莱布尼茨却为之辩护),与培尔的驳斥一道,自然而然被勾销了。如果培尔的驳斥所依据的基础倒塌,教义的基础也就倒塌了。事实上也正是如此!莱布尼茨把神学保护 228起来,这就等于取消了神学观点。如果上帝所注意的是宇宙,而不

　　[①]　《对乡下佬所提问题的答复》,第 796—798 页。

是人类,或者,只有当人类是宇宙的一部分时,上帝才注意人类,宇宙才是上帝的对象,那么,一个显而易见的必然结论就是:这里所讲的不再是直接的和特殊的神意,而是一般的和间接的神意,即规律的神意;这里所讲的不再是神性的特殊显现,不再是特殊的恩赐和奇迹,在这种奇迹中,上帝直接干预人的事务,并且为了他的选民的利益而取消普遍的规律;这里不再把堕落说成是那样一种行为,它引起巨大的骚动,甚至使一切创造物都遭到诅咒。

　　如果一位父亲把他的儿子安置在一个美丽的花园里,并吩咐说,他可以在这里愉快地度过他的一生,他允许儿子做一切事情,只是不许吃某棵树上的果子,那么,只要儿子遵守禁令,只要这样建立起来的和平局面继续存在,就或许给人一种假象,好像那位父亲也爱花园,也爱那些可爱的花朵和靠花粉为生的美丽的金甲虫,因为他把儿子放在这种环境中是为了让儿子生活愉快,而他自己也一定喜欢这个环境,因为只有当他自己至少相对地认为这个环境是美丽的,它才能使别人愉快。但是,一旦儿子违反了禁令,他就暴跳如雷,怒火万丈,踏死了所有的花朵和甲虫,总而言之,他造成了一场如此可怕的破坏,以致那个原来充满着生命和快乐的地方,现在只有死亡和痛苦。他通过这场愤怒十分明确地表明:除了他的儿子之外,他没有其他任何对象。如果说后来他仍然咒骂他的儿子及其后裔,那么这种矛盾的发生只是因为他的怒火在最初那一瞬间夺去了他的理智,使他不能区分公正与不公正,在火头上忘记了他发火的原因。因为,除了他儿子犯的罪,还有什么别的事情能使他如此动怒呢?他除自身以外的唯一的对象就是他的儿子。因此,他一面揍儿子,平息自己的怒火,一面又考虑用什么方法使儿子幸福和向儿子施恩。他先前采用的严惩方法和现在所用的慈爱方法都表明,他所关心的不是花园,也不是其他东西,而只是他的儿子。独断神学的上帝就是这样一个一方面自私自利、乖戾非常,另一方面当心情舒畅时又慈祥温厚、溺爱过分的父亲。在神学中,上帝只考虑他怎样处理他与人的关系,他只把人当作他的对象。上帝作为造物主,作为万物的支持者与宇宙的关系是在上帝是一个纯粹的人格神这种观点中展现出来的(在神学中,只有这个观点才是本质的和具有代表性的);是在关于人格及其特性的观点展现出来的,这些特性表现出与人的一切关系,它们没有把人与人格分开,也没有把人与他对自身的思考、对自身幸福的思考分开。这个上帝既是我的父亲、我的拯救者和我的保护者,也是万物的创造者。因此,我总是时而直接地、时而间接地与我自身发生关系。这样一来,人的所作所为都是为了上帝,上帝的所作所为都是为了人;人关心的只是上帝,上帝关心的也只是人。人在这里是上帝的目的;上帝为了拯救人而牺牲了自己。只有这个理论以及以其为基础的观点才是神学的中心。虽然,上帝的目的只是把人引²³⁰向他自身,不过,仅仅由于上帝是极乐的,所以上帝的极乐就是人类的极乐。如果上帝真地像某些神学家所认为的那样只注意自己,那么他就是把人类融合到自身之中;然而,情况并非如此!人们永远保存他们的个性,因而永远是无所不见的上帝的对象,否则,他们就会逐渐失去他们的特殊的极乐。

　　神学的上帝是一个专门的、特殊的上帝;而不是宇宙的上帝,不是普遍的上帝;谁否认这一点,谁就否认了神学,否认了神学的真正本质。宇宙的上帝不是阳性名词或人称名词,而是中性名词;

不是专有名词,而是普通名词,这个上帝甚至是一个可憎恨的、幻想的、仅仅存在于思想中的——确实仅仅存在于思想中,因为连宇宙对于我们来说也不是存在于心灵的感觉中,不是存在于感官中,而是存在于思想中——泛神论的上帝,是哲学家的上帝,是一向被神学家看成幻影和虚无的上帝,因为这个上帝代表了神学家们自身的虚无,上帝没有、至少没有像他们所希望的那样,给予他们一种关于他们个人能够永生不死的信念,他们相信,归根到底,只有永生不死才是唯一的神性。莱布尼茨对培尔的反驳是从宇宙的观点出发,也就是从泛神论的上帝的观点出发。为了避免严重的误解,我们可以说,他是从这样一个上帝的观点出发,在这个上帝概念中,不仅说明了那些使人的个性本身得到体现的规定性,而且说明了普遍性和理性必然性的范畴。我认为,莱布尼茨正是从这种观点出发反驳培尔的驳斥,虽然他本人是从神人同形同性论的观念去理解这种观点的。他在否定培尔的观点的同时,也否定了教义的观点,而培尔的驳斥只是针对教义而言才具有作用和意义。[12]

此外,莱布尼茨以及神学家雅克洛与勒克莱尔克责备培尔,说他采用了神人同形同性论的、即人的观点和事例。但是,我们也必须保护培尔,使他免受这种责备。既然可以把智慧、善良和公正这些谓语应用于上帝,那么,与这些谓语必然结合在一起的概念以及直接从这些概念中产生出来的结论也必然是有意义的,莱布尼茨本人也明确承认这一点;否则它们就是空洞的言语。我们或者不得不说:我们对于上帝没有任何想法,没有任何关于他的谓语,可是,那样一来,"上帝"一词就成为一个空洞的、无意义的词音,对于我们来说,上帝是虚无,因为信仰不能补偿思想的这种虚无,如果信仰不想成为一种对虚无的信仰,那么它本身就需要观点;或者我们不得不说,当我们选择一个谓语时,我们也就得同意那些必然与此相联的结论。如果我们想把我们先前所主张的论点重新推翻,并且补充说,人们不应过于从神人同形同性论的观点来思考这个问题,不应认为上帝的公正就是我们的公正,那么我们就成了一个卑鄙的诡辩论者,我们就在无耻地撒谎和欺骗。

只有一种正义,它既不属于人,也不属于神。人的正义与神的正义之间的差别不可能是"正义"这个概念本身之中的差别,而只能是人性与神性之间的区别,这种区别对于"正义"概念本身来说是无关紧要的。人常常欺骗自己,为激情所支配,但他之所以如此,恰恰是因为他是不公正的。上帝作为一个公正的人与人的区别仅仅在于上帝从来不把谬误和正确的事物混杂在一起,在他的公正中丝毫也不掺杂不公正的动机;在上帝那里,正义在实现时不会碰到任何阻挠,不会使正义的概念模糊起来。因此,当人世间的法官对某个人作出不公正的判决时,这个人就向上帝的正义呼吁。232 他这样做,不是因为在人那里是不正义的事情在上帝那里就变成正义的,而是因为他确信上帝的公正裁决是不可能违背"正义"概念的,因此在这个特殊的情况下,上帝也会公正地作出裁决。他不是到另一个正义概念下寻求保护(否则他怎么能够坚定不移地诉诸上帝呢?),而依仗于上帝是不会欺骗的和不受贿赂的,而这两点就是正义概念的可靠保证。

培尔所考虑的是善的理想,爱的理想,正义的理想,他认为它们作为神性的本质不受激情和其他与它们无关的影响的限制。诚然,培尔是通过某些人的例子来说明它们的,但是,这些人是与这些概念相一致的,他们是他们应当是的那个样子,他们不是显示出自己,而是显示出美德,因此,他们不是神人同形同性论者。勿宁说,神人同形同性论是神学观念,虽然培尔是在反对神人同形同性论的意义上使用那些作为神学基础的概念的,但他是在严密的逻辑连贯性上,即在这些概念的普遍性和神性上思考它们的。正义的概念通过自身并且就自身而言是一个神的概念,而不是被想象成神人的属性,因为神人的属性只有在与正义概念相符合时才是正义的。一个正直的人是一个类似于神的人,而不是神人同形同性的人;因为他抽去了他的那种属于人的、有利害关系的和激情的本质;他克服了自己。激情并不与人矛盾,但正义却与人矛盾:对于这一点,人们日常的经历可以提供最生动的证明。野蛮的、纵欲的、卑鄙的、自私自利的人和民族根本不知道什么是正义,他们只知道报复。

七条神学命题中的那个上帝把亚当的罪责扩大到他的子孙,还做出了另外一些与正义概念相矛盾的事情,所以,他不反对野蛮的、受激情支配的、心怀不善的或者至少是充满肉欲的人们,他只反对那些有较高教养的人们,这些人用正义的概念要求自己,克服了肉欲的冲动。总而言之,说上帝反对人,这是就人的真正的、神的意义而言,而不是就人的恶劣卑鄙的意义而言。中国人把父亲的罪责加在儿女身上,更有甚者,野蛮人会发现教义上的上帝的行为是与他们的概念完全一致的。因此,下面这种反对意见——不应该按照人的标准,也就是说,不能按照正义概念本身,不能按照神的概念来评价上帝的正义及其行为——是一种空洞的借口,它可以把最坏的、最无理智的、最荒谬的东西说成正确的。[13]

如果一个异教哲学家,比如说克塞诺芬尼,向异教神学家指责众神的行为,以便表明他们的信仰是不理智的,那么,这些神学家给他的回答和他们用以证明他们众神的行为是正当的理由与基督教神学家们用来辩护他们的教义的理由是一样的。毫无疑问,异教的牧师会这样地对色诺芬尼说:"放肆! 你怎么能以你近视的、有限的理智去非难不朽的众神的行为呢? 众神可以为所欲为;他们不受一般市民道德规范的限制,不受尘世规律的约束;之所以如此,正是因为他们是神。当然,在我们的理智看来,他们的行为是卑鄙的,是与最神圣的道德概念相矛盾的:他们谋杀、偷窃和通奸;但不要忘记,进行这些勾当的是神,不能以人的标准去衡量他们的行为;他们的所作所为都是神所应当做的,而凡是神所应当做的就都是正确的和美好的。因此,神的通奸不是通奸;至于为什么神的通奸,即使是在光天化日之下被当场捉住的最无可否认的通奸也不是通奸,我们无法向你解释清楚,我们自己也无法理解;你相信就是了;你所不理解的东西恰恰是神在这个问题上的幽默之处。"[14]

因此,如果我们松开培尔的舌头,让他以哲学的严格而又不受限制的精神率直地说出他本人在考虑到他的时代或他本人的情况下不敢承认和说出的话,那么我们结果就会得出这样一个真理:在七条神学命题中所描绘的和十九条哲学格言中所批评的那个上帝,是一个受激情支配的、时喜时怒的、任性的、反复无常的、因而不可理解的上帝,也就是说,他与哲学格言所描绘的那种神性的概念是截然相反的,他是一个没有神性的上帝,一个没有一切神圣的真理感的上帝,一个充满矛盾的、阴险的、诡计多端的、奸诈的和骗人的上帝,上帝在事实上是罪孽和一切邪恶的起因,但他只是不想表现出他确是如此,因此,他想方设法以无所不能者、无所不在者和无所不知者的身份把他的罪恶转嫁到他那可怜的创造物身上。

提出上帝对人类的堕落是有罪还是无罪这个问题的,不是信仰,而是理智。这个问题无论如何不是一个好奇的、多余的问题,而是一个从神学的原则和观念中自然而然地必定产生的问题,如果一个人是正直的,并且希望深入思考信仰的对象,以便把那些不适当的结论排除掉,那他就不能不向自己提出这个问题。以前有几个颇受尊敬的神学家曾这样做过,他们并不对他们的信仰以及与此相连的观点感到惭愧。众所周知,这个问题曾使早期的神学家伤透脑筋,为之舞文弄墨。他们企图用某些没有意义的和没有根据的区别、空洞的借口、赤裸裸的诡计这样一些软弱无力的手段,来反对人们推断并承认上帝本身是罪恶的原因这个结论的必然性,这些手段是如此软弱无力,以致每个神学派别都可以有充分理由指责另一派别(实际上正是如此),说如果按照它的体系,上帝对于人的堕落就是有罪的。他们不能从道德观念的绝对性和纯洁性方面去思考道德观念,不能理直气壮地把那些与这些观念相对立的行为归诸上帝,因此他们自己不能承认这个结论,也不允许其他人作出这个结论。把那个对恶进行惩罚和诅咒的上帝同时又想象为恶的支持者,这是一种极其可怕而无法忍受的事情,它不仅与自然逻辑的规律相矛盾,而且与伦理概念、道德良心和正义感本身相矛盾。

尽管如此,这个结论是从无所不能、无所不知、先知和命定这些观念以及其他与此相关的观念中毫不勉强地、自然而然地产生出来的。在这种困境中应当做些什么呢？理智必须想出一条诡计，以便至少通过断言它丝毫不必担心，这样的结论是不会作出的，来安抚这个被侮辱的正义感。这种神的理智所想出的诡计主要建立在允许、同意或许可之上。人犯罪并不是上帝的愿望，也不是上帝的命令或规定，老天可以作证！可爱的上帝只是闭着眼睛，任凭这样的事情发生。瞧！这就是我们虔诚的长老们的上帝，这就是我们奉为模范的那个虔诚信仰宗教的时代的上帝。这样一种无稽之谈，这样一种卑鄙的观念竟能与神性概念和睦相处！但是，人们把这些观念与之相联系的那个存在物和人世间普通的统治者之间有什么区别呢？区别只是一个空洞的词，一种幻觉。236

　　培尔以如下方式否定这个区别。诚然，他没有剖析允许概念本身。如果他加以剖析的话，他就会发现这个概念包含这样一种含义，即允许既不表示愿望，也不表示无愿望，既不表示命令，也不表示请求，而是表示漠不关心，因此，它只适用于某一件按其本质来说是无足轻重的事情，而不适用于像罪恶一类的行为，因为在这种情况下，允许本身已经是罪恶了。尽管如此，培尔还是指出了允许与神的其他谓语之间的矛盾。他说："仅仅允许还不足以预见亚当的堕落：一种不加规定的允许会使上帝成为一个单纯的旁观者，因此，上帝为了使他确信自己的预见，他必须用另外的完全不同的方法干预罪恶的行为。他必须控制环境，安排环境，联结环境，通过无效的恩赐（par des grâces incongrues）和特别地应用的事物以及其他手段使事件毫不失误地发生。……上帝知道无数个会使亚当上当的环境的连接;说上帝没有预先看出某些会使亚当履行其义务的环境的连接,那是不合理的。难道我们没有在《圣经》中看到下述这个论断吗:上帝预见到,如果推罗和西顿的居民是耶稣基督施奇迹的证人,他们就不会滥用他们的自由(《马太福音》第11章第21节)。这些人与罪恶为邻,而与人类在第一次堕落之前的无罪状态相距甚远。难道人们不曾庄严地辩护说:如果上帝知道各种方法的巧妙配合,并且愿意使用它们而不用错,那么,他会千方百计地使最顽固的罪犯改邪归正。"彼得·冯·圣约瑟①说得对:如果用适当的方法去帮助那些犯罪的人,就会有很多人来赎罪的;甚至可以断言,谁也不会顽固不化到无法使他回心转意的地步,上帝很清楚地知道这一点,但是他仍然拒绝向无数的人提供使他们改邪归正的方法。培尔说,"因此,我们也承认,上帝预见到第一个人将根据不同的情况利用他的自由,时而干好事,时而干坏事。但是上帝偏偏喜欢从无数的情况中挑出那一种必定使亚当犯罪的情况来。因此,不论你们如何借助于自由意志的诡计,你们仍然永远不能使我相信:亚当和夏娃的犯罪不是出于上帝的意志,因为上帝拒绝给予他们任何可以不使他们犯罪的环境,相反,他选择了一种他预见到他们在其中必定或可能犯罪的环境,因为他们决定不服从上帝的那个时刻迫在眉睫;在这个时刻,就不能再认为他们在作他们必定要作的行动中是自由的和不受限制的(参考上述十七条哲学格言)。借助于自由意志虽然可以证明,上帝不是用一

237

---

① 比培尔大几岁,卒于17世纪60年代末。柏恩哈特教团或西斯迪辛教团的僧侣,曾积极参与40年代在冉森派与莫利纳派之间的宗教论战。——德文版编者注

种肉体的方法促使亚当和夏娃不服从上帝的(这也是堕落前论派[1]的主张),但绝不能证明上帝不是人们(不论这些人是什么样的人)行为的道德原因"。[2]

在讨论上帝允许或同意犯罪这个观点时,必然要提出下面这个问题:上帝为了什么目的或为了什么原因要允许犯罪? 加尔文 238 和其他一些神学家一样,拒绝允许说,主张意志说,尽管如此,他也否认上帝是罪恶的原因,他说:"既然亚当的堕落是对真正合法的秩序的颠覆,同时也是对上帝的反叛和对他的正义的侵犯,因此,毫无疑问,它与上帝的意志是相矛盾的。 但是,这一切并不妨碍上帝不愿意人出于某种即使是我们不知道的原因而必定堕落。"[3] 呵,多么出色的诡辩! 它之所以令人感兴趣,特别是因为在这里把神学的不可理解性的原因披露无遗。

如果我允许某个特定的行为,或者希望这个行为发生,那么只能从行为本身的特定性中去寻找特定的原因。 假定我只想把这个行为当作一个手段,那么我之所以希望这个行为,就是因为只有这个行为而别无其它的行为能成为我达到目的的手段。 因此,在这里,我之所以希望这个行为的原因就包含在行为的特定性之中。 然而,犯罪不仅是任何一个特定的行为,而且是一个绝对特定的和特殊的行为,一种不同寻常的行为,一种 sans comparaison(无可比拟的)行为——第一次犯罪就是绝对的犯罪——,因此,它是这

---

① 堕落前论派是加尔文教中的一个教派,它认为在人堕落之前,上帝不仅允许而且注定人将堕落,然后有一部分将得到拯救。——译者注

② 《对乡下佬所提问题的答复》,第 803—804 页。

③ 同上。

样一种行为,其中的一切不论是现在或过去发生,都始终是罪恶,而不是什么一般的行为;它是一种以罪恶为重点或重要意义的行为。因此,如果说上帝之所以希望堕落,那么其原因仅仅在于那种使堕落成为堕落的东西。如果有人说上帝希望罪恶不是作为罪恶,那么这种说法首先就否认了上帝是出于某种特定的原因而希望罪恶,勾消了人们可能引用的那个唯一的原因本身,因为只有在罪恶的特殊区别中,在罪恶的真正本质中才能找到它的原因,这就不言而喻地得出这样一个结论:原因是不可知的。前一个命题是错误的,它建立在一种没有根据的区别之上;后一个命题清楚地表明:前一个命题是没有意义的;因为如果前一个命题具有某种意义,那么后一个命题就必然导致承认 certaine cause(一个特定的原因)。尽管如此,前一个命题由于某些易于理解的原因仍被看作是真实的,因此,前一个命题或原则的客观的虚无性可以在后一个命题中从主观上表现为对对象的可知性的否认和对其不可知性的愚蠢而又可笑的保证。正如前面所说过的,这就是神学的不可理解性的真正奥秘。

另外一些神学家援引某些正面的理由。在这些正面理由中特别突出的是自由。自由是上帝送给人类的最珍贵的礼物。上帝允许罪恶,因为他不能阻止罪恶,除非他取消自由或者至少他允许自己顽固地干涉自由的本质。对于这一点,培尔正确地斥之为过分的客气和虚假的殷勤,它们在堕落这种可悲的事件中只扮演了一个极其可笑的角色。他说:"当然有一些我们必须认真注意的、值得珍惜的观念;只有在困难的境地中才能抛弃这些观念;但是在这种情况发生的时候,这一切值得珍惜的观念也必须抛弃掉。一个儿子看见他的父亲因一时神经错乱或在盛怒之下想从窗户跳下去，而他又无法使他平息下来，在这种情况下，他把父亲捆起来也未尝不可。一个女王掉入水中，最亲近的侍从为了救她而抱住她或抓住她的头发，即使他因此而拔掉了她一半的头发，他也做得应当，如果他这样做了，女王也未必会对他的不恭之错深表遗憾。如 240 果一个人见一位雍容华贵的太太掉进深渊而不救，难道他能编出一个比不救她是为了不把她的装饰弄乱这种说法更加虚伪的理由来为这种行为作辩护吗？在这种情况下，强迫和暴行是善行……那些除了自由的特权不可侵犯外不知道用别的理由来辩护对罪恶的允许的人们，在理性的审判面前一定会败诉。怎么一回事呢？是否可以对他们反驳说：你们把上帝想象成人们的父亲，然而又说上帝宁愿让人们免受他们因被迫中断一次愉快的谈话——他们在这次谈话中准备滥用他们的自由——而产生的烦恼，也不愿停止对他们滥用自由意志而施加的永恒谴责？你们在哪里找到关于这种慈父般的善的观念呢？你们是怎样找到的呢？如果人们珍惜自由意志，也就是说，极其细心地避免约束人们的那种可能立即导致永远丧失人的无辜而遭到永世谴责的倾向，难道你们就把这叫做对自由权利的适当尊重吗？如果你们对一个在你们身边倒下去、摔断了腿的人说：我们不能救您，因我们担心弄皱了您的衣服，我们十分敬佩您的整洁，以至于不敢破坏您的整洁的衣服，我们认为自己的责任还是让您摔断脚恰当一些，那么你们的回答至少是很不理智的。我甚至打算同意自由应当有一种绝对不可侵犯的权利；可是，难道没有其他有效的办法来预防人类的堕落吗？问题不在于克制某种肉体的活动；这种克制是令人苦恼的；问题只在于一种意志行动。但是现在所有的哲学家都说：意志是不能强迫的，意志行动是被迫作出的说法是自相矛盾的；因为每一个意志的行动在本质上都是自由的。但是，上帝把任何一种他所喜欢的意志行动加诸人的心灵，比我们折叠餐巾还要无限地容易得多，因此，下一步的推论就不言而喻了。①

其他一些神学家，或者毋宁说归根到底所有的神学家，甚至包括那些起初把自由赞美为用以解释犯罪的最充足的理由的神学家，也躲藏到一些与神学原则截然相反的理由或观点之后。例如，他们躲藏到宇宙的观点之后，按照这种观点，那种被神学家看作奇迹般的、异乎寻常的和划时代的事件的堕落，便被降低为平淡无奇的、本身无意义的事件，更重要的是，它被降低为一个不仅不需要通过一个特别的行动加以消灭，而且本身已被取缔并被更正的事件：他们尤其是躲到上帝与其自身的关系这个范畴的后面，在神学中，这一范畴由于它所特有的本质再次以利己主义以及与我们的关系的形态表现出来，并且把上帝表现为一个徒骛虚名的、专横粗暴的、沽名钓誉的和自私自利的暴君。

促使培尔编写和论证他那十九条格言的神学家雅克洛断言：自由能够解开堕落这个戈迪乌斯之结②；他对此作了如下的解答："当上帝创造宇宙的时候，上帝关心他自己和他的荣誉。……我们必须追根溯源，把上帝神圣而纯洁地创造出来的有智慧的和自由的生物想象为上帝双手创造出来的杰作，想象为神的全部属性的

----

① 《历史批判辞典》，条目"保利希恩"，注释 M.。

② 喻疑难的问题。——译者注

灿烂光辉汇集在一起的中心。这个理由比所有相反的理由和异议 242
都重要得多，因为它直接取自于上帝的荣誉，而人们所提出的那些
异议只涉及创造物及其得失；与造物主的荣誉相比较，这些异议是
微不足道的。"朱里耶说："上帝之所以允许罪恶，是为了以此显示
他的雄伟和他那堪足惊叹的神意，可怕的罪恶所引起的混乱愈能
毁灭整个世界，这种神意就发射得愈加明亮。舵手的技能只有在
风暴中才能显示出来；如果人类是驯服安宁的，那么神意的雄伟就
不会像现在这样明显了。上帝的道德是一种在腐败的世界中锋芒
毕露而在神圣的世界中湮没无闻的道德。"他向自己提问："上帝有
那么多表现他的荣誉的机会，为什么他要让无数的人毁灭呢？"但
他立即回答说："人们没有理由向神诉苦，因为这是毫无用处的；人
们由于自己的罪恶而走向毁灭；上帝没有用任何法律将他们拴住。
创造物在上帝看来是纯粹的虚无；他爱他的荣誉甚于爱他的全部
创造物，因为他是为了他的荣誉才创造了这一切。荣誉是目的，创
造物是手段。"培尔说："所有主张命定说的人们都为了他们的上帝
的智慧和荣誉的利益而退却了，特别是如果他们是坦率的，如像皮
斯卡托①，他们就更是如此。"皮斯卡托说："如果上帝完全不希望
人们堕落，他就会阻止堕落，因为他能够阻止堕落。上帝不仅希望
罪恶可能发生（罪恶的可能性），他甚至希望罪恶实际地发生（罪恶
的现实性），借此，他可以让那些有理性的创造物在他对罪恶的惩 243
罚中感觉到他的公正，在他对罪恶的宽恕中感觉到他的怜悯。因

---

　　①　斯特拉斯堡的革新派神学家，约生于 1546 年，曾任前赫尔博恩大学（位于拿
骚，1584—1817 年）的神学教授，1626 年于该地逝世。——德文版编者注

此,上帝自己就希望或企求罪恶,因为没有罪恶,上帝就不能希望或企求他的公正和同情显示出来。上帝使一些人注定可以得到拯救,他拯救他们是由于他出于怜悯而宽恕他们的罪恶,同时又使另一些人注定要遭到毁灭,这是由于他出于公正而惩罚他们所犯的罪孽。因此,一般说来上帝注定要使人们犯罪,因为没有罪恶,他就不能实现他的目的。"①

另一个神学家说:"上帝只爱自己,只考虑自己,只为自身而工作……亚当的堕落最清楚不过地证明:上帝爱人们并不是为了人们,老实说来,上帝在他的作品中所注意的只是他自己……上帝创造人,是为了寻求他自己的利益,他自己的荣誉,他对自身的爱;他凭着他那无限的预测力,清楚地知道:人必然会堕落,但他仍然要创造人,而且把人创造成软弱无力的生物。因为他还知道:人的堕落为他施展自己的全部才能,尤其是为他显示出他的公正和同情心,开辟了一个广阔的领域,而用其他方法是显示不出它们的。"②

捷奥多尔·德·贝札对这个问题谈得最坦率。他的思想虽然被反对派的神学家所拒绝,却是阐述神学精神的最重要的文件,所以这里必须加以阐述。"上帝是一个具有无穷智慧的巨匠,当他决定创造世界,特别是当他决定创造人类时,他给自己提出了一个明确的目的,……这个目的就是……为了他的荣誉而创造全人类。如果上帝没有显示他的同情心和公正,那么谁也不能认识并颂扬

244

---

① 《对乡下佬所提问题的答复》,第807页。
② 同上书,第920页。

他的伟大。因此，上帝作出一个永恒不变的判决，根据这个判决，他出于纯粹的恩赐而给予一些人永生，或通过公正的审判使另一些人永遭责难，以此来向前者表示他的同情心，而向后者表现他的公正。① 既然上帝在创造人的时候已给自己提出了这样的目的，他就必须考虑使这个目的得以实现的手段和途径，以便表现他的同情心和正义。由于同情心需要以苦难（la misère）为先决条件，在没有苦难的地方，同情心无法产生或表现出来；所以，必须创造出人，让人成为上帝施与同情心的对象，但是，如果没有苦难，同情心还是不能表现。同样，正义要得到伸张，也必须以罪恶为前提，因为没有罪恶，正义就没有伸张的对象；因此，必须创造人，人由于保持其本质（la nature gardée）而适宜于成为上帝施与正义的对象；如果上帝不曾规定人要永遭谴责，他就不能对人证明他的公正。上帝还希望……根据其无限的同情心挑选出一些人，使他们成为基督教徒而加以拯救，他想根据其公正心而拒绝另一些人，使他们由于自己所犯的罪孽而遭到谴责。（人们不可能宁愿成为臭名昭著的然而至少是朴实真诚的恶魔，也不愿成为这种狡猾的、外表善良而本质恶劣的上帝！）为了达到这个目的，上帝不能把人造 ²⁴⁵成恶的，而且他也不愿意这样做，因为他的本质是善良的，他就是善本身（呵！多么动人呀！）因为，如果人不处在这种状态下，上帝就没有机会向人显示他的同情心与公正。所以，人必须被创造成善良的，这样一来，人们就不会认为上帝是恶的教唆者了（de peur qu'il ne semble que Dieu soit auteur du mal），但这并不是说，人是

————————————

① 奥古斯丁在《论神的王国》（第 21 卷，第 12 章）中也说过同样的话。

不能变化的,毋宁说,人是能变化的,并且是能犯罪的(toutesfois sans aucune coulpe de Dieu,这是一个绝妙的和必要的附带条件!),这样,上帝就可以执行他那秘密的计划与目的了。"①

培尔说,甚至理性派神学家也像命定论者或其他人一样使用同样的挡箭牌。索兰②说:"的确,上帝使人类处于一种他预言他们会犯罪的环境中,但是,他们在这种环境中也有无数个不去犯罪的理由。上帝这样做是出于一个与他那高超的智慧完全相配的意图;他在这里提出的目的是一个比所有想象的恶都伟大得多和重要得多的理由。因此,不能认为上帝是恶的教唆者。上帝引起许多事件的发生。至于所谓人的罪孽本身,这是上帝早就预料到的。他把罪孽引向一个善良的目的,他利用人的罪孽来实现他的荣誉,但他并没有产生罪孽……一个国君的职责,不仅在于不去作恶,而且还要尽一切力量来阻止恶的产生。因为,一个人,如果他能拯救 246 他的最亲近的人而不去拯救,他就是一个杀人犯,不管他是直接地还是间接地置别人于死地。难道不是这样吗? 只有上帝是宇宙的至高绝对的君主,他对于他的创造物拥有无限的权利,因此,人无权指责他,说他没有阻止那些他能预见并能阻止的罪行,因为他没有责任去阻止罪恶的发生。"③[15] 新教神学家就是这样地把他们的理智,甚至把他们信仰的最神圣的教义牺牲给上帝的荣誉,这种最

---

① 《对乡下佬所提问题的答复》,第 814 页。

② 艾利·索兰,1639 年生于多菲内厄,1664 年前住荷兰,先在德尔夫特做牧师。1671 年后到乌得勒支,1703 年死于该地。虽然在他的著作中,他表现出倾向于宽容,但他却攻击朱里耶,并与后者展开了激烈的笔战。——德文版编者注

③ 《对乡下佬所提问题的答复》,第 508 页。

神圣的教义声称:上帝终生遭受屈辱,最后死在十字架上,这说明上帝对于拯救他的创造物的重视甚于爱他的荣誉;另一方面,天主教徒也把他们关于正义和人道的最神圣的准则牺牲给他们的信仰,他们把血淋淋的人的祭品供奉给自己的上帝,虽然不是像异教徒那样为了和解,而是为了自己名字的荣誉。[16]

培尔反驳了那种认为罪恶的存在是为了显示神的荣誉所必须的观点:"怎样显示呢?上帝的概念清楚明白地告诉我们,《圣经》的每一行字都向我们证明:上帝在其善良、神圣、智慧以及知识和力量方面都是无限的,他对于美德无比热爱,对于罪恶万分憎恨,难道这种存在物不能在美德中找到任何与他的目的相一致的手段吗?难道只有罪恶才能给他提供这种手段?难道人们不应当相信:最符合于这种存在物的,就是把那种没有任何罪恶的美德作为他的创造的基础?但是,如果上帝宁愿要罪恶而不要所有其他的手段,这不就最清楚不过地说明:这是上帝的智慧所能选择的唯一一种能达到其目的、即显示其伟大的手段吗?因为如果美德或其它任何一种与罪恶有别的手段也像罪恶一样符合造物者的目的,那么罪恶就不能保持住它的优越性;因此,罪恶必然是上帝所能采用的唯一的手段。因此,上帝使用这个手段是出于纯粹的必然性,正如上帝热爱他的荣誉并热衷于显示其伟大,也是出于这种必然性。既然上帝热爱他的荣誉不是出于一种无所偏好的自由,而是出于一种必然性,那么上帝热爱这个手段也是必然的,因为没有这个手段,他就不能显示他的伟大,而如果罪恶是实现其目的的唯一的手段的话,那么他也必然喜爱罪恶。"但是,在大多数情况下,这种教义最使我们的理智感到迷惑不解的是,它要求人们保持神的

全部属性和特性,不管这些属性和特性的范围有多大,它不允许人
们保持其中一些属性而牺牲另一些属性。如果有某个属性应当优
越于其他属性,那么这个属性就是善;因为在理性看来,善是神的
本性的最突出的标记,既然爱上帝甚于爱万物是人类最本质的义
务,那么上帝就必须是最可爱的和最善良的。上帝的启示更加强
了我们的这个观点;它告诉我们,上帝要求我们首先要爱,要像儿
童一样地畏惧,这种畏惧其实也是一种夹杂着对荣誉的畏惧、尊敬
和信任的爱。我们所知道的最可厌的格言就是专制暴君的下述格
言:"Oderint,dum metuant."①

　　"哲学家们会发现上帝只为他自己的荣誉而工作(Dieu ne
travaille que pour sa gloire)这句话是最模棱两可和最值得怀疑
的。我们不知道他们是否会说,那个可以在其自身的完美性中找
到无限的神圣与崇高的无限的存在物怎么会在创造世界时抱着一
种寻求荣誉的目的;我们想象最崇高的存在物是不会有任何寻求
荣誉、贪图功名的想法的。我们认为只有善才是他创造世界的动
248 机。如果说,他创造世界是为了贪图荣誉,那么我们相信,他贪图
的是使人们保持美德和幸福的荣誉,而远远不是阴险狡猾的政治
家的荣誉,后者不顾他的国家所盛行的混乱、骚动、暴行和邪恶,而
以保持它们为目的。如果一个伟大的君王不由自主地被他的反叛
的臣民和诡计多端的邻人卷进一场国内战争或国际战争,而他在
这场战争中可以考验他的勇气与才智,那么他就可以认为自己是

----

　　① 尼罗或卡利古拉斯的格言:"只要做到使他们怕我,就让他们恨我好了。"——
德文版编者注

幸运的,因为他由于战胜了这场暴风雨而博得比在和平统治时期更多的赞扬和更大的声誉。但是,如果他出于害怕他的勇气和天才因没有施展的机会而不为人们所知晓,于是阴谋激起他的臣民起义并激起他的好嫉妒的邻人发动反对他的战争,那么,他就是在追求一种在正直的人看来不值得追求的荣誉,而对真正的荣誉毫无所知;因为真正的荣誉只在于维护和平、增进幸福和保持良好风俗,而不在于引起纠纷,以便向公众表明,他能够多么巧妙地逐一平息它们。""如果有人指责这些哲学家,说他们不能用衡量君主的那种渺小的标准去衡量上帝,那么,毫无疑问,这些哲学家们会毫不迟延地作出回答,只要他们引用上帝在《圣经》里所说的那些话,即上帝对人类的爱相等于或者更甚于父亲对子女的爱,那么他们就不会没有材料用以反驳了。"①

　　因此,情况仍然是这样:关于罪恶的教义是不可理解的。实际上,神学家们用来掩护自己的最后一道护心镜,仍然是这样一 249 个论点:人们认为上帝之路是不可探究的和不可理解的。在这篇尖酸刻薄的文章的结尾,他们异口同声地惊呼:O profondeurs des sagesses! 即"多么深奥的智慧啊!"不可理解的智慧实际上只不过是从漫无目标地射出的火药那里散发出来的一团遮盖着理智的烟雾。[17]

---

①　《对乡下佬所提问题的答复》,第 809、810 页。

第七章　信仰与理性的矛盾
在培尔著作中的意义

250　　神学的教义之所以对于培尔的内在本质来说是一种极其可恶的东西,这并不是因为这些教义在一个粗俗的人看来是与污秽的利益、庸俗的情欲、卑鄙的观念相抵触,不! 这是因为它们是与自然的、即未被搅乱的、未被教义的利益所败坏的、未受贿赂的、未被玷污的理性相抵触,因为,在自然的理性看来,这些教义是虚假的和不合理的。我们是否由此获得培尔与正统派之间的特殊区别呢? 是否这也就表明,在自然的理性看来,教义是虚假的和不合理的,而与之根本对立的事物才是真实的? 可是,在正统派那里隐约出现的那种自然的理性,只不过是他们的血液的一种短暂的沸腾,一种异常的、突然出现而又立即消失的闪光,一种幻影,一种幽灵,一种魔鬼的诱惑。相反,在培尔那里,自然理性之光则是他的生命的一种经久不灭的光,这种光使他受到鼓舞,感到欢欣,它用一种他所喜爱的光彩照耀着那些在他看来具有极其重大意义的事物,这是他所特有的活动和现实之光,是一种温柔而又美好的阳光。

251　在正统派看来,理性的呼声只不过是自己婢女的声音,婢女虽然在日常生活琐事上可以与他交谈,但不能与他谈论崇高的事情。或者,对正统派来说,理性至多只具有作为他的情妇的意义;当天然的情欲以压倒的优势支配着他时,他才背着信仰的面,违背信仰的戒规,怀着惶恐不安的心情,与他的情妇作一次匆促的会晤。但是,在培尔那里,理性就是他的终身伴侣,是他的心灵的女友,是他的尊贵的夫人,他俩是由于他们的爱好、思想和性格相一致而结合到一起的。

这里的信仰对理性的关系相同于那里的理性对信仰的关系(这不是就相似而言,而是就其意义而言),区别在于:在培尔那里,信仰诚然是一个表面上有权的人物,信仰拥有权利,而理性则拥有意向。因此,理性所说的关于它与信仰不一致这句话,与从正统派的口中所说的同样一句话,具有完全不同的着重点和完全不同的意义。在这里,这句话来源于与信仰的真正的分离,来源于对于信仰的一种内在地决定的厌恶和反感。在"教义不允许自己与理性的格言相一致"这句话中的"不"字,是以一种特殊的重音说出来的,它具有一种强调的意义,以致人们希望到它的背后去寻找一种特殊的意义,并且认为它的基础就是下面这句没有大声说出的话:只有与理性一致的东西才是真实的。理性关于它与信仰不一致所说的这句话,不是人们在高谈阔论时偶然地无意说出而严格说来不愿对之负责的话,可以说这是一种系统的论述。这个矛盾不仅被提了出来,而且被加以论证。人们到理性的文库中仔细地寻找资料,以便用文件证明在理性与信仰之间不存在任何哪怕是最疏远的亲属关系。如果在这双方之间存在着哪怕是最轻微的爱慕,那么人们怎么会不愿对此睁一只眼、闭一只眼,或者甚至篡改一下文件,或者至少想出各种巧妙的花招,像理性派神学家们所做的那样,以便消除那些使双方不能接近的障碍,而要如此严格地坚持文件的字面含义呢？当人们证明信仰在各个方面都是与理性相矛盾，从而怂恿理性去反对信仰时（而信仰有时也不得不与理性共处于一个屋檐下），怎么可能认为这是真心诚意地对待信仰呢？归根到底，这难道不是意味着挑拨人们去反对信仰和背弃信仰？为了保持和平关系，自我欺骗不是更好一些吗？

然而，可叹啊！信仰消失了。如果信仰是真实的，那它也就是自然的，人也就能理解它，它对于人来说就不是某种异己的东西，人就继续在它之中进行思考或者生活。可是，如果人觉察到信仰与理性是矛盾的，并且把这一点说了出来，那么人就离开信仰，使理性与信仰分开而独立出来，把信仰看作一个与自己对立的对象，首先是作为思考的对象，然后作为怀疑的对象，然后又作为批判的对象，最后作为抛弃的对象。如果信仰是真实的，它就是无处不在的。无处不在是人的真理的标准。一个人如果在心里想的和脑子里想的不一样，那他就是一个怪胎，值得把他保存在解剖室的酒精里，因为甚至解剖出来的心脏也不是孤独地存在着，像从前人们想象的那样，而是有其神经。如果信仰不是无处不在的，不是也存在于理性之中，那它就不是心灵的上帝，而是一个有限的、有局限性的、个别的事物，信仰就不是绝对的信仰，从而就不是真实的（因为只有绝对的信仰才是信仰），人们就会认为，人虽然信仰着，但不是真正地信仰，不是衷心地信仰，这种信仰只是一种装腔作势的心理状态，它只能以一种极其混乱和极其可憎的方式表现出来，它实质上只是一种欺骗、幻想。

一般说来，这样一种信仰就是近代笛卡尔、培尔这些思想家的信仰，因此他们也认为自己是正统派。他们在客观上承认信仰与理性的矛盾,因此他们的信仰必然在主观上也与他们的理性、他们的本质相矛盾。

近代的天主教徒自然会把笛卡尔看作信奉天主教的哲学家的典范,并反驳那些断定和证明天主教与理性和科学相矛盾的人们①。诚然,笛卡尔使自己屈从于他的教会的信仰,但他认真严肃地防止把信仰的对象引进思考和怀疑的领域。他说,他甚至愿意撤销与信仰相抵触的意见;可是,正是通过他的这种保证和誓言,尤其是通过他的那种明显的战战兢兢、惶恐不安的心情,通过他总是左顾右盼,唯恐自己的某种思想触犯信仰的那种胆怯恐惧的态度②,他表明他的思想是与他的信仰相矛盾的。可是,给予人们的活动空间是如此狭窄,为了不致撞碰界壁,人们不能站立,总得弯腰驼背,或者甚至只得爬行,在这种情况下,难道还能否认这种违背自然的限制是与人的天然的活动本能相对立的吗?事实上,教会通过它的教义已把理性没收了,因为,人们在总是担心害怕触犯教义、即教会的戒规(它是精神的法规)的情况下,怎么能够自由地思考呢,也就是说,怎么能够像科学的本性所要求的那样,真正愿意思考什么就去思考什么呢?

教义是对精神的一种限制,而且是一种随心所欲的限制!提出一些教义,就意味着对精神施加一些限制。教义无非是一种明

---

①　指的是 C.E.霍克,一个从布拉格来的、享有男爵称号的犹太人,生于 1808 年,改信哈普斯堡[奥国皇室,日耳曼皇室的一支。——译者注]的国教,1830 年后担任奥国海关总署和商业部的官员,1861 年退休,1869 年逝世。费尔巴哈对他论述笛卡尔的著作作过评论,参见本书第 2 卷《两篇关于笛卡尔的著作》一文。——德文版编者注

②　他在答复阿尔诺德对《沉思集》的批驳时,在"关于上帝"这一节里这样明确地写道:"我极其小心谨慎地防止在我的著作中收入任何可能触怒神学家们的见解"。

确地禁止思考的禁令。摩西说：你不应偷窃，不应通奸；教义则说：你不应思考。因此，教义即使撇开其内容而言，它自身就是与理性相矛盾的；因为它使教导变成义务，使精神的事物变成从外表上施加强制的对象。教义是不诚实的，甚至是狡诈的，因为它使那些就其本身而言，就其本性而言是思维的事情，变成良心的事情；它对人进行诱骗，它攻击人的个性，攻击人的弱点，以便使人的理性受骗上当。教义是自私的：谁信仰它，谁就得到幸福；谁不信仰它，谁就遭到诅咒。然而，真理却是大公无私的，因此它不去满足人的自私欲望，它不像情欲那样把自己贬低为令人恐惧和希望的对象，它不许下诺言，也不对人诅咒，它自由地诉诸自由自在的、大公无私的理智。教义是与真理的概念和本质相矛盾的。

　　因此，当教义被当作真理强加给精神的时候，科学在实质上就被革出教门了。如果说教会没有正式说出这一点，那这仅仅是由于教会的不彻底，由于外在的必要性，而不是由于内心的信念。即使教会自己甚至推动科学的发展，那它仍然继续在暗暗地诅咒科学。思维仅仅在细小的事情上是自由的，在重大的事情上则是受约束的。科学只是一种没有受到上帝灵气感悟的表面现象，只是人的无价值之物，只是大的玩具，或者至多只是一种由于外在原因，为维护教会所必需的工具。因此，当一种严肃的、真正科学的精神觉悟过来时，它必然与教会发生矛盾，而如果它自己还信奉教会的信仰，它就必然与它自身发生矛盾。它只能试图借助一些没有根据的区别和例外情况来掩盖这种矛盾。如果笛卡尔是一个名副其实的天主教徒，那他就会把他的教会的教义当作自己思维的原则，或者，毋宁说，他就丝毫没有一种感受思维魔力的需要，这样一来,他就根本不是哲学家了。

当教义统治着精神,人们真正信奉教义的时候,人们就不会有思考的需要。可是,尽管教义的统治产生了种种影响,这种需要毕竟会觉醒过来,因此这是一种与思维的概念和本性相抵触的思维,一种违反自然的、没有根据的、没有基础的思维。教义夺去了思维精神的阳光:在教义的遮蔽下成长起来的东西,永远是一棵受压抑的、脆弱可怜的和残缺不全的幼苗,这正是因为这棵幼苗没有直接受到苍天的关怀和抚育。在这里,精神所能从事的并借以表现自己的唯一活动,就是作一些吹毛求疵的区别,作一些毫无意义的、仅仅围绕着前提而兜圈子的证明,简言之,仅仅从事一些形式的活动。这样一种思维就是经院哲学家的思维,是一种没有思维原则的思维。唯名论者虽然是一些具有自由思想的思想家,一般说来,他们在经院哲学内部构成了从经院哲学向近代哲学的真正过渡,但是,甚至他们也不能免于形式主义的诅咒。

近代哲学正是因为没有给予自己任何特定的基础(这种基础 256 往往只能是教义),它才给予自己一个真正的基础。这个基础不是对上帝存在的信仰,更不是对某些特殊教义的信仰;只有真理的观念、哲学的观念才是哲学的基础,才是哲学的那个无限的而且唯一能够保证取得丰硕成果的原则。因为,哲学的观念就是哲学研究的必然性、内在规律性。因此,如果谁去寻找哲学的基础,那就证明他不具备哲学的头脑,他不适合于从事哲学研究,他是按照自己的意愿进行哲学推理的,因而他可能“建立的”体系只是一个人为的、由他构想出来的体系。哲学是一种必然性,正如艺术是一种必然性一样。这种必然性在人那里是作为欲望和才能表现出来的。

谁具有卓越的才能,谁也就具有哲学的基础,谁也就是一个名正言顺的思想家,一个合法的、由哲学观念所委任和鼓舞的哲学家。

笛卡尔重新把哲学建立在哲学观念之上。在他之前,意大利人已经意识到哲学观念的无限性;因此,他们把古代哲学家看作是自己的典范,他们像古代哲学家那样从哲学观念中汲取智慧,他们不是受教义约束的思想家,他们试图把自己的体系全面地重新创造出来。可是,哲学观念由于各种内部的和外部的原因,是受必然性规定的,而且是通过不同方式加以规定的。在笛卡尔看来,精神的自我确定性就是一个特定的哲学观念;不应当从道德的意义上(至少不应当仅仅从道德的意义上),而应当从普遍精神的意义上去理解自我的自己满足性。哲学只能依据于清楚明白的概念;只有这种概念才是确实可信的概念。而最确实可信的概念就是精神的自我意识。因此,精神的观念就是哲学的观念,哲学的基础;思维、自我意识就是头一个最不能怀疑的真理。因此,笛卡尔的精神是一种根本反对教义的和自由的精神,从而也是一种反对天主教的精神。笛卡尔和经院哲学家之间的区别恰恰在于,甚至仅仅在于他不再是教会的思想家,不再是天主教的哲学家。怀疑是使近代哲学区别于经院哲学的一个本质特征;经院哲学即使有所怀疑,也只限于不可怀疑之物的范围之内,它仅仅怀疑某些特殊之物,如果它超出这个界限,它就会陷于毫无根据的谬误之中。然而,笛卡尔的怀疑的意义却在于它是一种普遍的怀疑。即使笛卡尔自己希望在某种程度上限制怀疑,那也不会改变其实质,不会改变其原则。即使你把你所希望的东西排除于怀疑之外,你在特殊场合下对怀疑设置的界限迟早总会倒塌,它们不过是你的个性的界限,别人如果领会了你的精神，就不再考虑这些界限，从而揭示出你的怀疑的真正意义。笛卡尔哲学在天主教徒中间有许多信奉者，甚至比新教徒中间的信奉者还多一些；它使精神从信仰的奴役下挣脱出来，它把怀疑的精神传播到各门科学之中，也就是说，它使各门科学都具有检验的精神，具有把假与真、想象之物和实在之物、清楚确实之物和模糊不定之物区别开来的精神。[18]

只有无知的人才会否认哲学的积极的作用和贡献。哲学的作用是无限的，可是这种作用是精神的，从而不大受人注意。人们通常是按照哲学的某些原理被应用于其他科学中的情况来评价哲学的作用，然而这些作用是最不重要的、最恶劣的；这样一种应用只是一种形式的、独断的努力。哲学的精神只能是它的本质、它的真正成果；一个人只有依据哲学的精神进行活动，只有按照哲学本身 258 进行活动，才算独立地进行活动，才是以哲学家的身份进行活动；因为对精神的把握，把精神与形式之物区分开来，这是一种独立自主的活动。因此，笛卡尔哲学的精神一般说来就是一种思维的精神，就是一种沉思的精神，怀疑的精神，自由的精神，检验的精神，研究的精神，区别的精神。近代哲学就是从笛卡尔哲学开始的。笛卡尔哲学的片面性正是它的必要性，正是它的效益。笛卡尔哲学的真正成果，它仍然保存的效益，就它在精神方面与其后哲学的关系来说，甚至与所有那些目前仍在力图理解和掌握其祖先的成就的人们的关系来说，就是把一切物质的东西与精神的观念划分开来，而在笛卡尔之前人们往往把精神看作物质的本质。你们曾经自由地谈论灵魂和肉体的统一；既然这至少是两个概念，既然这种统一不是某种相同的单一之物，因此哲学必须找出这个区别的因素,并且把它标志出来。

至少在基督教时代,笛卡尔是头一个这样的哲学家,他以纯粹的方式去思考精神,他把一切异样的东西与这个概念区别开来,并把这种纯粹性看作一条原则;因为,即使我们在别人那里,例如在奥古斯丁那里,也发现与此类似的思想,然而那只是一些偶然出现的、没有原则的或者和其他与此相矛盾的规定性混杂在一起的思想。可是,笛卡尔哲学在实质方面的真正成就,在于它借助于机械论的概念,也就是借助于清楚明白的概念,借助于对自然的、特定的原因的研究,来从事对自然的研究。不论把这个原则扩大应用于一切事物的做法是多么片面,多么无益(诚然,这只是在较晚的时期里),但毕竟由此提供了自然科学的骨架和基础。尽管笛卡尔

259　的哲学与人们把动物看作机器这种陈旧的偏见相抵触,尽管现在还有一些无知的人,只受到粗浅教育或者片面教育的人仍把笛卡尔的这种思想当作谬论加以嘲笑,尽管他们在这种场合下可能倾向于再次提出西塞罗关于哲学家的荒谬见解的著名言论,可是,这个似乎与动物的本质截然矛盾的论断却是认识动物的本质的第一步,这一步给予自然科学中的各种迷信以致命的打击,用一种对于事物和本质的崭新观点取代了以前的观点,那种观点把动物看作是一些随意地和故意地。按照人的智慧的规则进行活动的生物。从前,人只把自己看作自然的尺度,按照自身去思考万物,而不能抽象地思考别的事物;现在,主要依赖于笛卡尔哲学的贡献,人才开始把其他事物看作其他事物,才达到一种客观的观点。正是由于笛卡尔哲学把精神概念与自然区别开,它才把一切不属于自然但又被列入自然的东西与自然概念区别开。

可见，这种表面上看来似乎是非自然的、甚至反自然的自然观，才是头一个合乎自然的自然观。因此，以纯粹的方式提出自然科学的原则的，是笛卡尔，而不是培根。必然性这个概念恰恰是这样一种观念，它是笛卡尔关于动物是机器这个论断的依据，而为了正确地理解和判断一种哲学，最重要的就是通过把这个观念与人们用以规定和表述它的那种方式区别开来而去了解这个观念。机械论不是这个观念，而是这个观念的规定性，也就是说，它是一种暂时的、有限的规定性，然而对于它那个时代来说又是一种真正的和必要的规定性。在较晚的时代里，当一种更加深刻的自然观觉醒过来，而且内在的和外在的必然性与合目的性之间的区别也表现出来时，这种规定性便消失了，可是观念却保留下来，因为这是 ²⁶⁰ 一种从自然的本质自身中汲取得来的规定性。所谓低等动物的活动——大部分恰恰是那些最使我们感到惊奇的活动，因为它们在我们看来仿佛是随心所欲的——（实质上）是必然的活动。笛卡尔关于动物是机器这一原理的真正意义，恰恰就在这里。

因此，我们从这个例子中可以看出，在一种哲学中被普通人竭力加以诋毁和攻击，视之为弊端和错误的那种观点，往往恰好是这种哲学的最卓越的见解，是一种创新的观点，是一种重大的进步，是我们的概念愈加扩大和充实的表现，尽管起初它表现得极其片面和简陋，因为任何新的知识都是对旧的幻觉的破坏。为了使你充分相信笛卡尔的哲学确实不仅对狭义而言的哲学，而且对人类和整个科学，都具有积极的、有益的和带来幸福的影响，因而它本身必然是一种积极的、卓越的哲学，那你就听一听杰出的自然科学家勒阿缪尔是怎样谈论笛卡尔的。他在列举从前自然科学中的种种荒谬偏见之后这样说："我们可以认为我们诞生在这样一个时代里是幸福的,在这个时代里,理性已经摧毁了这么多的成见,并给我们指出一条为了发现真理我们必须选择的安全可靠的道路。我们有笛卡尔这样的大师作为我们的先驱,可以认为我们是幸福的。笛卡尔教导我们研究那些被极其广泛地接受下来的概念,而只接受其中那些在我们看来十分清楚明确的概念。笛卡尔这一个人对全人类作出多么大的贡献啊!"[①]

261　　　也听一下培尔是怎么说的。他的话对这一点来说是完全适合的:"在真正的哲学中,如果人们对某种事物还没有清楚明白的概念就去断定这种事物,那便是一种鲁莽的行为。正是因为笛卡尔要求每个希望成为哲学家的人遵循这条法则,他在我们这个世纪使理性日臻完善方面作了那么多的贡献,以致理性能够排除旧的谬误和防止新的谬误。"[②]这就是笛卡尔的清楚明白的概念对于人类所具有的意义。

　　笛卡尔是一个非天主教的,甚至反天主教的思想家,他就其自身而言,撇开那些外在的考虑,已经摆脱教会的束缚,他不让自己受教义的缰绳所牵引,他独立地进行思考,他的思想是与他的教会的信仰相矛盾的。关于这一点,我们从他关于广延是物体的本质这个论断中,得到了一个特殊的、令人信服的例证;按照这个论断,变体说[③]便是绝对不可理解的、非理性的和不可能的。如果笛卡

---

　　① 《昆虫史札记》,第 V 卷,第 II 和 IX 编,第 106 页。

　　② 培尔:"最近来自《加尔文教史的总评》的作者的书简",载于《文集》第 2 卷,第 244 页。

　　③ 指耶稣的血肉变成圣餐上的葡萄酒和面包。——译者注

尔是一个在其思想上依附于和受制约于其教会的教义的人，或者是一个在内心里已与其教会的信仰融为一体的人，简言之是一个信教的人，那他就会从变体说的教义中推断出广延不是物体的本质。可是，由此可以十分清楚地看出，笛卡尔作为哲学家来说是在何种程度上忘记了他是一个天主教徒，而这正是我们所要知道的；因为我们乐意于承认，当笛卡尔不进行思考，不作为一个哲学家的时候，他确是一个天主教徒，也许甚至是一个虔诚的天主教徒。正是因为按照笛卡尔关于物体本质的概念，变体说是荒谬的见解，因此那些虔诚的天主教徒才与笛卡尔疏远，至少在他的哲学的这个顺便说来非常重要的，甚至本质的观点上是如此。杜阿默尔①这²⁶²样说过："我不赞同笛卡尔关于广延构成物体的本质的观点，即使我现在不想谈论圣餐上的圣礼，在那里，耶稣的整个身体被包含在面包的形态之中，但它毕竟是没有广延的、没有被空间所限制，在那里剩下来的当然是面包的广延，而不是他的实体；如果物体的本性在于广延，那么这似乎是完全不可能的。"杜阿默尔的这些证言是完全可以信赖的，因为他根本没有迫害异端的癖好，就他的调和主义的性格来说，他是一个宽宏大量的、没有偏见的人。关于这个问题，培尔指出："如果广延是物质的本质这一点与信仰相抵触，那么广延不是物质的本质这一点便是真实的，任何一个与天启相矛

---

　　①　让·巴勃梯斯特·杜阿默尔，生于 1624 年，死于 1706 年，天文学家和物理学家，但同时也是神父，有段时期还是修道院的院长，其后通过柯尔伯被任命为科学院的秘书，1697 年丰特涅尔接替了他的职位。——德文版编者注

　　这里所引的他的著作的书名为：《旧哲学和新哲学的一致》，巴黎，1663 年。所引的这段话引自该书第 1 册第 146 页。

盾的原则都是错误的;同样地,我们也就可以说,如果广延构成物质的本质,那么,毫无疑问,任何天启都不能摧毁这个真理,任何与这个真理相矛盾的教义都是错误的。"①

笛卡尔把信仰的对象排除于哲学领域之外;他这样做是出于某些虔诚的原因,而这些原因之所以是虔诚的,是因为只要每个人是自己意识的对象,他就会认识自己,因此我们不会也不愿意怀疑这些原因的真诚性。但是,他的真正的、客观的、对我们来说是实在的原因却在于,他的精神采纳了另一个方向,具有一种比把这个主题当作对象更加浓厚的兴趣。[19]不再被一个进行思考的人当作自己思考对象的事物,对于这个人来说就不再具有重大的意义,不再具有一种与他所特有的规定性相一致的兴趣:他不想与这种事物继续发生关系,他为了逃避它而跑到另一个更加美好的世界,在那个世界里,他能够按照自己的本质的欲望和意向来生活,我们必然会承认这个世界是他的精神的、真正的祖国。你的内心所从事的工作,也就是你的理智所从事的工作,你把这种工作作为你进行观察和注视的对象纳入你的理智之中,你是不能拒绝它的。

人们对自己所喜爱的东西,不仅想抚摩一下,而且想看一看;对于你不愿抛弃的那个心爱之物,你是不会置之不理的。一种事物如果不再使人的最优美的感官受到激励和感到兴趣,它也就不再是人的最珍贵、最崇高的事物。可是,当哲学家——他的本质就是思维——把某种东西排除于他的思维之外时,他也就把它排除于自己的本质之外,把它排除于作为哲学家的他自身之外,那也就

---

① "关于物体的本质",载于《文集》第 IV 卷,第 130 页。

不需要很多时间便会把它排除于作为人的他自身之外。因此，精神已经背弃教会的利益，它建立了一个与教会的精神王国不同的精神王国；它在自身之中没有看到任何应受信仰所约束的理由；它从自身之中得不出任何关于教会的知识。教会的存在仍然只是信仰的基础；信仰不是来自本质，因为不具备为此所需的内在条件；信仰是一种偶然的发现物。信仰处于人自身之中，但又是外在于人的，它是一种没有精神和生命的信仰：它把精神和生命移交给科学和现实；它是一种被经验的原因（例如出身）顽固地和强制地强加于自己的信仰。人们相信自己所不相信的事物。信仰是一种矛盾。信仰是主观的，这就是说，按心情而言（在这方面，信仰还具有极大的意义），信仰是一种虔诚的心理；信仰又是客观的，这就是说，按精神和本质而言，信仰是一种虚伪。简言之，信仰是一种历史的信仰；这个定义是极其重要的。264

在某些人身上，我们发现信仰与理性之间的矛盾是一种历史上值得注意的现象；这些人是一些有思想、有才智的人，具有坚定的科学精神的人，独立的、自信的人。因此，信仰——它的最本质的组成部分就是那些历史的、所谓积极的事物——必然在这些人心中获得信仰恰恰在他们那里所具有的那种意义。在他们那里，积极的历史之物的本性获得极其清楚的表现。积极之物之所以具有力量，就是因为它在没有任何原因的情况下也具有力量，甚至在起初具有原因时也具有力量。因此，他们的信仰只是一种积极的信仰；信仰具有力量，尽管在他们那里并不存在这种信仰由以产生的原因；因此，信仰是它的对象以及精神和信仰可能处于其中的那种关系的一种适当的表现。历史之物恰恰只能要求有一种历史的,外在于心灵的信仰。你们以哪种尺度去衡量,你们也被那种尺度所衡量。如果有人想把历史之物作为一种植基于理性之上的真理强加于我们,那是狂妄的糊涂想法。历史的真理正是历史的真理,但是只此而已,它不是精神的真理,不是自在自为地存在着的真理,不是神的真理,不是一种有约束力的、能够决定精神的真理。我们毫不迟疑地相信曾有一个亚历山大、一个卡尔十二世这样的事实,因为他们没有强迫我们相信他们,因为他们是自由地、不受拘束地、无所苛求地、坦率地和诚实地以他们的本来面目,作为一些单纯的历史事实呈现出来;关于他们的可靠性的证明,全部确实性所依据的最后判词,即使不是与我们已经经历的事物、与我们的经验、与我们的某些特殊观念相一致,毕竟是与我们的一般概念、与内在可能性的规律、与理性相一致。可是,对于那个提出特殊要求、希望作为真理本身强迫我们接受的事实,我们可以把它作为一个傲慢自负的事物加以拒绝,我们可以提出自己的下述正当权利来对抗它的虚假的事实性:这个事实就在这里,就在这个地方,就在我们眼前发生,它是以直接的方式呈现在我们面前。我们不会使自己的心灵依附于一个间接的、世代相传的事实,一个在我们看来已不再是事实的事实。

现时是事实的本质和灵魂。我必须相信现时的事实。当人们把某一事物称为事实时,他们所要表达的恰恰就是这种强制性的、不能否认的事物。这种事物不以我的思维为转移;我不能怀疑它是否存在;可是,如果我愿意相信过去的事实,我也可相信它。间接的事实是对我们手头没有的原著的翻译;它处于由观念和想象力组成的蓝色烟雾之中,这种想象力往往在若干年之后,尤其是当

265

我们在这段时期里处于另一种完全不同的环境和情况之中,会不知不觉地改变过去的对象,避开现实的尺度,而以一种迷人的光彩出现在我们面前。它按其本性而言是不可信赖的,它必然是怀疑的对象,简言之,它失去了事实的特性;因此,除了至多成为一种历史的信仰,即一种与我的本质、与我的最大兴趣、与我的精神本身无关痛痒的信仰之外,它提不出其他任何要求。[20]

只有永恒地有生命的事实,才是精神的事物,才是精神的直接表现,才是真理的朴实语言。只有真理的朴实语言才能约束精神,才能规定精神,因为这些规定性同时也是精神的自我规定性,它们是通过精神自身、通过精神的自我活动,使精神相信自己的真理性。然而,对那种作为真理的事实的信仰,对所谓教义的事实的信仰,则是一种纯粹的、明显的迷信,是一种对死去了的巫术士的迷信。因此,对教义的事实的信仰只有在下述场合下才是有生命的,在那里,对精神的信仰已经死亡,精神本身深深地衰落了,真理的意义丧 266
失了,判断力削弱了,理智的活动力熄灭了。可是,在上述那些人那里,既存在着科学,也存在着精神和生命,因此,他们给予事实以事实理应具有的东西。他们的信仰是一种过去的、分离的、与他们格格不入的信仰,而不是一种现时的、现实的、直接的和原始的精神。

可是,信仰同时又是由一种现有的权力,即教会来代表的。信仰在自己这个方面拥有社会舆论,或者毋宁说就是这种舆论本身。因此,撇开其他一些与信仰本身不相干的原因不谈(这些原因与笃信宗教有联系),信仰是理应受到爱护、承认、重视,甚至尊敬的。他们贡奉给教会的信仰,是一种应该付给的牺牲。理性却只不过是一种主观的见解,因此,他们认为这种见解是他们自己的见解,是一种在某些范围内还没有得到认可的见解，而使之从属于教会。
诚然，从内在方面来说，信仰本身只不过是一个不明朗的、不起作
用的闲职人员，但他们总是把信仰推到信教者的前面，仿佛信仰才
是主要人物。公众的舆论当然是公众的，可是，由于这个缘故，它
就不是心灵中的一种与真正的、原始的本质相一致的见解。因为
我是这个教会的成员，所以我信仰，而不是因为我信仰，我才是这
个教会的成员。我信仰我所信仰的事物；我不愿意也不可能与那
种和我如此密切、如此牢固地联系在一起的东西发生矛盾，脱离关
系；我愿意与你们在这方面也能和睦相处。在你们看来是神圣的
东西，在我看来也是神圣的。阿门！在那些人那里，理性就是这样
地思考，并且这样地与信仰及其信徒们交谈的。可是，正是由于这
个缘故，信仰又获得了一种与它在他们那里的原始意义相对立的
意义，一种现时的、有生命的意义；信仰在其自身之中包含一种与
自身的极大矛盾。

　　与笛卡尔和他的其他一些教友的情况一样，培尔的情况也是
如此。培尔虽然是新教徒，可是新教恰恰也和天主教一样由于其
历史地形成的独断信仰而与精神、理性处于矛盾之中。培尔主观
上没有自觉地故意撒谎和弄虚作假。他的信仰从主观上说是真诚
的。我们没有理由对此怀疑。对于这一点，培尔不仅提出极其庄
严的保证，还用公开发表的文件来证实自己对改革后的教会的忠
诚："有人说培尔先生——他以匿名的方式谈论他自己——好几年
没有参加宗教活动，这种说法显然是不真实的，因为如果人们把他
生病的那七八个月的时间除开（在那种情况下，甚至最虔诚的信徒
也可以免除自己上教堂的义务），他每年总有四次参加神圣的圣

餐,还相当经常地参加公开的祈祷……难于忍受的头痛这种使培尔先生终日痛苦的疾病,是唯一妨碍他像其他教民那样经常参加布道活动的原因。"①

与这些表面的、往往模糊不清的迹象相比,还可以提出无限地多得多的证明。培尔甚至用他所作的牺牲来证实他对信仰的忠诚。他说:"我住在一个极其偏僻而又平凡的环境里,但我对此从来没有怨言,没有责难。不过,我想到法国去,在那里,我将受到热烈的欢迎,我将过一种比我在此地的生活更加体面、更加舒适而且无可比拟地有益的生活……此外,我的友人们知道,到巴黎居住始终是我所向往的,我认为这个城市比其他一切城市都好。我始终相信,在巴黎,通过与那些和蔼可亲的学者们交往,通过利用它那许多珍贵的图书,我可能获得不少知识。只是由于我对改革后的信仰的忠诚,我才没有在色当科学院撤销了我的教授职位之后到巴黎定居。……自从我的幸运的或不幸运的星辰引导我从事写作之时起,只是由于这种忠诚,我才留在这里。我可以毫不夸张地说,自从那时以来我在法国受到的接待,使我获得不少世俗的好处。这一点可证明我对改革后的信仰是忠诚的。"②

此外,在培尔那里,在他对改革后的宗教的忠诚中,爱的情感和虔诚的情感是混杂在一起的。他的家人都属于一个受压抑的、遭受可鄙迫害的教会。他的亲爱的长兄甚至为自己的信仰而牺牲在监狱里。培尔说:"我从婴儿时代起就接受了对改革后的宗教的

---

① "鹿特丹的阴谋是望风捕影",载于《文集》第 2 卷,第 744、746 页。

② "捕风捉影的阴谋或对虚构故事的批驳",载于《文集》第 2 卷,第 674 页。

信仰。我是一位牧师的儿子,同时又是一位牧师的弟弟,这两位牧师都是法国最虔诚的信徒,其中后一个人死在特隆贝特监狱里,他由于自己的信仰被关在那里,最后以一种十分优美的,甚至使教皇们为之惊叹的死结束了自己的虔诚的生命。”①

归根到底,我们没有什么理由怀疑他的忠诚,尤其是在他那个时代,宗教改革是一种进步的事情,是理性和自由的事情;他为了善和真(这种善和真是那经过改革的、清除掉以往迷信的宗教提供给他的,它们与他的精神和本质是一致的),也信奉了、即忍受和容忍了当时作为本质之物与这种善和真联系在一起,但与他的精神和本质相矛盾的那种东西。

然而,信仰毕竟是与他的客观的、即真正的本质相矛盾的。他的信仰是一种自我否定的活动,是他加诸自身的一种限制(从而是一种自己随意作出的限制),是对他的精神的一种心甘情愿的否定,正如反过来他的精神是对他的信仰的否定一样。但是,精神在自己这一方面除了它自身之外没有其他任何东西,除了认识的权利之外没有其他任何权利。相反,信仰则具有一种客观的、合法的、得到历史证明的权力。因此,理性应当为信仰牺牲自己。培尔从理性对信仰的驳斥中,不是推断出教义的空虚,而是推断出理性的空虚。在他看来,理性对信仰提出的那些难题,只足以表明理性多么软弱,多么盲目,只有助于使理性受到侮辱,而抬高信仰的功绩,只足以证明除了绝对地、毫无异议地屈从于信仰之外,没有其他任何手段可以使自己走出怀疑的迷宫。

---

① “捕风捉影的阴谋或对虚构故事的批驳”,载于《文集》第 2 卷,第 677 页。

　　例如,关于罪孽和邪恶的起源,培尔指出:"这个起源是非常模糊不清的;有人说尼罗河的起源与其说是认识的对象,毋宁说是令人惊叹的对象,这话也完全适用于罪孽和邪恶的起源。它处于我们理性的理解能力之外:哲学在这点上既认识到自己的长处,也认识到自己的弱点……哲学可能由此知道,即使它具有一些制造迷雾的能力,但它若要驱散迷雾却是太软弱了。因此,我们只好牢牢地把哲学紧拴在鼻勒上,以便使它老实一点,并使它从所受到的这种屈辱或惩罚中学会使自己服服贴贴地顺从于信仰。我们必须约束理性,就像约束布克法尔①那样,为了使它看不见自己的身影,就引着它迎着太阳行走;也就是说,哲学必须放弃它爱好争论的癖好,而只是倾听天启的神谕。"②"人的理性只能破坏,而不能建设";理性只适宜于产生怀疑,引起一些毫无结果的争论,因为人们对这些争论既可以表示赞同,也可以表示反对。神学家们对摩西法规的评论,也可用于评论理性。正如摩西法规只适用于使人认识到自己的软弱无力,从而需要一个拯救者,因此是一个把人引向耶稣基督的教育家,同样地,理性也只适用于使人感到自己的愚昧无知和无能为力,并使人感到需要有一个与自然理性的天启不同的天启③。

　　因此,培尔表示他赞同于厄和拉莫特·勒·瓦耶的观点,这两个人声称:怀疑主义是一种能与基督教极其和睦地相处的哲学。培尔说:"因此,在我看来,这种不幸的不确定状态最适合于使我们

────────────

① 布克法尔是传说中亚历山大·马其顿的骏马的名字。——译者注

② 《对乡下佬所提问题的答复》,第 683 页。

③ 《历史批判辞典》,条目"马尼教徒",注释 D.。

确信我们的理性是一条迷途，理性在上升到崇高的境界时，却把我们推向深渊。由此得出的自然结果是，必须抛弃这个引路人，而从万物的泉源中乞求更好的东西。这是走向基督教的一个重要步骤，因为它希望我们使自己的理智屈从于信仰。"①

这样一来，培尔又收回了他施加于信仰的那些侮辱。当他即使不是正式地、但毕竟在内容上向信仰说了一些粗鲁的话之后，他又奔向信仰，极其恭顺地请求信仰给予宽恕，并为理性的软弱、理性的血气方刚的气质以及理性喜欢说一些辩证笑话的癖好道歉。他的怀疑、批驳和指责——例如，对于大卫的行为的怀疑、批驳和指责——只不过是个人的意见，没有什么分量。这只是一些鸡毛蒜皮的家庭纠纷，无损于信仰在公众心目中的尊严和威信；这只是在紧张工作之余为了恢复精神而让自己稍微舒展一下，以便随后更加坚定地忍受信仰的戒规；这只是理性对信仰所说的一些无罪的俏皮话，是为了提高雄辩能力而做的辩证练习，在这些练习中，人们只不过进入 esprit fort〔自由思想家〕的角色，说出他们在持理性的观点时可能对此说出的话。因此，培尔的怀疑和批驳就像小画蛾围绕着正统派这只猫头鹰飞翔一样，它们向它攻击一下，可是立刻又躲回来，表现得既很勇敢，同时又忧心忡忡。

培尔对教义的信仰是他的善良意志，是他的理性的一种自愿

① 《历史批判辞典》，条目"皮浪"，注释 C.；还可参看《文学界新闻》第 561 页。
这里提到的比埃尔·丹尼尔·于厄，1630 年生于诺曼底，1670 年他成为道芬的教师，并为道芬买到了所谓"按德尔菲尼用词"编辑的古典版本。早年，他是笛卡尔的忠诚信徒；1676 年他担任牧师，1689 年任阿弗朗什的主教，他在好几本著作中与笛卡尔的学说进行论战，1721 年死于巴黎耶稣会士修道院。关于拉莫特·勒·瓦耶，可参看本书第 155 页。——德文版编者注

的克制和忏悔。培尔是一个理智上的苦行僧,是一个在精神上鞭笞自己的教徒。帕斯卡尔在自己的肉体上捆上一根带刺的腰带,培尔的腰带就是那种经常使他的精神本性的活动受到约束的信仰。可是,正如对于最严格的卡特勒兹修道院的修道士来说,尽管他们做了各种各样的刻苦修行,尽管他们用各种清凉的水来镇静自己的心灵,但总不能熄灭他们的情欲的火焰,同样地,培尔尽管做了种种自我克制,但也不能防止他所固有的天性显露出来。他的巨著《历史批判辞典》为我们画了一幅他的画像。在正文中表现出的,是那个信奉信仰的历史学家,是那个用大写字母印出来的培尔,他不是为了自己的利益和以自己的名义,而是受正统派的委托并以正统派的精神来说话的,他与其他教徒并没有什么不同。可是,正文是很短的;他刚刚离开上面的正文,就立刻沉入广阔的注释之中,沉入他所固有的原素之中,在那里,我们找到了这个培尔,我们是不会轻易地把这个培尔与其他人混淆起来的。在正文中,他穿上正统派的制服;可是,在注释中,他却立即穿上常服,尽管在这里他仍严格遵守正统派的礼仪。然而,即使如此,培尔并不是一个伪善者,这一点是我们要再次指出的。在培尔那里,信仰和理性的矛盾具有一种悲剧的意义。他的怀疑是一种命运,是一种力量,是世界精神的渴望,信仰的守护神是没有能力反对这种渴望的。他是一个从必然性中产生出来的自由思想家。在一个伪善者那里,外表与内心处于矛盾之中,内心是对外表的否定;然而,培尔就其自身而言是自我矛盾的。他不是假装信仰;他真诚地信仰着,可是他是在与自身相矛盾,与自己的本性、与自己的精神相矛盾的情况下信仰着。

　　我们也应当从这种内在的、非随意的矛盾出发,去说明培尔在下述场合下所陷入的那种矛盾:这就是每当他为自己对正教的信仰和虔诚心情作辩护,反驳那些对他指责的人,这些人把一些与他毫无关系的意图强加到他头上,歪曲或误解他的言论。正如我们已经指出的,培尔每逢有机会时就特意指出信仰和理性之间的矛盾。他经常把信仰和理性对立起来,这种对立的真正意义就在于这是两个真实的、互不相容的、相互否定的对立面。

　　培尔说(虽然不是以他自己的名义,而是以另一个人物的名义——这个人物是一位神父,他想证明爱怀疑的人可能从基督教中获得一些对他的怀疑主义有利的好处——但毕竟显然是按照他自己的真正本质来说的):"显而易见,当一些事物与第三种事物没有区别时,这些事物相互之间也是没有区别的。这个原理是我们的一切判断和推论的基础;尽管如此,关于三位一体这种神迹的天启却要我们相信这个原理是错误的。无论你们作出多少区别,你们绝不能证明这个原理能被这个伟大的神迹所推翻。其次,显而易见,在个人、本质(本性)、人格之间是没有区别的;可是,这种神迹却要我们相信,在个人和本质不失去其统一的情况下,人格却能增多。再次,显而易见,为了构成一个具有完美而又真实的人格的人,只需要把一个人的肉体和一个理性的心灵联结到一起就行了。可是,关于投胎转世的神迹却教导我们这样做是不够的;由此又推出我们不能确定是否我们具有人格,因为当人的肉体和理性的心灵被相互联结起来时,构成人格对于人的肉体和理性的心灵来说是本质的,上帝绝不会使人的肉体和理性的心灵不构成人格:我们因而应当断定,人格对于人的肉体和理性的心灵来说纯粹是偶然的。然而，任何偶然事件都以多种多样的方式与其主体相分离，因此上帝就有可能以多种多样的方式阻止我们成为人格，尽管我们是由肉体和心灵组成的。因为，谁能使我们确信上帝为了剥夺我们的人格而不利用其中某种方式或手段呢？难道上帝有责任向我们显示他为了控制我们而使用的各种方式？"

"显而易见，人的肉体不能同时处于几个地方，人的头脑与肉体的其余各部分不能占据同一个不可分的位置。可是，圣餐的神迹却教导我们——注意：这是一位神父在说话！——这两件不可能发生的事情每天都在发生：由此又推断出：我们不能确定是否我们与别人有区别，是否我们现在没有住在君士坦丁堡的土耳其王宫里，没有住在加拿大、日本和世界上每一个城市里，没有住在每一个地方和处于各种不同的状态。可是，既然上帝不愿白费气力，既然上帝创造一个人就够了，就可以使这个人处于不同的地方并 ²⁷⁴因而具有不同的品质，那么上帝为什么要创造许多人呢？由于这种教义，我们也就失去了我们在数学中发现的那些真理，因为我们不再知道二加三等于几，我们不再知道什么是统一和区别。当我们断定约翰和彼得是两个人时，我们作出这个判断的根据是：我们看见他们处于不同的位置，其中一个人不具有另一个人的全部特质。可是，圣餐这条教义却推翻了这条区分的原则。也许，宇宙中只有一个唯一的创造物，这些似乎众多的创造物不外是这个唯一的创造物处于不同的地点和不同的状态。我们进行了庞大的计算，仿佛有许多不同的存在物；但这一切只是幻觉。我们不再知道是否有两个肉体；我们甚至不再知道是否有肉体和精神；因为如果物质是可以渗透的，那么，显然可见，广延只是肉体的偶性，因而肉体按其本质而言是一种没有广延的实体；因此，肉体可能具有我们认为精神所具有的那一切属性——理智、意志、激情和感觉。而如果是这样的话，那就没有一条标准去确定某个实体是肉体的还是精神的了……。"

"现在我们转到道德问题上。显而易见，如果我们能够防止某种罪行发生，我们就必须防止，如果我们能够做到这一点而又容许罪行发生，我们就是有罪的。可是，我们的神学却教导我们，这个原则是错误的，因为，按照神学的教导，上帝并不因为他容忍世界上存在着罪恶和骚乱就做了任何有损于他的完美的行动，尽管要防止罪恶和骚乱对上帝来说是轻而易举的。同样显而易见的是，一个人在其生存之前是不能对一件坏事负责的，如果有人认为他仿佛应对这件坏事负责而加以惩罚，那是不公正的。可是，关于原罪的教义却向我们指出，这个明白无误的原则是错误的。最后，显然可见，我们应当宁愿要善而不要利益，而最神圣的存在物尤其应当宁愿要德行而不要利益。可是，我们的神学家们却说，尽管上帝可以在一个井然有序的、没有罪恶的世界和我们这个罪孽深重而又骚动不安的世界之间进行选择，上帝还是选中了我们这个世界，而不选择头一个世界，因为上帝发现我们这个世界更有利于提高他的荣誉。"①

因此，信仰是与理性的最本质的原则相矛盾的，培尔把信仰的功绩抬得愈高，他就愈加与理性相矛盾。他说："人们必须在哲学

---

① 《历史批判辞典》，条目"皮浪"，注释 B.。

和福音之间作出抉择；如果你们愿意仅仅相信那些清楚明白的、与普遍概念相一致的事物，那么你们就选中了哲学而放弃基督教；可是，如果你们相信宗教的那些不可理解的神迹，那么你们就选中了基督教而放弃哲学。因为，正如不可能把方桌的优点和圆桌的优点结合到一起一样，也不可能把清楚明白性和不可理解性结合到一起。二者只能取其一：如果你们不喜欢圆桌的特性，那你们就买一张方桌；但你不能要求同一张桌子对你们来说既具有圆桌的优点，又具有方桌的优点。不过，一个真正的基督教徒……才能嘲笑哲学的精细微妙之处……信仰使他超越于那些被争吵的暴风雨所支配的区域。他处于那样一个地方，在那里，他毫无惧色地倾听着论证和区分的惊雷如何在自己脚下咆哮，他把这个地方看作诗神（克劳迪安）的宫殿和智者（卢克莱修）的庙堂，并从那里悠闲地俯视着理性的脆弱，俯视着那些接受理性指导的²⁷⁶芸芸众生如何陷入迷途。任何一个基督教徒，只要被不信教者提出的反驳弄得焦虑不安，就已经与这些不信教者一样把一只脚伸进同一座坟墓。"

"当作为信仰对象的启示真理愈益超过我们精神的力量、即概念时，信仰的功绩也就愈大；因为，当对象的不可理解性愈益增大，当反对这个对象的那些理性格言愈益增多，我们向上帝的威信供奉的牺牲品也就愈多。与我们比较易于相信这个对象的情况相比，我们在那种情况下就表现出对上帝有更大的顺从和尊敬。我请求你告诉我：为什么教徒们如此赞扬大主教的信仰呢？这是否是由于他期望一种不可能期望的事物才去信仰呢？根据上帝的许诺去期望一件按其本性而言很有可能实现的事情，这并不是什么特殊的功绩。毋宁说,信仰的功绩在于,对这个许诺的期望恰恰是违背一切可能性的。因此,我们也可以说,一种信仰如果能使人根据上帝的指示去把握与理性相对立的真理,那它就具有最大的价值。"

为了给自己的论断提供引证,培尔故意从另一些作家的著作中引证一些言论,它们恰恰是赞扬绝对的盲目信仰,其中有这样一段:"奥肯库尔将军在一次谈话中对卡涅伊神甫说,当我什么都不信仰的时候,那就是魔鬼把我迷住了。自此以后,我便献身于宗教。这并不是因为我在宗教中发现更多的理性,恰恰相反,我在其中发现的理性比在任何事物中发现的更少。然而,总而言之,我毕竟让自己被钉到十字架上,而不知道自己为什么要这样做。这位神甫用一种十分虔诚的声调回答说:阁下,你愈是不知道,就愈更好些;这不是人所需要知道的事情,它是来自上帝。不需要理性,这是真正的宗教,不需要理性。阁下、上帝赐给你多么美妙的恩惠啊! Estote sicut infantes.你们要像儿童那样。儿童没有他们的罪孽;为什么? 因为他们没有理性。Beati pauperes spiritu.精神上贫乏的人是幸福的。他们没有犯罪;其原因就是他们没有理性。不需要理性,总而言之,我不知道为什么。这是多么美妙的言词啊! 应当用金色的字母把它们写出来。这并不是因为我在其中看到更多的理性;相反,我在其中看到的理性比在任何事物中看到的还要少。的确,对于那些理解崇高之物的人们来说,这是神圣的。不需要理性! 上帝给予阁下多么珍贵的恩惠啊!"诚然,培尔指出这段话具有一副可笑的外貌,可是他又补充说:"如果给予这个思想以一种比较严肃、比较朴实的形式,那它就会变得合乎理性了。"①

可是,有人指责培尔,说他打算在理性的废墟上树立信仰的旗帜,说我们不可能信仰那些恰恰被理性所否认的事物,如果人们把宗教说成是非理性时,人们也就破坏了宗教;在这种情况下,培尔就提出一些保留条件、限制和缓和意见,它们使信仰和理性的对立失去了那种引人入胜的意义(只有这种意义才使培尔具有历史的和哲学的兴趣),并使培尔下降到采取一种神学不彻底性的可悲的和软弱无力的腔调,这种神学的不彻底性既不想把教义直接交与非理性,但也不想把它交与理性。他说:"有些人直截了当地宣称, 278 他们不能以一种使理性感到满意的方式,去回答理性对福音的奇迹所提出的那些公开的反驳,尽管他们很少怀疑这些奇迹的真实性;培尔先生所主张的并没有超过这些人的言论。如果不怕被人指责为说谎或自相矛盾,那就可以说人们相信那些与自然理性的全部概念不相一致的事物。"②

在培尔的《对乡下佬所提问题的答复》中也经常碰到"全部"这个词,可是它在这里有什么意义呢? 培尔说:"在天启和理性的某

_____

①　"对皮浪主义者的说明",载于 1740 年出版的《历史批判辞典》第 4 卷,第 644、645 页。

在上面这篇谈话中提到的这两个人是 17 世纪前半叶的著名人士。查理·德·奥肯库尔生于 1599 年,1658 年死于敦刻尔克,他是蒂伦的一位军人。耶稣会士让·德·卡涅伊生于 1594 年,1670 年死于鲁昂,他之所以留名于后世,并不是得力于他自己撰写和出版的那些学究式的著作,而是得力于一篇以对话形式写出的讽刺文——《奥肯库尔将军与卡涅伊神甫的谈话》。本文中转述的这段话就是引自这篇文章。这篇卓越文章出自圣·埃弗雷蒙的手笔。在前面第 91 页上我们的传记性导言第 22 节中,对圣·埃弗雷蒙的生平作过介绍。——德文版编者注

②　"格言和主题的对话",《文集》第 4 卷,第 5 页。

些原理之间的矛盾,不会比理性本身之间的矛盾更加危险。人们如果以为我们的理性总是与它自身相一致,那就大错特错了。关于各种可能对象的无数争论,显然证明情况恰恰相反。从这种矛盾中是否可以断定:人们已不再可能信赖理性了?""培尔所要说的不外是:宗教中有一些教义,理性在这些教义中发现一些它不能解决和解释的疑难",可是,"要抛弃一种含有巨大疑难的教义,却是没有根据的。"怎么办呢? 当人们对某种教义提出他们可能提出的全部反驳,并证明这种教义是与最本质的概念相矛盾(例如,堕落教义中的上帝是与神性概念相矛盾的:"那样一个上帝并不是自然之光向我们教导的那个上帝。"),这一切不也只是一些疑难吗?

　　"在下述两种论断之间存在着巨大差别:一种论断认为奇迹看起来是与理性相矛盾的,像索赛纳的信徒们所主张的那样;另一种是培尔的见解,即认为有一些事物,它们虽然是真实的,但可能看起来好像是与理性相矛盾的。"他在另一个地方又说:"奇迹只是与人的那种渺小的、贫乏的理性相矛盾,这种理性只是理性的一部分,而不是理性本身。""培尔并不主张人们为了信仰就必须抛弃理性;相反,人们只是在理性的指挥和命令之下才到信仰之后寻求保护。当人们把理性的最明显的原理当作规范时,难道这意味着抛弃理性? 上帝的真实性、无可怀疑性和可信赖性,便是这样的原理。如果上帝说话了,那么理性就应该沉默不言,并且断定这是正确的和美好的,因为这是上帝所做的。"①

───────────

　　① 《格言和主题的对话》,第 23、47—50、91、62 页。还可参看《对乡下佬所提问题的答复》,第 762、1073 等页。

可见,在这里仿佛又承认理性具有某种权威。然而,这是怎样承认的呢? 难道人应当倾听理性的呼声,只是为了不要倾听它的呼声? 难道人应当观察只是为了不要观察? 难道理性应当提出抛弃理性这样的忠告? 任何事物,甚至极其卑贱的事物,也不会抛弃自己。任何一个存在物都是喜爱自己的,任何事物对其自身的爱,不外就是这一事物中的神圣之物,就是它的守护神,就是它的自我保存的原则。一切存在之物都是爱它自己的;它只有通过爱自己才存在着,才能存在并保存下去。"每个存在物都知道它存在着,并且向非存在进行斗争,它愿意存在下去。"①因此,理性怎么可能抛弃它自身呢? 你能提出什么论据用以证明理性是没有根据的呢? 你怎么能够相信理性的话,说你不应当相信理性呢? 如果理性是不值得信赖的,那你怎么可能相信理性的话,说它是不值得信赖的呢? 你怎么能够肯定理性在这里没有愚弄你呢? 难道你没有在同一个时刻把理性当作信仰和不信仰的原则,当作可靠和不可靠的原则吗?[21]

然而,看一看吧! 这就是你们的那个在历史上独断专横的信[280]仰所造成的美妙结果:信仰煽动人去反对自己;信仰使人分裂为二;信仰怂恿人去反对他的最珍贵之物。在心灵相信那些与理性背道而驰的事物的场合下,诡辩、矛盾、欺骗、谎言就是心灵的必不可少的特性;但是,理性的呼声是绝不会被压制住的。然而,即使独立的精神觉醒过来,求知的欲望变为占据主导地位,信仰作为一种神圣的教义,或者甚至作为一种法则,仍然在社会舆论中享有牢固地位。这样一来,虚伪——不论它是主观的还是客观的——就

———————
① 康帕内拉:《论事物和魔法的意义》,1620年法文版,第2册第13章。

成为人类的一种讨厌的恶习，一种必然性。

　　一般说来，真正的宗教信仰，唯一真正的、可信赖的宗教信仰只能存在于那样的地方，在那里，宗教信仰是自由的，信仰不会获得任何世俗的好处，不信仰也不会遭到任何世俗的打击。如果国家把信仰当作一种间接的徭役，那它就是直接要求人们弄虚作假。可是，如果不信教就受到地狱的诅咒，而信教则获得天国的祝福，那么宗教信仰也不是自由的。用永恒的惩罚威胁不信教者，这恰恰意味着强迫他们信教；因为，他们以这种方式向人们灌输恐惧心理，从而使人失去自由。因此，谁用关于永恒快乐的美好言词去争取别人，而当别人想背离他时就用关于永恒地狱的恐吓言词加以威胁，谁就是采用强制性的措施，使用非精神的、不道德的，甚至卑鄙的手段，以求把人们争取到自己方面来。他把一种麻醉剂强加于人，以便使人处于那样一种状态，在那里，他的理性沉没于恐惧或希望的激情中，而逐渐忘记了自己的誓言。

　　你们不用奇怪，教会也求助于外部的强制措施；这种情况已是司空见惯，完全符合逻辑；只有相反的情况才是不正常的。如果某个人对于把人的感性本能应用于灌输信仰并不感到羞耻，那他为什么不能利用纯粹肉体的器械、利用棍棒、皮鞭、绞绳，来达到他的那个能使任何手段神圣化的信教目的呢？为了达到目的可以不择手段这个原则不是耶稣教僧团的特殊原则，而是基督教教会和宗教信仰的一个普遍的、古老的原则（例如，我们可以想一下所谓为了虔诚信教而进行的欺骗），它早已是奥古斯丁为对异教徒进行迫害所作的辩护的基础；同样地，这些刑事的强制手段也不是孤立的、特殊的、异常的现象。毋宁说，它们与教会的整个本质和精神极其紧密地结合在一起;它们甚至作为一种立足于感性动机之上的制度,包含在教会的概念之中。

然而,依靠不道德的手段产生出来的东西,对于人来说也必然不具有道德的意义和影响。诚然,这种狡猾的理论到处宣称,幸福仅仅是信仰和善行的结果,并且只能期望它是这样的东西;可是,在这种理论中作为结果的东西,在实践中、在生活中、在人自身之中则变成根据,变成目的。人们之所以信仰,是为了不要进地狱;我们的幸福就是我们之所以信仰的目的;谁不信仰,谁就永遭灭亡。因此,教会是一个伪善者,因为它在假装保护人的最珍贵之物的幌子下,恰恰夺去了人的最珍贵之物,夺去了人的唯一真实的财富,这就是人的思想自由,人作出判断的独立性和不受诱惑性,人的信念的纯洁性,人对真理的无私的爱,人的合乎道德的情操;同样地,信仰也是一个伪善者,因为它在心灵中所做的事情与此一模一样,它使理性、从而也使无私地、纯洁地热爱真理的能力(这是任何一种高尚的、合乎道德的信念的原则),受制约于自私自利的利益,受制约于对保存自己和获得幸福的贪欲。信仰虽然放弃了理性,放弃了人的崇高之物,可是没有放弃卑贱之物,没有放弃感性的、利己主义的利益和动机。信仰虽然对人说:我给予你以真理;可是,事实上,信仰所给予的不是一个无私的对象(当这个对象与感性的动机和情欲相分离,它就变成人的目的;这个对象只与客观的利益,例如真理相联系),而是一个预先已对人发挥诱惑作用的对象,即人们渴望的对象;然而,人们渴望的对象恰恰不是真理,而是幸福。如果某个人听到这样的话:信仰使人幸福,不信仰则永远不幸,那么这个人怎么会不去信仰呢?当一个人看到如果他不信

仰,地狱的熊熊火焰就会笼罩他的头颅,这时他如何能够从纯粹的
兴趣出发去信仰呢？如何能够检验和考察信仰是否是真理呢？一
般说来,他如何能够控制住理性和他自己呢？

因此,我们承认,精神一旦与信仰决裂,它最后一定会把对教义
的信仰当作一个不堪忍受的枷锁扔掉,而这是一个有益的行动。精
神在扔掉这个沉重的枷锁之后,就会立即首先奔向——至少在法
国——感性的领域,因为欢乐(le plaisir)比那种认为鞭笞自己可以
赎罪的信仰更加真实,更加有趣,更加有益,更加符合神圣的人性,
而信仰却是与自然和理性相矛盾的,它所提供的只不过是一幅丑陋
可憎的关于人的讽刺画。"欢乐绝不居住在不纯洁的、腐朽的心灵
里。"①欢乐是神性的流露,而使人遭受折磨的信仰则只不过是人的
虚构;欢乐从其自身而言就是一个积极的概念,而从其最高的状态
来设想,它就是神的完美,即幸福。可是,信仰无论在积极的意义上
或者在最高级的意义上都不适用于上帝。上帝虽然是最幸福的,然
283 而不是最虔诚的。可是,上帝所没有的东西也是不能来自上帝的。

欢乐使人自由,即使是就这个词的从属意义而言;然而信仰却
使人仅仅局限于其自身。欢乐不是自私自利的,绝对不是！它是天
真无邪的、富于同情心的、慷慨乐施的、善良的和亲切的;它被对象
的美所吸引,它沉醉于对象的魅力,沉醉于对所爱之物的享受,忘怀
了自己,毫无顾虑地牺牲自己的暂时的和永恒的幸福。可是,信仰
却使人只是考虑自己,只是贪求他自己的永恒的个人幸福,同时使
人经常处于惶恐不安的状态,生怕自己由于某种享乐,由于某种自

---

① 拉美特利:"享乐的艺术",载《哲学著作集》,第 2 卷。

由思想而失去自己的永恒幸福。马勒伯朗士说过这样的话："对任何一种欢乐的享受都会使人幸福,至少在享受着它的时候。"这句无辜的话甚至被正教徒阿尔诺德看作是极其危险的、值得诅咒的言词①。

由此产生出一个使心理学家很感兴趣的现象,这就是:那些最狂热的正教徒,那些把自己表现为纯洁的、坦率的、不受任何不相干之物限制和约束的教徒的人,也就是那些坚决地、无所顾忌地、热情地、从而真实地发表意见的人,恰恰是世界上最自私自利的、最易动肝火的人。如果没有异教徒,没有不信教者,正教徒就不能生存;对正教徒来说,异教徒是一种自然的需要。对他来说,如果没有异教徒,他就必须杜撰出异教徒。为什么呢?因为正教徒的那个仅仅渴望自己的永恒幸福、仅仅集中注目于自身的自我,只有在愤怒和憎恨的时刻,才能使自己得到解脱,才能摆脱他的处境。对异教徒的愤恨只不过是对他自己的那种受约束、受压抑的处境的愤恨。在激昂的愤怒状态下,他为自己所缺乏的天然的、自由的欢乐感和爱感找到了补偿;他由于惶恐不安地思虑天堂的超凡快乐,而不允许自己享受这样的欢乐感和爱,或者至少不能纵情享受。只有当愤怒的火焰照耀着正教徒的眼睛时,他的心灵中才有瞬息的光明。恰恰是通过他对(自然的)人的恨,他才又与人和解,因为他由此承认教徒也可以持有十分自然的见解。当然,他们能够用教义的利益来论证自己的那些狡诈的和自私自利的行为,然而恰恰是这种利益使不信教者也能清楚地了解关于原罪和人已彻底堕落的教义。

───────────────

① 参见《文学界的新闻》,第 348、455 页。

　　这种猜测不是没有根据的;因为如果正教徒的生活应当是一部用言语表述出来的教义学,如果全部信条都应当在正教徒那里清楚地表现出来,那他也一定会在自己的生活中给予关于原罪及其后果的那个极其重要的篇章以一个特殊尊贵的地位。难道对原罪的攻击不是向来被痛斥为非基督教精神,甚至被痛斥为无神论吗？难道对魔鬼的信仰、对罪孽的信仰不是恰恰像对上帝的信仰一样始终是神圣的吗？因此,正教徒在某种程度上必然会以人格化了的原罪的形态在人们中间漫游。难道他不应当作为一个杰出的典范向非教徒示范吗？然而,如果他始终是善良的,他如何能够做到这一点呢？有识之士一定会由此断定,行善是他的本性。因此,为了证明他所作的善行并非来自他本人,而仅仅是上帝恩惠的影响,他至少必须经常有责任表明他也是一个彻底堕落的人。为了使自己赤裸裸地表现为一个自然的人,他就必须随时摘下正教徒的假面具。而对他来说,这项任务并不是不愉快的。相对于非教徒而言,他甚至还有一个长处,这就是他不需要为自己的裸体、为自己的罪孽害羞。他甚至不应当为自己害羞;他用羞耻来反驳自己的教义,因为羞耻是一种自然的、认为自己不适合、不相称的感觉,是一种不依赖于信仰的对行为的反抗,是原始的未堕落状态的一种残余。因此,他应当怀着不知羞耻的、心满意足的心情,沉醉于自己的罪孽,把它看作是人的堕落了的本性的一种完全自然的、不言而喻的后果。既然他让那些有识之士享有他们自己的命运,因此,就他自身而言,他就必须让原罪经常有其活动的余地,因为他如何能够把本性的作用与信仰的功绩和异常作用区别开来呢？

第八章　培尔作为论战者的意义

如果说培尔在教义神学领域内的论战就其结果而言不能使我²⁸⁶们满意，甚至引起反感，因为，在这个领域内，在志趣和规律、自然法和人为立法、理性和信仰之间的斗争中，他对自己施加压力，只说了一些附有条件的、有保留的、不坚决的和自相矛盾的话，那么，与此相反，在下述场合下，即当对象没有给他施加任何违反自然的限制，他能够自由地、无所顾虑地为了真实性和正确性而进行斗争时，他又与我们和解，并通过他的论战的道德特性和智力特性而引起我们对他的重视与尊敬。在他看来，他那个时代的天主教首先就是这样的对象。培尔在这里作为一个论战者具有更加丰富的意义，因为他不是一个受约束的人，而是一个自由的、廉洁的、超出教派利益的人。这点可从下述情况中看出来：他也向自己的教友在实践方面的弱点和错误教义进行有力的斗争，他一有机会就因新教正统派的教派偏颇心、局限性和自负感而对他们进行有力的打击，甚至保护新教的最凶恶的敌人——耶稣会士，使之免受不正当的指责。

为了证明这一点，我们援引下面这个无论对培尔，或者对他那²⁸⁷个时代的新教徒都具有代表性的材料。新教徒之所以抱怨培尔，恰恰是因为他对耶稣会士采取这种无所偏袒的态度。对于这种抱怨，培尔作了如下回答："一部历史词典不应带有受激情支配的偏

见的痕迹;无论对于耶稣会士,或者对于其他人,我都尽力避免怀
有这种偏见……人们对他们提出许多指责,而又提不出任何证明,
可是由于成见就容易相信这些指责。当人们普遍地对他们怀有憎
恨心情时,往往出现这样的情况。他们以及其他一些罗马教皇的
僧侣曾对新教的牧师干了多少蠢事,提出多少谎言啊。偏见就是
那种鼓舞着他们的激情。无论在什么地方,人总是人。有关别人
对我们怀有的偏见的事例,一定会使历史家受到约束,使他相信我
们在对待自己敌人的态度上有时可能是不正确的。那该怎么办
呢? 只能根据显然无误的和有充分根据的证明去作出论断。我记
得由于我反驳某些侨民关于拉瓦亚克是耶稣会士的论断,而使他
们产生多大的忧虑……当我使他们认识到他们错了时,他们感到
一种真正的痛苦。"①

　　培尔是一位像历史学家那样的心地纯正的论战者。当他与朱
里耶论战时,他自己这样中肯地描述了自己的严谨态度:"当问题涉
及到肯定或者否定某些疑惑不定的事情时,他的小心谨慎达到了学
究式的程度。他经常害怕他所肯定的事物并非显然是充分真实的,
而他所否定的事物并非显然是充分错误的。他的诚实竟达到这样
的程度,以致他认为自己的责任是不要削弱自己的论敌的论据,不
要曲解论敌的言论的真正含意,更不要从中引出错误的推断。这样
一来,他就在自己读者的心目中失去许多有利条件;而如果他对某
一论点有所疏忽或者作了错误理解,他就会对此一直惴惴不安。"②

---

　　①　第 322 封书信,载于《文集》,第 4 卷,第 859 页。
　　②　《鹿特丹的阴谋是望风捕影》,第 741 页。

　　诚实和公正是培尔进行论战时遵循的规则。他鄙视采取卑鄙的手段,他也不需要采用这样的手段。他不代表任何个人的利益,一般说来也不代表任何局部的、特殊的利益,只有一种情况属于例外,这就是他要推脱那种说他没有宗教信仰的指责;就他那个时代来说,他不能对这种指责无动于衷,因为他如果不加以辩驳,这种指责就会损害他的整个科学声誉,从而影响他的创作活动。此外,相对于自己的论敌而言,他感到自己在精神上处于优势地位;这种感觉经常使他怀有必胜的信念。至于他对天主教的态度,他在其青年时代已对自己热爱公正和真理作过一次特殊的考验。他认为倾听相反的意见是自己的义务;正是这种义务感促使这个求知欲很旺盛的青年为了检验自己的宗教而去阅读天主教徒的论战性文章。这些文章的论据给予他的思想以深刻的印象,以致他自己也转而信奉天主教。可是,在反复深思熟虑之后,他又回过头来信奉新教。

　　在培尔青年时代发生的这个值得注意的事件,表现出他的一个极其具有代表性的特征,这就是他的思想是自由的,具有辩证的灵活性。培尔自己这样地描述这个事件:"当培尔在皮洛朗学院学习哲学时,他不限于阅读自己笔记本上记录的教义,他还读了某些论战性的文章,而且这不是像通常那样想增强已形成的见解,而是为了检验新教徒的某些重大原理,看看自己自幼信奉的教义是真实的还是错误的;为了达到这个目的,就需要听听双方的意见。因此,他渴望到天主教徒自己的著作中去了解他们的论据。他发现了一些对下述教义的有力反驳,这个教义认为,世界上没有一个那样的法官,每当在宗教问题上出现争论时,每个人都有责任服从他的决断。当他看到这些反驳时,他自己没有能力作出答复,尤其没有能力向他在图卢兹与之争论的那些聪明伶俐的辩论者作出答复,而为自己的基本论点作辩护。他把自己看作一个迷失幸福之路的分裂派教徒,并认为自己应当重新与教会的主干联结到一起,而把新教看作一棵与这个主干脱离的分枝。在他重新与这个主干联结起来之后,他继续在耶稣学院学习,像在罗马教会占据统治地位的国家里,几乎所有的学生所做的那样,而不论他们属于什么等级和什么职业。然而,当他看到人们给予造物主以过分的尊敬,从而激起他很大疑虑,而哲学又使他更清楚地看出变体说之没有根据,这时他就断定那些使他折服的反驳仅仅建立在虚假的论据之上。他重新对这两种宗教进行审查,于是又发现了已从他视野中失去的那股光芒,他跟随这股光芒前进,既不考虑他所放弃的那些暂时利益,也不考虑当他跟随这股光芒前进时似乎不可避免地要遭遇的千百件极不愉快的事情。"[1]

培尔与天主教的论战一部分具有普遍的性质,一部分具有特殊的性质。关于他的这后一种论战,我们只看到一篇著作,其标题是:《在路易大帝统治下的整个天主教法国是怎样的。伦敦来信。》[2]只有这一篇篇幅不长的著作。它就其题材而言是独具一格的,它简明扼要,与作者的其他那些冗长啰嗦的著作相比,有其优越之处。它专门论述在 1685 年 10 月 15 日发生的撤销南特敕令这件事,当时他 38 岁。这篇著作无论就其类型而言,或者就它所

---

[1] 《鹿特丹的阴谋是望风捕影》,第 759 页。

[2] 《文集》,第 2 卷,第 337—354 页。

论述的那件事情而言,都是独一无二的。它是对这个光荣事件所作的一个可以想象得到的最尖刻的描述,是一种辛辣的讽刺,是一种极其深刻而又极其正当的愤怒的沉痛流露。

使培尔感到极大愤怒的,不是这个敕令的撤销本身(它正是培尔所期待的),而只是这件事的道德性质,是这件事之前采取的那种狡猾的、虚假的、欺骗的、胆怯而又残酷的方式,是他们在这件事情发生之后用以把这种卑鄙行径吹捧为值得赞美的行动的那种可耻态度,是他们竟敢否认这些昭然若揭的事实,竟敢在全人类面前当面否认他们为了把异教徒拉回到那个唯一能导致幸福的教会的怀抱,曾经采用了种种强制的、卑鄙的手段。正是这一切使培尔极其愤怒,他以真理和公正的名义向他们提出了有力的抗议。使他激动的东西,绝不是私人的利益,也不是教派的利益。他说的话虽然是辛辣的,然而是真实的;他的每一句话都符合事实。他的著作正是一个遭受折磨的良心的呼声;在那已经完全天主教化的法国,人们沉醉在狂欢状态里,这种呼声听起来肯定是非常 mal-à-propos〔不合时宜〕。然而,良心恰恰不喜欢任何转弯抹角和隐喻暗示的表达方式。它直接称呼事物的本名:谎言就是谎言,伪誓就是伪誓。

这个不纯洁的良心的呼声就这样开始了:"如果我打断你由于彻底消灭异教而从各个方面听到的欢呼和祝愿十多分钟,也请你不要见怪。……我打算用另一种在你看来似乎有些粗鲁的语言与你交谈;但那也没有办法!少许的羞愧感不会对你们有什么损害;就你们的所作所为而言,你们是应该有所羞愧的。当人们毫不客气地向你们说出这些令人气愤的实情时,人们不过把应当属于你们的东西给予你们罢了。……你们在自己胜利的时刻所感受的喜

291

悦心情,妨碍你以应有的方式去审查这件事情。你们如此从表面上并且根据一个可耻的偏见认为,你们对我们采取的一切措施都是正当的,因为它们给真正的宗教带来了如此光荣的成果。但是,你们在这一点不要弄错了;你们的胜利与其说是真正信仰的胜利,不如说是自然神论的胜利。我希望你们听听那样一些人的话,他们除了自然的公正之外,不知道其他任何宗教。他们把你们的行为看作是一种无可辩驳的证明,而且,如果他们进一步追究下去,思考一下你们的天主教在六七百年的过程中在各个地方所干的那些残酷的破坏勾当,他们就会情不自禁地断定:对于作为这些危害如此深重的事件的罪魁祸首来说,上帝和实证的宗教一样其实太善良了;上帝只给人显露自然之光,而那些对我们的安宁持敌视态度的幽灵却处于黑暗之中,它们通过对上帝树立某种特殊的崇拜(它们对于这种崇拜是十分清楚的),在宗教领域内播下仇恨不和的种子;它们是战争、屠杀和非正义的永恒根源……野蛮的强制和欺骗,这就是你们教会的两个最显著的特征;你们教会所经过的一切地方,都留下一股如此难闻的气味,以致尽管教会有说谎的自由,历史仍为我们保留下这个可耻的痕迹……但愿可爱的上帝保护我们,不要让欧洲再遭不幸,这就是说,不要让我们重新落到你们的枷锁之下;因为这又要使你们犯下多少罪行、恶事、粗野、暴行292 和伪誓啊! 如果有朝一日出现这种情况,那时人们可能确实会说出卢克莱修在伊壁鸠鲁时代所说的那些话:

> '人类在大地上到处悲惨地呻吟,
>
>   遭受着宗教暴力的蹂躏;

而她则在天际昂然露出头来，

用可怕的目光威胁地怒视着人群。"

（《物性论》，第一章，第一节，第63—66行）

"必须承认，你们的顽固态度也是同样令人惊奇的。人们已经对一切厌倦，世界是一个变动不居的舞台。你们的教会却始终站在你们的两条腿上，这就是欺骗和强制。不论教会想开动什么机器，它往往首先采用这两种手段。最近我们看到一个典型事例。从外表上看来，好像你们满足于你们的欺骗手法，因为好几年来人们发现你们是通过法庭的判决、诉讼和吹毛求疵的办法来破坏宗教改革。许多人相信，你们将停留在这条轨道上。可是，你们很快就厌倦这种勉强的状态和活动方式；这其实意味着用一只脚跳跃前进；于是你们又回到你们从前的自然状态，也就是继续采用欺骗和强制这两手。你们让士兵挤满我们的住宅；当你们干了无数的残酷勾当之后，你们又极其无耻地宣称，你们除了采用温和手段之外，没有采用其他任何手段。"

"这种欺骗如此深入地扎根于你们的原理之中，以致我们不会对那些指责英国议会的人感到十分惊奇，因为议会没有让目前居于统治地位的国王①发誓，说他容忍宗教事务处于原先的状态。我们绝不是要指责，而是应当赞扬这个值得尊敬的团体的智慧，因为它满足于国王作为一个正直的人、一个受人尊敬的人所说的话。

①　这指的是此后不久即被赶下台的雅各布二世，当时他刚刚就职。关于这个受过宗教洗礼的老实人的性格，可参看马可勒的著作。——德文版编者注

这种义务比他作为天主教徒可能作出的誓言还要加倍坚实可靠；因为僧侣就其天主教徒的身份而言依赖于你们的名位，所以你们将很快向他指出，他的誓言并不是一种不能解除的约束，他只是根据情况遵守誓言，也就是说，只有当违背誓言对他不利时才遵守誓言，我们不应相信他作为基督教徒按照罗马教会的格式所作的誓言。相反，我们确实应当相信他作为一个诚实的君王，作为一个对正直的、光明正大的和高尚的人的声誉表示珍惜的人所作的誓言，这种人是从一些纯洁的观念去爱荣誉的，这些观念比你们为了把君王当作实现你们的不正当的情欲的工具而向他们灌输的那些观念纯洁得多。"

"就我而言，如果我将来要与天主教徒交往，我首先就会问他们：你们是以什么身份与我交往？是以天主教徒的身份吗？如果他们说'是的'，那我就会这样地回答他们：你们退回去吧，因为我在这个方面不能信赖你们；如果你们愿意作为诚实正直的人与我交往，那是另一回事。你们以天主教徒的身份所作的誓言，只是一些蜘蛛网；你们吹它们一下，它们就破裂了。为了能在新教徒向你们提出的诉讼中取得胜利，你们只需要说，你们对新教徒施加的侮辱是为了使他变成天主教徒；你们可以把自己的伪誓看作功绩，对于你们的其他行为，也同样可以这么做。""再重复一遍，对于下述这样的人来说这是一种什么样的胜利，这些人宣称，上帝除了向我们显示自然之光以外，没有显示其他任何宗教，自然之光从不会忘记确凿可信地向我们指明，什么态度是公平的和诚实的，什么是我们对上帝和邻人应尽的义务，只要我们没有被那许多伪装的虔诚和教义所迷惑，他们说这些伪装的虔诚和教义狡猾地和不知不觉地把一种与我们的安宁相敌视的东西置于我们的头脑之中。我说，对于这些不信上帝的人们来说，看到这个唯一带有神性的鲜明痕迹的宗教如何在其大部分信徒当中堕落到如此低下的程度，而这部分信徒还要力图把其余的信徒一同拉向毁灭，这确是一种胜利。不可能有一种更好的阐述马勒伯朗士学说的讲义了[①]；因为，如果上帝认为经常按照特殊的意图并通过奇迹来从事活动是值得的，那他怎么会允许一个像你们的教会那样腐败的教会，一个因其基本原则的乖僻和某些论点的卑鄙而遭到全世界的憎恨和鄙视的教会，会传播得如此广泛，并允许它在龙骑兵和士兵的帮助下（他们在这项光荣的事业中归根到底起着主要作用），通过一系列的欺骗行为，压迫改革了的教派，压迫那些按照福音的纯洁含义去侍奉上帝的无辜者？"

"不！不信上帝的人们对于你们的那种漫长而又讨厌的幸福，再也不会说他们从前关于苏拉所说的那些话[②]；这不是神意的错误；毋宁说，人们应当像那个处于福卡的残酷控制之下的不幸的帝王莫里梯乌斯那样呼喊：'您是公正的，您的判决也是公正的。'世界是如此恶劣，以致从秩序中、从不变的法则中、从上帝的最高法则中可以断定，这个世界同时既是幸福的，又是可笑的。可是，由于上帝只是按照无限智慧的尺度行事，因此上帝必定以一些最简单、最方便的方式来惩罚世界；而如果问题在于使人类处于一种它

---

①　这指的是以马勒伯朗士为代表的学说，它认为神虽然是世界上唯一起作用的力量，可是他的活动不是针对个别事物，而是按照普遍的法则实现的。——德文版编者注

②　培尔的这段话指的是塞涅卡的《写给玛西亚的慰问信》(第12章)。那里这样写道：甚至这个习惯于享受幸福的人也会遭到失子之痛；而受上帝虐待的人类则认为幸福来自于复仇的上帝所犯的一种应受指责的疏忽。——德文版编者注

由于自己的罪孽而应当遭受的状态,即一种不幸的和可笑的状态,那么,除了使罗马教会保持巨大的幸福和荣誉之外,我想象不出其他任何更加方便、简单而又有效的手段。"

"只要你们的教会处于繁荣昌盛的状态,你们就不用担心其他人不会以千百种不同的方式受到各自应受的惩罚。教会将成为神圣法庭随时准备用以鞭打犯人的皮鞭;你们是遵守教规的法官所必需的,这样他就可以不需要特殊的预谋、奇迹,等等了。据说,一位葡萄牙国王在把移民迁往新地区时,很关心不要把律师和检察官送到那里去,为的是不要让他们在那里播下诉讼的种子。然而,如果不把牧师或僧侣派去,那就更好得多;因为,这是一种癌,它持续不停地腐蚀着周围的一切,并从心灵深处排除一切自然的诚实感和正义感,而代之以欺诈和残酷,它们经常潜伏在那里等待时机,以便挑起叛乱、内战和十字军远征。他们通过这些欺诈和残酷的手段,用公开的暴力强迫每一个人按照寓言所暗示的意义戴上他们所希望的面具。"

"如果我知道世界上有一个地方,你们还没有把你们的那些只想迫害别人的法规带到那里去(不论这些法规已经制定出来或者还处于萌芽状态),那我是多么高兴明天就移居那里;我希望把拉封丹关于学童和学究所说的话,用于描绘你们的朋党:

> 如果不算学究,
>
> 我不知道世界上还有谁比学童更加讨厌;
>
> 其实,作为邻居来说,
>
> 这两者中谁也不会使我高兴。

如果你们也住到那里去，那我只要可能，明天就会动身前往格伦兰。"[296]

"把柏拉图关于哲学家所说的那些话颠倒过来运用到你们身上，那恰恰是多么正确啊！因为，我不相信世界上还有什么比由你们或僧侣担任统治者更加不幸。你们说：如果在某个地方建立起柏拉图的理想国，我决不会赞同那个声称不想迁居到那里去的新作家的想法；你们的这些虚伪的和粗鲁的言词使我十分恼怒。当我看到你们使基督教徒处于悲惨地位而愤怒万分的时候，我几乎想和阿维罗伊一道呼喊：'但愿我的灵魂与哲学家们的灵魂生活在一起，因为基督教徒向他们所吃的东西顶礼膜拜；我还要补充一句：因为基督教徒像狼吞吃羊那样相互吞吃。'"

一般说来，在培尔曾多次提到的那本著作《哲学评论》，他的《对加尔文教史的总评》一书，以及此书的续篇《最近来自〈对加尔文教史的总评〉一书作者的书简》[①]，都涉及培尔对天主教的论战。在最后这篇著作中，培尔以同样的力量、机智和学识，捍卫新教，使之免受耶稣会士曼布尔，即《加尔文教史》一书作者的攻击，当然同时也由防御转入进攻。前面一些书简——这一著作是以书简的形式阐述的——主要涉及一些十分专门的问题，或者对一些极其荒唐的指责进行驳斥，例如这样的指责，说改革派仅仅是出于结婚的欲望而脱离罗马教会的；但是，这些指责促使培尔对之进行详尽的讨论（特别在《书简》一书中）。仅仅从第13封信开始，培尔才讨论那些具有普遍性质的问题。他在这里反驳了这样一种陈腐的指责：异教徒必定会成为国家的敌人，成为叛逆者。[297]

———————

① 《文集》，第2卷，第1—336页。

　　为了获得完整的印象,我们也从这一著作中援引一些例证。他说:"革命精神并不取决于某人是异教徒还是正教徒。一个民族企图挣脱自己国王的枷锁的那种欲望,几乎经常取决于这个民族的性格,或者取决于它受到怎样的待遇,或者取决于好大喜功的首领对群众的影响。意大利人是十分虔诚的天主教徒,尽管如此,任何地方也没有像意大利那样出现那么多的叛乱和内战,那么频繁地改朝换代……"曼布尔先生对巴黎这个城市评价甚高,因为它对真正的宗教始终表现出很大的热情;然而,这个城市却一再爆发反对国王的叛乱。即使不提古代,谁能在阅读这个城市在亨利三世逝世前后发生的种种事件的历史时不感到胆战心惊? 图卢兹是欧洲最信教的城市,这是没有人会持异议的;甚至异教徒也未必会像这个城市沉湎于宗教遗物那样沉湎于自己的虚假的神灵。曼布尔先生赞扬这个城市,说它虽然像百合花处于荆棘中间那样处于许多新教地区之中,但它却能够完全避免受到异教瘟疫的感染。但是,任何人也不能掀起比这个城市在亨利三世统治下所掀起的那次叛乱更为严重的叛乱。第一任市长杜朗蒂是一个善良的天主教徒,但也是国王的一个忠实侍从,他反对联盟,徒劳无益地力图使这个大城市服从国王的统治;由于这个缘故,他激起市民们对他的切齿痛恨,而被残酷地处以死刑,他的尸体被拖过城市,捆在普通的绞刑架上。市民们把国王的肖像挂在他的对面,并且怀着一种着魔似的大胆心情在那里高呼:"现在,你和你如此热爱的国王呆在一起了。"

　　在第 17 封信中,培尔又谈到这个问题,他保护法国的耶稣新教徒,使他们免受这样的指责:仿佛他们是那次促使法国陷于内战的灾祸的肇事者。他把这个罪责归诸罗马教廷的暴政。"有一个大使对罗马教皇说：'你是名列首位的阿贝尔，掌握船舵的诺埃，发号施令的麦齐塞德，尊贵威严的阿隆。'最后，他又对罗马教皇说：你是基督教徒的苏丹。这个大使说得比他所想象的还要正确……如果一个人不是盲目地信仰教皇，如果他具有思考的勇气，如果他没有为了讨好教皇而熄灭自己的良知和理智之光，那他就已经是一个明确无误的叛逆，是上帝及其教会的死敌，他就要遭到驱逐和诅咒。要知道，苏丹也是不能容忍任何质疑和审查的，他要求盲目的服从。"

"因此，对于要求异教徒出席特利恩特教士会议，我是绝不会感到十分惊奇的，因为一个人如果不相信异教徒所说的一切都是错误的、异端的，老早以前已经遭到梵蒂冈的谴责，那么他就不可能成为一个虔诚的天主教徒。可是，如果我们不给予神学家这样一个希望，即当他证明自己的意见正确时，我们就要承认他是正确的，那么我们要求神学家说出自己的根据，那就是不合情理的。然而，教士会议恰恰不给予新教徒以这样的希望；因为，按照天主教教会的教规，异教徒就不可能是正确的。这样一来，挑起宗教战争的罪责就落到罗马教皇的头上，因为他把不属于自己的权利据为己有，这种权利就在于残酷地迫害异教徒，对异教徒处以野蛮的死刑。……对良心施加强制，这就是对上帝的权利的公开侵犯。我们只应当到这种罪行中去寻找那些使法国遭到极大破坏的灾祸的根源。"

"然而，不能说国家不能信赖它对之表示宽容的宗教。……政治上可以用许多确凿的根据证明，容许国内有好几个宗教，这对国

家来说甚至是有益的。奥地利王朝之所以陷于可怜的默默无闻的
299 境地,就是它只容忍一种宗教。它的历史表明那种如此吹嘘的宗
教统一并不曾给王国带来幸福。奥地利王朝只容许一种宗教,如
果它在其衰落过程中没有获得新教徒的支持,它可能已无可救药
地趋于毁灭;法国到目前为止容忍两种宗教,它已经上升到可以驾
驭整个欧洲的高度。""如果天主教会根据它是真正的教会,其他教
会是冒牌的教会这样一个理由,提出它具有迫害其他教会的权利,
那么它的这种想法是愚蠢的,因为它在这一点上只是依据于它自
己的信念。可是,其他教会也同样可以确信,它们是真正的教会,
因此它们也像天主教会一样具有迫害其他教会的权利。如果这些
先生炫耀他们的历史悠久,那也是十分愚蠢的。如果历史悠久也
可以成为理由,那么我们现在在整个欧洲就不得不声明与基督教
断绝关系,而代之以崇拜那些虚假的神灵,因为古代法国的国王并
不是基督教徒,而是异教徒。"(第 20 封信)

"此外,难道你们的宗教仍然是它在古代那个样子吗? 最顽固
的神学家也不得不承认,至少习俗和仪式已经发生变化。对于教
义的变动不居的性质来说,这是一个可靠的征兆。世界上的万事
万物都在变化着;宗教也不能摆脱这条普遍的法则,宗教并没有任
何特殊的权利。"①因此,人们用来给路德维希十四世对新教徒的
迫害以及甚至为撤销南特敕令作辩护的那些理由,是没有根据的
(第 21 和 22 封信)。不遵守自己的诺言,损害在我们看来最神圣
的誓言的神圣不可侵犯性,这是最骇人听闻的罪行。因此,教皇庇

---

① 第 13 封信,载于《最近来自〈加尔文教史的总评〉的作者的书简》,第 256—257 页。

护四世的道德是可恶的,因为他不断地强迫卡尔九世中断他与孔戴王子缔结的契约。

"然而,对于这些先生来说,撕毁誓言当然没有什么困难;他们 300 只需要说:时代和人都已变了,因而契约的根据已经不复存在。" "他们甚至会用自己具有绝对不犯错误这种特权来为自己的全部行为作辩护"(第 16 封信)。可是,什么是绝对不犯错误呢?"没有什么比看到罗马教会的先生们甚至在主要问题上也争吵不休这件事更加令人高兴了。这些先生自鸣得意地说,他们在传说方面拥有一个决不动摇的、决不改变的原则。他们用嘲笑的口吻指责我们,说我们把《圣经》看作一个蜡制的鼻子,可以随心所欲地把它扭向任何一边。但是,与《圣经》相比,传说更加是一个蜡制的鼻子。……现在人们还不知道是否应当坚持圣女受孕和圣母升天的教义。托马斯派否认神灵受孕,声称传说是支持他们的。司各脱派持相反的意见,但也断言传说几百年来一直支持他们,他们怀着焦急的心情期待着幸福时刻的到来,在那个时刻,神灵愿意下降到教皇陛下的心灵之中,以便通过他宣布一个与教父的学说以及与教会的永恒信仰相一致的决定。奇怪的是,他们看出一个真理,教皇们尽管具有神圣的精神却未能看出它来。其次,现在人们还不知道有关不彻底的皮拉杰教派①这个异端的争论的真实情况。人们到如今还不知道究竟圣·奥古斯丁是冉森派教徒,还是莫利拉派教徒,因为每一方都依据于圣·奥古斯丁的权威。……不仅

---

① 不彻底的皮拉杰教派(Semipelagian)介于皮拉杰教派和奥古斯丁教派之间,前者主张人有绝对自由的意志和拥有拯救自己的能力,后者则认为人要获得拯救必须依赖于神恩。——译者注

学者们不知道异教徒和正教徒之间关于神赐的争论究竟是为了什么，而且甚至教皇也不知道对此作何回答，尽管人们恳求他发表自己的意见，而他又已听取了双方的详细论证。事实上，当托马斯
301 派教徒和莫利拉派教徒之间的争论在教皇克雷门十三世时期在罗马激烈进行了若干年之后，人们从那个绝对不犯错误的神圣教廷那里得到的决断，不外是：如果这个争论根本没有发生，那就更好了。"

　　"如果说在1604年已经得到调解的争论如今还在继续，而且争论得比过去还更激烈，那么教会的那个绝对不犯错误的法庭，也就是传说的绝对无误之光有什么用呢？甚至，对于某些更加重要得多的问题，这种绝对无误之光也没有作出决断。无论教会或者教皇都没有决定说出 ex cathedra〔行使职权〕这句话所必需的手续和条件是怎样的；可是，只要教皇说出 ex cathedra，他便是绝对无误的。人们至今还不知道，耶稣基督把绝对无误的特权和主教职掌的权利授给了谁。教皇的神学家们声称，教皇高于教士会议，教皇是绝对无误的，等等。相反，法国天主教教会则断言，教士会议高于罗马教皇，如此等等。这一争议所涉及的并不是一些细枝末节的问题，而是一些至关重要的问题。因为，如果耶稣基督把最高的统治权和绝对无误的特权授予教皇这一点是真实的，是符合上帝的训词和传说的，那么，那些主张相反观点的人便是异教徒，那些认为自己的权威直接得自上帝的主教，便不仅是异教徒，而且是上帝在教会设置的合法政权的反叛者。"

　　就教皇权力应高于世俗权力这一教义来说，情况也是如此。"英国有一位贵族，他是一个虔诚的天主教徒和有学识的人，在他

所写的一篇文章中企图证明，天主教教会的教义并没有规定，教皇可以撤销国王的权限，臣民可以解除自己的誓言。然而，有学识的耶稣会士 L.勒修斯①则提出相反的意见，他不仅证明上述见解符合天主教教会的教义，而且证明如果这一教义不是真实的，那么罗马教会就不可能成为真正的教会。他还用非常令人信服的论据证明，如果教皇不拥有他的信徒赋予他的那种支配世俗国王的权力，那么由此可以推断，罗马教会至少犯了五百年的错误，而且是在一个非常重要的教义上犯了错误，这一教义几乎是它掌权的整个时期内所依据的指针；由此还可推断，罗马教会还是故意犯错误，是出于贪图权势而犯错误，它怀着深思熟虑的意图在教会权力问题上曲解古代教会和圣徒的教义，它已被地狱的力量所征服，它已不再是基督的真正教会；于是，所有的君侯和世俗之人都有一个正当的与合理的理由，使自己与罗马教会分离。"

"著名的红衣主教杜珀隆②是法国教会中一位极有才智和精明伶俐的人，他十分清楚地知道任何一个原则的必然后果。他不得不承认这个结论的正确性，在他给贵族和市民等级所作的著名演说中甚至援引耶稣会士的基本论点。这里指的是市民等

---

① 勒修斯(1554—1623)，生于布拉邦特，是一位十分勤奋的多产作家，在卢汶大学工作。——德文版编者注

② 他是一个法国医生的儿子。他的父亲出于对教会改革派的热情，在瑞士当过牧师，并在那里给他的儿子雅克(生于 1556 年)以优良的教育。雅克在二十几岁时去了法国，改信天主教。这位禀赋甚高、刻苦勤奋的雅克，作出了一番出色的事业。在这方面，他那深谋远虑的才智，特别是他那善于玩弄权术的才能，起了很大的作用。对于亨里希四世的改变宗教信仰，他起了特别大的作用，在此之前，他是亨里希四世的宗教教师。本文中谈到的这次演说指的是杜珀隆于 1614 年在当时还经常召开的国会上发表的演说。其后四年，他死于巴黎。——德文版编者注

303 级提出的一个议案,即要对那个促使我们的国王依附于教皇权力的教义进行严肃的谴责。这个议案使国会中的宗教界人士深感不安。……可是,这位红衣主教的演说如此雄辩有力,以致市民等级的议案遭到否决。……他说,这个议案使我们陷于主张赤裸裸的异端邪说的境地,因为它迫使我们承认天主教会几百年前已从地球上消失。因为,如果那些持相反观点的人把这个教义看作是不信上帝的、值得厌恶的,那么,教皇几百年来就已经不是教会的首领,而是异教徒和反对基督的人了。"

"这位红衣主教说得完全正确,因为,如果人们一旦把国王由上帝直接委任这样一个论点作为显明无误的真理提出来,……那么,教皇撤销国王的权力,就是主张异端邪说,而犯下严重罪行。而且,在世上建立一个可能使上帝的法规失效的法庭,这种做法是违背基督的真正精神的。因此,教会在过去和现在把那个霸占这种权力的人看作领袖,事实上就已陷入异端。法国天主教会的情况,其实至今仍是如此,因为,尽管它对教皇作了种种谴责,却仍然承认他是自己的领袖"(第 23 封信)①。

那么,这种绝对无误的特权究竟以什么为根据呢?"这不是依据于经验,因为经验毋宁告诉我们:有一些教皇和教士会议把一些非常重要的教义条款解释错了;有一些教皇和教士会议把另一些教皇和教士会议所确定的东西修订和撤销了;尽管绝对无误的教会规定要认真地遵守仪式,可是人们却千百次地对早已解决了的

---

① 关于世俗政权和教皇政权之间、法国天主教会和罗马教会之间的严重矛盾,还可参看第 25 封信。

问题重新挑起争论，或者重新审查，等等。有人作了如下的区分：304
教会仅仅在权力问题上不犯错误，而不是在事实问题上不犯错误。
但是，这个区分也无济于事。例如，如果教会宣称，了解上帝对于
这件或那件事情曾经作过什么启示，这是一个权力问题，那么教会
就说错了；因为，这同样也是一个事实问题，正如了解冉森对这件
或那件事说过什么话只是一个事实问题一样。教会坦率地承认，
任何一个关于某个作者所说的话的含义问题都是事实问题；教会
还承认它没有从上帝那里获得一种绝对无误的特权，以便决
定——譬如说——冉森在某一页上说过这句话或那句话。教会也
必须承认，如果问题在于确定《圣经》上每一行诗的意义，那么这也
是一个地道的事实问题，对于这种问题来说，上帝并没有恩赐给教
会一种绝对无误的特权。事实上，如果有人断言，甚至在一些与教
会的安宁密切相关的问题上，圣灵并没有赐给教皇或教士会议一
种为正确无误地了解普通神学家的见解所需的洞察力，可是同
时又声称，圣灵允许教皇或教士会议具有一种为揭示《圣经》的深
奥秘密所需的洞察力，难道这种说法就更加合理一些吗？"

　　或者，也许这种绝对无误的特权是以《圣经》为根据？"《圣经》
上那些包含这一真理的章节必须是如此清楚明白，以致人们不可
能误解它们，任何一个信徒仅仅借助自己的理智就能够明白上帝
在这些章节中确实说出了这个真理；因为如果可以对这些章节作
好几种合理的解释，那就有可能在不违背信仰的类比的情况下，在
对《圣经》不施加任何最轻微的强制的情况下，给予这些章节以另
一种不同的意义，于是每个人显然都可以自由地按照自己的意愿
去思考这个问题，因而教会具有绝对无误的特权这一点就不再是

一个使良心受到约束的教义了。因此,这些章节必须清楚明白地
说明相反的解释是不可能的,而证明教会是绝对无误的。因为,人
们不能又回过头来求助于教会的绝对无误的特权,以便通过它的
无所不能的权威去确定一个被作出不同解释的章节的真正含义。
我们所要研究的,恰恰是在基督教徒中间是否有一个绝对无误的
权威,我们正在审查罗马教会是否具有一种断定自己绝对无误的
权利。因此,当这种研究还在进行的时候,这种权利尚未被确定下
来,不能加以运用。因为,如果有人利用罗马教会的权威,从一种
赋予它以绝对无误的特权的意义上去解释某些有争议的章节(这
种特权正是我们所审查的对象),那么这种做法是荒谬可笑的,因
为我们还不知道是否《圣经》在基督教徒中间委任了一个绝对无误
的法官,因此我们也没有义务去服从这个法官的任何判决。如果
情况是这样,那么教会就永远不可能证明自己是绝对无误的;因
为,为了证明这一点,《圣经》中就必须如上面所说的那样有一些清
楚明白地说明这种绝对无误的特权的章节,每个人不用借助教会
也能在其中找到它们。可是,《圣经》中没有任何这样的章节,因此
这是不可能的……罗马教会中有两大派,它们对于谁是这种绝对
无误的特权的持有者始终争论不休。这个情况极其有力地证明:
《圣经》中那些涉及教会具有绝对无误的特权的章节,不仅不是如
此清楚明白,以致头脑最简单的人也可以理解,毋宁说,它们是如
此模糊不清,以致连教皇也不理解它们。"

　　或者,也许这种绝对无误的特权是以理性为根据? 不是的!
"我愈是研究这个问题,我就愈是觉得它没有道理。既然这个绝对
无误的法庭的判决是由一些可能犯错误的主教传达的,那么这个

305

法庭有什么用呢？难道这不意味着又陷入人们希望避免的那种灾祸吗？因此，罗马教皇归诸自己的那种绝对无误的特权，是一种莫须有的东西"（第29封信）。"人们愈是深入了解罗马教会的秘密，就在其中发现更多的不可理解的混乱；因此，某些民族习惯于不去审查自己的宗教，而是盲目地听从别人的领导，这种态度对于这些民族来说也是有益的；因为，如果他们要对教义追根问底，那他们可能一刻也得不到安宁"（第27封信）。

306

　　与现代世界的那种虚伪的、不信上帝的"主观主义"和理性主义相比，实证主义的秘密多么深刻啊！实证主义给予人以深刻印象，但这只是一种表面现象。彻底研究一下，这种给人以深刻印象的客观性便被归结为一种完全主观随意的、毫无根据的意见。权威是实证主义的基础，而这是一种绝对无误的权威，因为，如果不是这样，这种权威与个别人的权威有什么区别呢？可是，这种绝对无误是以什么为根据呢？没有什么根据，而是依据于这样一个武断的保证：我不会搞错，因为我是不会犯错误的。究竟是绝对无误性的体现者说他自己是绝对不犯错误的，还是说另一个人是绝对不犯错误的，这并没有多大差别；究竟这个体现者是一个人还是许多人，这也没有什么差别。绝对无误性的根据，一方面仍然是一种没有根据的、主观的保证，一种空洞的论断，另方面仍然是那种同样没有根据的、主观的幻想。在一个民族的意识中，这种论断获得一种信仰的力量；这一点对事情的本质不会有什么影响。这个论断不会因为某种见解变成无数人的见解，而失去它的主观性。只有当它具有客观的根据与获得证明时，它才可能失去其主观性。只有内在的质才能提供普遍性和客观性。可是，这种内在的质只能是事物的理智。只有是理智的东西才是现实的东西。所有其他之物都是幻想，它们虽然往往很美丽，但并不因此而成为真实的。

但是，在刚才提到的培尔的这些论战性著作中，占有最受尊敬的地位的，却是他的《对"强迫他们入教"一语的哲学评论》，但这只是就目的和内容而言，而不是就形式而言。他之所以写这一著作，是由于他看到新教徒在法国所遭到的迫害①，他反对那个强迫信教的信条。

这一著作分为三部分。在第一部分中，他反驳了这句话的字面意义，因为这种意义与自然之光的明确概念相抵触。按照这个概念，宗教是一种精神的活动，它不能借助非精神的、强制性的手段来从事活动。因此，运用强制手段使某个人信奉宗教，这与这件事的本质相矛盾，与理性的普遍原则相矛盾，与理性的那些原初的，我们借以把真和假、好和坏区别开来的基本原则相矛盾。这种意义还与福音的精神相矛盾，因为它破坏了一切道德的基础，抹煞了正义和非正义、好和坏之间的区别，从而对国家造成普遍的危害；因为，如果一个行为在其与宗教无关的情况下被认为是非正当的（任何强迫信教都是这样的行为），而一旦它的发生对宗教有利时，马上就变为正当的，例如，可以不受惩罚地盗窃异教徒的财物，抢劫他们的子女，奸污他们的女孩，只要其目的在于使她们在不光彩地怀孕而不得不到真正的宗教中寻求支持，简言之，这样一来，任何犯罪活动都变成了宗教活动②。

---

①   参阅该书的那篇有说服力的、值得一读的《前言》，第 358 页。

②   第 1—4 章的内容。

如果这种字面上的意义具有效力，那么异教徒根据一种既可笑又邪恶而且与理性和道德的全部原则完全背道而驰的教义，把打算劝导他们入教的基督教徒驱逐出他们的国土，也就是正当的了。其次，人们之所以拒绝这种意义，还因为即使人们愿意以温和的方式慎重行事，也不可能执行这样的命令而不犯下罪行，它在异教徒中间发生的影响与人们的期望迥然不同。这个理由虽然包含在上述理由之中，但为了明确起见仍需要特别加以强调。这种字面上的意义还使基督教失去它相对于伊斯兰教而言所具的神圣性的证明。而且，长期以来，教父们对这种意义也是不了解的。此外，它也使早期基督教徒反对异教徒迫害他们的怨言变得毫无意义，荒谬可笑；因为异教徒也可以对基督教徒说："你们有什么要向我们抱怨呢？如果你们站到我们的地位，别人也会像你们对待我们那样对待你们。"人们之所以拒绝这种意义，还因为它把基督教人士推向一种绵延不断的、相互迫害的战争之中，因为要结束这种战争，只能依靠结束那些永无休止的关于教义的论战；可是，每个教派都认为自己是正统，是真正的教会，因而认为自己拥有迫害其他教派的权利。①

在这篇评论的第二部分中，培尔详细地反驳了人们可能对他提出的反对意见，或者毋宁说反驳了有人企图用以为不宽容的教义取得谅解和进行辩护的种种理由。这些理由是：我们没有采用任何强制手段强迫别人信教，只不过想唤醒那些顽固地拒绝检验和承认真理的人们。其次，大家知道，上帝的道路不同于我们的道

———————————

① 第5—10章。

308

路,因此,上帝也可以采用一些似乎与我们的目的背道而驰的手段,并通过一种秘密的影响,来达到使人改信宗教的目的。最后,不应当把这些强制措施理解为绞刑架和断头台,而只能理解为某些轻微的不便。

培尔对其中的第一个反对意见提出这样的反驳:这些手段恰恰使心灵处于一种使它不能检验真理的状态;对于第二个反对意见,他反驳说:这个理由建立在可怕的不稳定和怀疑之上;对于第三个反对意见,他反驳说,如果人们一旦认为可以允许采用强制手段,那么,限制把绞刑架和断头台看作不能容许采用的手段的根据便消失了。

309

在第三部分中,培尔还特别详细地、而且逐条地批驳了奥古斯丁用来给强迫信教作辩护,甚至被他说成是基督教博爱的规范的那些貌似神圣的诡辩。对于奥古斯丁的申辩,他提出确凿的证明,指出它直接摧毁了全部理性和全部道德。"如果在某个人信奉正教的情况下,没收他的私人财产是一种不正当的侵占财产的行为,而在这个人不信奉正教的情况下,它就成了非常正当的行为,那么由此可以推断,同一个行为可以由罪恶变成美德,仅仅因为这个行为有利于宗教,而这就否定了全部道德和一切自然宗教。"

我们从对第一部分内容的扼要叙述中已经可以看出,培尔利用他所掌握的各种手段,援引一切只要能想出的理由(这些理由有一部分本身就是正确的,有一部分仅仅适用于他那个时代),向关于强迫信教的教义进行斗争,把这种教义看作既不合理,又是可耻的。顺便说一下,这种强迫信教不仅出现在那些发生明目张胆的强制行为的地方,而且出现在一切把对教义的信仰提升为一种哪怕是间接的法律的地方。当然,在明哲之士看来,培尔的评论颇为冗长啰嗦。但是,这种冗长啰嗦的原因不只是培尔的过错,不仅在于他的写作条理不清,用词不严(这个缺点在他的论证性著作中,尤其在他的《评论》一书中表现得十分明显,这篇《评论》按其形式而言可说是他的一本最坏的著作①),不仅在于他禀性诚实,不怕 310 麻烦,不知疲倦和不知满足地进行论证,达到令人厌烦的程度,也不仅在于他对读者过分殷勤,他亲自作出全部结论,而让读者无所事事,而且主要在于某些事情目前仅仅在明哲之士看来当然是公理,是直截了当的、不言而喻的真理,可是培尔在他那个时代却必须加以具体的证明。由于宗教不是依据于理性,而是依据于信仰,由于宗教是一种特殊的、与理性和道德不同甚至对立的东西,因此它使人们头晕目眩,看不见正确和错误、善和恶、合乎目的和违反目的之间的区别,使人们对那些最简单的、从事物的本性中得出的真理也产生误解,因此,必须采用十分麻烦的外科手术,把那些由于宗教偏见而硬化的头脑凿开,以便向其中灌进一滴健全的理智。培尔的《评论》一书就是这样一种麻烦的外科手术。

　　培尔要与之打交道的是这样一些人:他们的思想极其贫乏,甚至居心险恶,对昭然若揭的真理也加以否认或者进行歪曲;对于这些人,他必须尝试采用各种不同的手段,才能以某种方式与之接

---

　　①　顺便说一句,培尔自己也清楚地看出,不仅在他的《评论》一书中有这个缺点(他说:“我同意你的看法,这部著作应当删简一下。为了使它成为一本精炼的著作,应当把它压缩三分之一或四分之一”。第 287 封信),而且在他的其他著作中也有这个缺点(他说:“我对于写得如此冗长深感遗憾,可是我不能纠正这个缺点,尽管我希望如此。我担心各种类型的读者不能理解我的意思,这种担心在很大程度上促使我写得过于冗长。”《书简》,第 251 页)

近;在与他们打交道时,他必须重新从人类健全理智的基本文法规则开始,才能向他们证明自己的论证的极其清楚明白的前提。由于这个缘故,他的《评论》是在逻辑和伦理学的基本概念方面对圣·奥古斯丁的严格审问,是对一个顽固不化的恶棍的刑事审讯。他必须用真正的基督教徒的忍耐精神,透过各种各样的谎言和诡

311 辩,对之跟踪追击,才能最后迫使他承认自己的罪行。在这里呈现出来的不是一种思想,一个原则,不是一个特殊的手段,而是整整一个装有各种论据的药库,可以用它来反对不宽容这种根深蒂固的邪恶。培尔所提供的是这个启示录怪物的一个极小部分,是这场论战的微积分。

这种说法不是比喻,而是表明培尔作为一个论战者的意义。培尔在辩证法领域内的地位,等同于莱布尼茨在数学和形而上学领域内的地位。培尔把对无限之物的分析引入论战之中;他是健全理性的经院哲学家。他的论战是没有界限的;他从各个可能的范畴和术语方面详细考察自己的对象,这些范畴和术语提高了或者可能提高他在其论敌的心目中的身份。他把特质逐个地溶解在他的机智的硝镪水之中,直至把它的残余也化为乌有。他不是粗暴地把他的材料撕成碎片,而是一根线、一根线地拆开,然后又把这些线拆成更细的线,直到拆成十分纤细的、肉眼看不出的极其细小之物。他的技巧就在于拆开;他的作品是一种极其精细的和十分辛苦的手工劳动。

而且,他的哲学评论的意图绝不是仅仅用一种不彻底的、不诚实的、充满偏见的、狭隘的宽容来代替强迫信教;这种宽容仅仅对某个教派有利,仅仅在某种条件下、在允许不宽容的条件下才是宽

容的,它仅仅在此限度内而不是在更广阔的范围内,仅仅在某种随意确定的界限内,才承认思维着的精神具有自己不受任何限制的权利。毋宁说,他要求的是一种真正的、完整的、不受限制的宽容。

"任何一种使人们在认识人类的事物和上帝的事物方面不能作出新的解释或有所进展的法律,都是独断专制的法律。如果这种法律两三千年来一直有效,我们对之怎么办呢? 或者,当我们有了这许多经验之后,是否现在我们可以认为我们已经不再可能学习什么?""不宽容是违背正义和理性的……对于人的宗教信仰制定出这些法律的人,显然超出自己的权力,他们做了自己没有权利做的事情。""那些不是心怀恶意地犯错误的人与那些没有犯错误的人具有同样的良心,因为违背自己的良心做事才是最大的罪恶。"培尔在他的《书简》中已经特别详细地讨论了这个论点,保护这个论点,避免对它作错误的推断和应用。"任何宗教只要它们除信仰自由之外不提出别的要求,而且它们愿意不触犯市民的或政治的法律,那就应毫无区别地加以宽容。"①"诚然,在某些情况下,两种极端都是错误的;这种情况甚至经常出现,可是,目前情况下却没有任何 juste—milieu(中庸之道);这里的情况是:要么对一切教派都宽容,要么对任何教派都不宽容。对一个教派实行宽容所依据的理由,也适用于对另一教派实行宽容。""甚至对异教徒也应当宽容;因为,即使异教徒的君主所采取的暴力措施使异教徒不配受到宽容(根据下述原则:一种强迫人们信仰的宗教是不配受到宽容的),可是,既然异教徒已如此脆弱,以致我们用不着担心他们再

----

① 《哲学评论》,第 2 编,第 412、414、427 页。

度变得强大起来,重新制造德希亚和迪奥克勒蒂安的悲剧,因此不
应对他们采取报复行动。"

　　"如果有人说,他们愿意宽恕一切,只是不能宽恕渎神行为,只
有这种行为必须受到惩罚,塞维特由于他对三位一体说出恶毒的
渎神言语而完全应当受到惩罚,那么这种说法是根本错误的;因
为,为了对一种渎神行为施加惩罚,仅仅根据别人按照自己的心愿
对渎神这个词所下的定义,便断言某人的言论是渎神行为,那还是
不够的。必须根据他自己的教义来确定他的言论是否是渎神的
(这是一个卓越的、现在仍鲜明地表现出神学的局限性和惩罚狂的
理由!)。只是由于这个缘故,我们才有权惩罚那样一个基督教徒,
他以神圣的上帝的名义发过誓,可是他又允许自己对他所信仰和
承认的同一个上帝说一些侮辱的言词。在这种场合下,他犯罪是
出于恶意,并且他意识到自己犯了罪。但是,如果一个基督教徒不
相信三位一体,他在其迷惑的心灵中确信没有三个这样的人,其中
每个人都是上帝,同时又不会出现三个上帝,如果这个基督教徒断
言,天主教徒和新教徒的上帝是一个虚假的上帝,是一个自相矛盾
的上帝,等等,那么这些言论就他自己而言并不是渎神行为,因为
他不是针对他自己承认的上帝,而只是针对另一个他不认识或不
承认的上帝。按照这些先生们的定义,早期的基督教徒和 16 世纪
法国耶稣新教徒就是最不虔诚的渎神者,因为早期的基督教徒对
异教的神毫不宽容地说了许多可以想象的极其蔑视的、十分无耻
的言语。大家知道,新教徒对弥撒的上帝也不宽恕,甚至对他说了
一些使天主教徒也为之毛骨悚然的言词。我并不赞成那些如此粗
鲁地使用这些恶毒言词的人,……可是,这其实不过是有些粗野和

313

鲁莽而已。因为,他们并没有对他们所崇拜的神说出任何渎神的言词,而是对一些被他们看作是他们的敌对者的想象或幻觉的东西说一些不恭敬的话而已。"①

　　培尔是极其热情地、卖力地、彻底地——如果不是最彻底地——为宽容而斗争的战士之一。为此,应当以科学和人类的名义向他致谢;只有在宽容的保护下,科学和人类才能得到繁荣。应当感谢他,因为他是理性和自由的王国的爱护者,是真正的神的王国的促进者! 不宽容是魔鬼的嫡亲女儿,是邪恶的教义,是欺诈的教义。真理是宽容的,因为它充满自信心,因为它知道归根到底没有任何东西能与它抗衡,因为它在其他事物之中,甚至在谬误之中也能认识它自己,因为它确信生命只能把存在物的无限统一表现为无限的多样性和差别。因此,哪里没有真理,那里也就没有宽容。恐惧是不宽容的泉源,真理之中却是没有恐惧的。魔鬼除了它自身之外不宽恕任何事物;因为它就其身而言是虚无,它希望占有一切。它愈是内容空虚,愈是企图扩大自己的领域,愈是被不能忍受的扩大欲所折磨。在它看来,一切处于它之外而又不带有它的色彩的事物,都是一种反对它的存在的证据,都是一种攻击或指责。它没有自信心,极端自私自利,经常处于死亡的恐怖之中,它内心中经常有一种对自己的隐蔽的恐惧感,它对外界的事物采取绝对的猜忌和不宽容的态度。因此,只有邪恶的意愿,或者癫疯,或者那种不能把谎言和真理区别开来的愚蠢(这种愚蠢或者企图利用某些神圣的特权来保护它所掌握的那几个概念,使之免受更

----

① 《哲学评论》,第 2 编,第 419,420—421 页。

高的和更自由的理智的攻击），才能为不宽容或者为有限的宽容——归根到底，这两者是一样的——进行辩护。

我们之所以应当怀着感谢的心情承认培尔对于宽容所作的功绩，还因为他生活在那样一个时代，在那时，不宽容的教义还是基督教世界中的一种到处居于统治地位而且由于其历史悠久而被神圣化的偏见。培尔自己说过："强迫信教这样一种教义在基督教界如此广泛流行，以致没有一个比较重要的教派不努力为之辩护，这种情况是不会令人过分惊奇的。诚然，在基督教的团体中曾经有个别人在心里，甚至公开地反对任何强迫信教的做法，可是，据我所知，只有索赛纳教派和阿明尼阿斯教派明确地宣称，教导是唯一可以允许采用的使异教徒或不信教者改变信仰的手段。但是，这是两个什么样的教派呢？除了很少几个地方之外，索赛纳教派几乎已无声无息地消失在其余的基督教徒中间，而阿明尼阿斯教派仅仅在荷兰的几个城市有些名气。因此，宽容的教义仅仅在基督教世界的某些狭窄的、可怜的角落里才被认为是真实的，而不宽容的教义却在每个地方都居于统治地位。""事实上，这个教义是罗马教会所宠爱的教义，在一切可能的场合下到处对它加以运用。甚至新教徒也不放过任何把这个教义付诸实施的机会，尽管他们把其中那些最令人憎恨的做法废除了。……例如，在瑞士，有一些州只对改革派的教会表示宽容，而且直到现在还允许对冉礼教徒采取十分粗暴的强制措施……路德教徒只在他们占据统治地位的少数城市内才极其勉强地对改革派表示宽容，这些改革派有时不得不住在市外某些偏僻孤单的寺院（temples）中，像传染病人住在隔离病房那样……在符腾堡，那些从法国逃亡出来的改革派只有当他们在一张记载了关于神灵无处不在的教义以及其他教义的信仰证书上签署自己姓名的情况下，才被路德教派允许参加圣餐。……除了我刚才提到的那些偏僻的角落外，强迫信教的教义并不是从今天或昨天起才统治整个基督教世界。自从基督教徒掌握生死大权之时起，自从第一个基督教皇帝康斯坦丁直到现在坐在王位上的利奥波德，这个教义一直居于统治地位。巴黎祈祷所的一位神甫路易·托马森①最近在他的一本关于教会团结的著作中，极其细致地收集了有关这个论断的证明；这些证明是如此详尽，如此清楚，如此中肯，以致如果有人对此还有丝毫怀疑，就应当挖出自己的眼睛来。……尽管如此，另一位法国作家却宣称，君主们在宗教事务方面的一切强制行为往往遭到人们的憎恨，甚至今天人们在提到这些君主的姓名时仍在对之诅咒。然而，为什么会这样呢？康斯坦丁、特奥多修、霍诺里乌斯、马希安、尤斯蒂尼安这些人，他们对异教徒施行那么多刑法，把那些信奉异教神或者信奉马尼教，或者阅读和保存异教经典的人处以死刑，现在人们在提到这些人的姓名时不是还仍在诅咒吗？"

"如果能够证明那些采用强制手段使人信教的君主们经常受到教会的憎恨，那就会使这些丑闻不致如此臭名远扬。然而，可叹啊！使基督教徒蒙受耻辱的是，恰恰这位路易·托马森十分明确地证明，坚决执行这些法律的，或者对制定和严格实施这些法律的君主们表示崇敬，向他们歌功颂德，热情欢呼，为他们祝福，为他们

316

---

① 　1619 年生于普罗旺斯，1695 年死于巴黎。"Oratoire"〔祈祷所〕是 1611 年在该地创建的一个教会团体，入该团体的人不用作入修道院的誓言。其中有许多知名的学者。——德文版编者注

唱(Te Deums)赞美歌的,正是教士会议、主教们以及最有声望的
教士。"

　　"因此,我们在这件事情上看到两个或三个方面确实令人惊奇
地汇合到一起了。第一个方面是他们庄严地宣布,要在整个基督
教世界中对那些不具有某种宗教观点的人施以刑事处分,而且一
千二百多年来一有机会就如此经常地反复声明这一点。第二个方
面是在一切可能情况下严格地而且往往十分残暴地实施这些法
律;第三个而且是其中最可怕的方面是这一切得到了主教们、教士
会议、罗马教皇以及大多数学者的赞同。我再重复一遍:这是最可
怕的,是真正骇人听闻的,……一种如此荒唐的教义,一种为对那
些由于信仰原因拒绝接受某个信条的人施加惩罚作辩护的教义,
在基督教会中在教士们几乎一致的赞同下广为传播,并且具有那
样一种权威,以致任何一个人——甚至在新教徒中间——只要说
出一句强烈赞同宗教宽容的话,就几乎会被看成是异教徒。这种
情况真是高度的精神堕落和道德败坏。""有人不是说过,正是异教
徒迫使正教徒采取强制手段。诚然,一般说来也不能否认,异教徒
对待正教徒的态度有时也是残暴的;可是,我们毕竟应当承认这是
正教徒发起攻击的。因为,在阿里阿教徒采取任何强制手段之前,
恰恰是正教徒求助于康斯坦丁的世俗政权来反对阿里阿教的。"①

　　因此,我们从这个重要事例中认识到,宗教本身当它没有被理
性所照耀的时候,就让人们留在黑暗之中,而当它不是想服从理
性、而是想统治理性的时候,便把人类推向一些最野蛮、最可憎、最

① 《哲学评论续篇》,第 29 章,第 553—555 页,第 30 章,第 556 页。

荒谬、最腐败的教义；因为，强迫信教这一教义抛弃了关于道德和正义的一切概念、一切法律，而为一切罪行辩解，像培尔中肯地证明的那样。我们知道，重新向人类显示出正确和错误、真和假、善³¹⁸和恶之间的区别的，恰恰是那些不信教者、自由思想者，简言之，是那些力图重新恢复理性的受压抑的权力的人们！我们知道，除了理性，人类找不到任何拯救的力量！信仰可能使人感到幸福，获得安宁；但是，可以肯定，信仰不能使人受到教育，得到改进，获得启发；毋宁说，信仰使人的自然之光熄灭，以便用另一种所谓超自然之光取而代之。但是，只存在着一种光，这就是自然之光，它是一种来自事物本性的深处的光，也是唯一的一种神圣的光；众多的光是人造的光。谁离开这种唯一的光，谁就陷入黑暗。"如果人们最后甚至对理性感到厌倦，对这种光感到索然无趣，那便是人们的不幸。人们又会转向想象力的产物，并对它们产生兴趣，因为这些产物中包含某种奇异的东西。"①

---

① 《莱布尼茨全集》，L. 迪唐版，第 2 卷，第 168 页（《写给克拉克的第 5 封信》）。

第九章　培尔的性格及其
对哲学史的意义

319　　在我们看来,培尔对哲学的意义大部分已经很清楚了:这主要是他对神学所持的否定态度。他实际上是用辩证的方法把局限于教义的神学思想引向自由的哲学思想。培尔在他持否定态度的场合下,他便是肯定的;当他与神学家这些不属于哲学的论敌打交道时,他就成为一位哲学家。正如莱布尼茨是他那个时代的万能的天才,是一个在各门科学中都有所建树的天才,培尔也是他那个时代的——尽管不是在同一规模内——包罗万象的批评家。凡是处于思想领域内的一切,都是他批判的对象,尽管他——顺便说一下——在其著作《文学界的新闻》中大部分只是以一个消极的评论者的身份出现。正如莱布尼茨只是在关系中提出自己的哲学思想,培尔也只是在矛盾中提出自己的哲学思想。他的哲学是一种偶然性的哲学。真实的叙述始终是它的对象的真实表现;因此,对培尔的哲学思想的叙述也只能是一种偶因的、偶然的叙述。

　　有一个名叫贝尔纳的神学家曾经试图证明,某种信仰(例如对神的存在的信仰),甚至某种道德戒规(例如儿童应当尊敬长者)以
320　及其他诸如此类的外在征象在古代早已出现,并且得到广泛传播,这都是真理性的充分标志和证明。培尔反驳说:"我不想采用他的

方法以便使我充分肯定地相信某条戒规——例如上面提到的那条戒规——的真理性；为了使我获得关于这种真理性的确切认识，除了求教于道德制度的规律和那些揭示出道德原则的观念之外，我不知道其他任何可靠的手段。"

"但是，我们不能像贝尔纳希望的那样，把某种易于进入人的头脑并且在人心中深深扎根的事物，看作是真理性的标志。情况甚至似乎是这样：人的心灵更多地倾向于谎言，而较少地倾向于真理。真理对于儿童来说是没有吸引力的；寓言却如此地受到儿童的喜爱，以致人们只好通过寓言去教育儿童。成年人对浪漫主义叙述的兴趣，也比对真实历史的兴趣无限地大得多。甚至在一个教育非常发达的时代，也有成千上万的人鄙视真理而为虚构的华丽景象兴高采烈，相反，只有个别的人具有纯洁的爱好，他喜欢真理的天然朴实，而不喜欢谎言的华丽和狡诈。……我们在生活中不是经常碰到这样的情况：只有个别的人会如实地叙述他的见闻，而成千上万的人却不能拒绝把自己编造的情况添加进去以获得快乐。"

"最后，不能否认，理性对神的崇敬比迷信更加不符合于人的精神的认识能力。人们如果想否认这个事实，他们就只得把经验称为虚构。""但是，也不是由于某物是自然界授与我们的，因而它便是真实的……我们在人类中碰到多少坏人啊！可是，毫无疑问，他们都完全是自然的产物。……自然界授与人以复仇狂、虚荣心和淫欲。因此，对于儿童应当尊敬长者这句格言，如果除了它是自然界印在我们心上这条理由外再也提不出别的理由，那我是不会感到心满意足的。这条理由可以证明的事物实在太多了。我将仔

321

细地审查这条原理,仿佛人们没有告诉我任何有利于它的言词;我之所以把它接受下来,只是因为它符合于健全理智的概念。这样一种理由比人民的舆论更强有力一些。即使人民的舆论在这点上与我相反,我也不会因此而改变自己的观点。"

那么,什么是人民的舆论呢？它具有什么意义呢？"人民既不思考也不审查他们所信仰的事物。……可是,只有当人们使用了自己的理智这样一个前提建立起来的情况下,舆论才具有权威性;因为,无论是人们不具有理智,或者是他们毫不使用自己的理智,这都是一样的。例如,希腊人在宗教事务方面就没有使用自己的理智,没有运用自己的天才。因此,他们的舆论并不比加拿大的偶像崇拜具有更多的意义。希腊人像孩童那样对待有关祭神的事情。他们盲目地和像孩童那样愚蠢地接受有关神的一切神话,一切渎神的无稽之谈。他们什么也不审查,他们不把任何事物送给他们的哲学家进行检验。"[1]

因此,培尔的思想恰恰是一种正确的、真实的哲学思想:某种东西是否真实,这仅仅取决于它是理性的还是非理性的。只有事物的内在根据、即思想,才起着决定性的作用。如果人们想认识事物的真相,他们就必须考察事物本身,而不管它与人的关系以及其他外在的根据。因此,培尔希望在他那个时代,在人们只是从事事物与人的关系或与人化了的上帝的关系的角度思考一切事物的时代,被遗忘了的与自身的关系这个范畴重新成为有效的。[2] 现在,

---

①　《对乡下佬所提问题的答复》,第 708—709 页、713—714 页、697 页。

②　关于这个问题,还可参看《杂感续篇》第 195—237 页,特别可看第 33 节第 4 项那个出色的段落。

我们通常认为,一个事物古已有之,或者它获得人民的普遍赞同,这种情况并不是这一事物的真理性的标志;可是,在培尔那个时代,这种看法仍然是一种根深蒂固的成见,因此,培尔提出这样的见解是需要特殊的毅力和独立精神的。

正如在上面对贝尔纳的反驳中一样,培尔在他与神学家金和雅克洛的论战中,以及在他与神学家勒克莱尔关于可塑性的争论中,不仅表现出他是一个具有洞察力的思想家,而且表现出他是一个具有哲学见解的思想家。金在他的一篇关于恶的起源的论文中,为了排除这个问题中的困难,求助于神学通常采用的手段——自由意志。不过,他对自由的解释不同于其他神学家的解释。他既不赞同那种认为自由不外是对强制的摆脱的学说,也不赞同那种认为自由在于漠不关心的学说,也不赞同那种使意志屈从于所谓实践理性的最后决定的学说。他主张自由是一种进行选择的力量,而且这种选择完全不依赖于自由的存在物的其他能力或特性,也不依赖于所选择的对象的性质。他认为对象仅仅是由于自由意志选择的结果而成为美好的和令人愉快的,因而自由是幸福的泉源,可是,如果有人作了错误的选择,他就会使自己遭到不幸。这样一来,金便反驳了某些人的见解,这些人认为上帝之所以选择某物,是因为它是美好的。金断言:事物的善(la bonté)完全依赖于²³²³上帝的选择;因为,如果上帝在其行动中受到事物的善本身的约束,那么上帝便是一个在其行动中受到约束的存在物,而这是与上帝的自由概念不相容的。

培尔尖锐地反驳说:"这种学说的结论就是:在上帝决定创造世界之前,他并不知道美德优越于罪恶;他没有认识到美德比罪恶更值得爱。这个结论否定了实证的权利和理性的权利之间的区别；这样一来，道德中就不再有任何固定不变和必不可少的事物了。上帝既可能命令赐与美德，也可能命令赐与罪恶；我们就不可能知道是否道德规律到某个时候会像犹太人的礼仪法规那样被废除。于是我们直接得出这样的观念：上帝是一个自由的创造者，他不仅创造了美德的善，而且创造了事物的真理和本质。尽管这个观念获得某些笛卡尔主义者的赞同，而且在某些场合下也可能是不无好处的，但它是非理性的，它把我们推到一个极其可怕的捉摸不定的境地。它导致这样的看法：2×3＝6 这个命题只在它获得上帝喜爱的场合下才是真实的；在宇宙中的某些地方，它也可能是错误的，或者，将来在某些人中间，它也许就不再有效了。因为，凡是依赖于上帝的自由意志的事物，都可能像犹太人的礼仪一样，只限于在某个地方和某个时期内有效，如果十戒所要求的行为按其本性而言也像十戒所禁止的行为那样不包含任何美德，那就是把这个结论推广应用于十戒的一切戒规之中。"①

"金先生给予人们的那种选择的自由，既与理性相矛盾，同样也与经验相矛盾。因为，难道经验没有向我们证明：如果我们认为这个东西比那个东西好，那么我们的选择总是依据于我们认为这个东西适合于我们吗？难道我们希望一个按其内在的特性不会给我们带来好处的事物，只要我们对它表示尊敬而选中了它，它就会使我们幸福吗？难道我们有过这样的经验：在我们认为自己作了很好的选择的场合下，我们的幸福就不是来自事物在我们选择之

---

① 《对乡下佬所提问题的答复》，第 658 页、675—676 页。

前已经固有的特性,而是来自通过我们的选择由我们加诸事物的那些特性? 如果我们对于自己选择这一事物而没有选择另一事物感到后悔,难道这不是因为我们根据经验确信这一事物不具有我们加诸它而且促使我们去选择它的那些特性吗? ……如果人选择某一事物不是因为这一事物适合于他,而是因为人选择了这一事物才使这一事物适合于他,那么,哪里有人的自由呢?”

“正如理智对于一般真理以及对于任何特殊的、清楚地认识到的真理具有一种天然的规定性或倾向性,同样地,意志对于一般的善也具有一种天然的规定性或倾向性。因此,许多哲学家认为,只要我们清楚地认识了那些特殊的善,我们必定会爱它们。……如果人的心灵对于一般的善没有一种漠不关心或无动于衷的自由,那这绝不是人的心灵的缺陷;相反,如果有人确实这样说:我对自己是否幸福漠不关心;我对于善的喜爱并不比对于善的憎恨更加坚决;我对于这样做或那样做都无所谓;那么,这倒是一种令人恐惧的缺陷。可是,如果认为人们对于一般的善不是漠不关心,而是态度明确这样一种作风是一种良好的和值得赞许的品质,那么,当人们发现自己需要某种特殊的善(我们十分清楚地知道我们的幸福是由这种善构成的)时,这也就不可能是什么缺点了。”

“看起来,这种学说必然得出这样的结论:如果心灵对于一般的善没有表示漠不关心的自由,那么它对于特殊的善也就没有这样的自由,至少在它确定无疑地断定这种特殊的善对它来说在善的情况下,它没有对之漠不关心的自由。我们对于下述这种心灵会怎样想呢? 这种心灵自豪于它具有这样的能力,即它不喜爱、反而憎恨众所公认的善;它说:‘虽然我清楚地知道这种东西对我来说是善，我对这一点是一清二楚的，可是，我可以不喜爱这种善，我愿意憎恨它；我已作出决定，我将付诸实施；虽然我这样做并没有任何理由，但我恰恰喜欢这样做，于是我就这样做了。'我再重复一遍：我们对于这样的心灵会怎么想呢？难道我们会认为，如果心灵不具有金先生如此赞美的这种自由，心灵会更加不完美、更加可悲吗？"

"这种使意志屈从于理智的最后决定的学说，不仅对心灵的特性提供了一个更加有益的概念，而且表明用这种方法把人引向幸福，比用那种漠不关心的自由的方法更加容易得多；因为在这里只需要向精神解释清楚它的真正利益，意志就会立刻遵循理性的判断。可是，如果某人具有一种不依据于理性、不依据于对客观特性的清楚认识的自由，那么这个人就是世界上极其野蛮的野兽。……一切学说、一切可能的根据都将失去作用：你们可以向他解释，你们可以向他劝说，然而，他的意志无视这一切，仍旧坚如磐石，立志不移。……一个偶然出现的念头，一种单纯的情绪，就可以使他的意志丝毫不被一切理性的根据所动摇：他不愿意喜爱那种得到清楚认识的善，而愿意对它憎恨。因此，如果金先生把这种漠不关心的自由看作上帝可能赐给人们的最大的善，那他就错了。那种始终遵循理性要求的自由，那种清楚地把对象了解为自己的善并且不反抗对象的自由，具有更加真实的价值。据我所知，任何人也不会否认，清楚地被认识到的真理将迫使心灵表示赞同；经验也证明了这一点。我们既不能在内心里否认我们认为是真理的事物，也不能在内心里承认我们认为是谎言的事物。怀疑论者之所以不满足于对象的明显性，是因为他们怀疑这种明显性可能不是真理性的明确标志；因为，与所有其他人一样，怀疑论者也承认，绝不能对确定无疑的真理不表示赞同。对于这样的真理没有选择的自由，这绝不是人的心灵的缺陷；不是的！毋宁说，如果人们否认这种真理，或者对之表示怀疑，那才是一种缺陷。"

"真正热爱智慧的人们力求摆脱在自己的观点、判断以及意志活动方面的不稳定性。他们认为，我们今天肯定某种事物，明天又对之怀疑，或者两天后完全加以抛弃这样一种轻率的态度，是一种可耻的错误。他们更加恼怒的是下面这种轻浮态度：我们在很短的时间里对同一个事物先是喜爱，然后是冷淡，然后是鄙视，然后是憎恨。他们对智慧的守护和观察只有一个目的，这就是想获得一种确定性，以便他们不再对某一事物既加以肯定，又加以否定或者怀疑，而是坚定地或者肯定，或者否定。至于意志方面，他们将通过获得某种养成习惯的美德，尽力规定意志的活动，这种美德能够压抑和最后战胜罪恶的力量，使他们在行善方面如此果断，如此坚定，以致他们抛弃了喜爱邪恶这种不幸的能力。他们只是根据自己在养成这种美德的习惯方面所取得的进步来衡量自己的幸福；如果他们在这一生中与这种美德结下不解之缘，他们就认为自己达到尘世幸福的顶峰。诚然，这种见解与金先生的思想很不一致，因为他主张，如果理性的生物不具有行善和作恶的能力，它就不可能是幸福的。……如果亚当在其清白无罪的状态下确实是像人们通常假设的那样聪明，他就一定希望不把犯罪的能力，而把不犯罪的决心看作他的幸福的泉源。他一定会把这种如此受到赞美的自由看作他的内心深处的一个敌对的存在物，并且请求上帝保护他，免受这种自由的危害。现代的佩拉杰教徒毫不迟疑地宣称：

327

我们的最危险的敌人就隐藏在我们自己的心中。"①

　　"如果某个人对美德的爱如此坚定,以致他能毫不动摇地拒绝任何邪恶的念头,那他就会在这种信念中获得一种难以置信的满足。他会立即当场拒绝要他从事某种与他的职责、他的荣誉以及他的良心相抵触的活动,他回答说他没有干这种罪恶勾当的能力,而且事实上他也没有这样做;在这种情况下,他对自己会感到十分满意。而如果他先请求给予考虑的时间,而过了几个小时之后还不知道他应当如何决定,那他对自己就没有什么可满意的了。如果有人把皮鲁斯对一个有名望的罗马人说的话讲给一个有德行的人听:'让他离开美德的小道比让太阳离开它的轨道更难一些',那就是对这个有德行的人的最大恭维。因此,选择作恶的能力是一个巨大的缺陷,而如果人们对善的选择如此坚决果断,以致他们深信自己只能作这样的选择,那就是一个十分巨大的优点,甚至是最高的美德。"②

　　的确,对于今天仍然有时隐蔽、有时公开地在许多人的头脑里作祟的这个模棱两可、毫无特色的选择自由的妖魔,不可能提出更好的对付办法。其他哲学家也对此作出与培尔一样的回答,而且他们必然会作这样的回答。莱布尼茨也是根据同样的理由来反驳那种没有规律、没有理性的随心所欲的自由。值得注意的是他们在这个问题上采取的一致态度,这种一致态度在培尔与雅克洛的论战中表现得尤其明显。在这次论战中,培尔不仅采用了同样的

---

① 《对乡下佬所提问题的答复》,第 677—679 页、682 页。
② 同上书,第 666 页。

论据,而且采用了几乎与五年之后莱布尼茨在他的《神正论》中所使用的相同的事例,这个事例涉及笛卡尔在近代头一次作为自由的实在性的充分证明而提出来的那种自由感。

培尔在他的《词典》中说:"对于那种不能通过自身而存在,但能通过自身而活动的存在物,我们不具有清楚明白的概念。因此,措罗阿斯特尔说,给予人的那种自由意志,不能给自己提出一个实在的规定或方向,因为它的存在完全地和经常地依赖于上帝的活动。"雅克洛却认为在这个问题上没有任何困难,他对培尔反驳说:"试问:当我们说我思故我在时,难道我们这时对我们的存在没有清楚明白的概念? 可是,是否我们因此就是通过我们自己而存在呢? 由此可以轻而易举地作出如下的结论:我清楚明白地认识到和感觉到,在我的活动范围内,我喜欢干什么就干什么,因此我是自由的,尽管在活动和存在方面我依赖于造物主。"

但是,培尔反驳说,恰恰这个结论可能反过来不利于雅克洛: 329 "我清楚明白地感觉到我存在着,不过我不是通过自身而存在着;虽然我也清楚明白地感觉到我在做这做那,但不能由此推断出我是通过自身而做这些事情。然而仔细想一想,我们并没有通过关于我们存在的清楚明白的感觉而把下面两种情况区别开:我们究竟是通过我们自身而存在着,还是依靠另一个存在物而存在着。要认识这一点,只能依靠反省,也就是通过这样的方式:只要我们希望生存下去,希望摆脱对我们周围的存在物的依赖性,我们就要好好思考一下自己的软弱无能。不言而喻,异教徒绝没有认识到这样一种真正的学说:我们是从虚无中产生的,我们的存在甚至每时每刻都是从虚无中产生的。他们错误地认为,宇宙中的一切实体都是通过它们自身而存在着，它们绝不可能消失，它们本身不依附于外界的原因，只有它们的变体才依附于外界的原因，才会毁灭。因此，这种错误见解的产生难道不是由于我们没有感觉到造物主的那种使我们得以生存下去的活动，尽管我们感觉到我们存在着，而且是以那样一种方式存在着，如果我们不求助于其他的知识，我们就永远不会知道我们得以存在的原因。因此，我们也承认，关于我们的意志活动的清楚明白的感觉并没有使我们认识到，这些意志活动究竟是来自我们自身，还是来自那个使我们得以存在的同一个原因。为了弄清楚这种区别，必须求助于反省或沉思。但是，我认为不容置疑的是：我们通过纯粹的哲学沉思绝不能使我们有充分根据地确信我们是自己的意志活动的真实原因，因为任何人只要仔细地研究一下就能看出，如果我们就意志而言只是一个被动的存在物，那我们所体验的感觉就会相同于当我们相信自己是自由时我们所具有的那种感觉。"

"作为一种戏谑，我们这样假定：上帝已经对心灵和肉体的统一规律作了这样的安排，以致心灵的各种活动方式毫无例外地必然借助于大脑活动方式的中介作用①而相互联系，于是我们有了相同的体验，仿佛我们都认为自己是自由的。在我们的心灵中，从作为心灵的头一个活动的对感性对象的感知开始，到作为它的最后一个活动的最坚定的意志决断，出现一个同样的思想序列。在这个序列中，相继出现了表象的感觉，肯定的感觉，犹豫的感觉，不

---

① "avec l'interposition des modalités de cerveau"（借助于大脑活动方式的中介作用）这句话的含义不大清楚。

坚定的念头（Velléités）的感觉，坚定的意志决断（Volitions）的感觉。因为，不论意志活动是由外在原因加诸我们，还是我们自身的产物，下面这种情况始终是真实的：我们期望着，我们觉得我们在期望着。由于这个外在原因可以像它所期望的那样，把那么多的快乐掺杂到被我们压抑的意志活动中，因此我们常常在我们的意志活动中感到无限的喜悦，我们愉快地觉得这种意志活动正把我们引向我们最热烈地期望和爱好的目标。我们没有觉得受到强制。谁都知道这样一句格言：意志是不可能受到强制的。但是，谁知道那个被风引向地平线上某一点、而它也希望指向这一点的风标，是否也相信它是由于自身而移动着，以便达到那个它所设置的和期望的目标？当然，我预先假定，这个风标对于风或者其他外在原因都毫无所知，它不知道它们可以改变它的位置和愿望。但是，我们这些人由于天性恰恰也处于这个风标的状况。我们不知道是否有一个我们看不见的原因相继地把我们从一个思想引向另一个思想。因此，人们自然而然地相信他们是自己作出决定的。可是，还要研究一下，人们对于其他无数的事物（他们相信这些事物不是通过预先的哲学考察，而纯粹根据某种本能）的信念，是否与这种信念相同。因为，对于人的自由有两个假设：一个假定人是被动的生物，另一个假定人是能动的生物，因此，只要人们只是从感觉中取得证明，人们就不能合理地认为第二个假设优越于第一个假设；因为感觉是相同的，第一个假设或第二个假设都可能是真实的。可见，笛卡尔为了证明自由而引入的关于我们心灵活动的那种生动感觉，其实是一个非常软弱无力的证明。"①

331

---

① 《对乡下佬所提问题的答复》，第 785、786 页。

"如果人们遵循雅克洛的原则（按照这一原则，纯粹的感觉已经是真理的证明），那么人们就绝不会相信健全的哲学对我们的教导，也就是说，颜色不是处于所看见的对象之中，甜味不是处于糖之中，香味不是处于玫瑰花之中，热量不是处于火之中，最后，地球是围绕着它自己的中心旋转的；因为，有一种非常清楚明白的感觉告诉我们，情况与所有这一切哲学学说恰恰相反。如果有人敢于宣称，我们在雪中看到的那种白色不是处于雪中，太阳是固定不动的，那就会有许多民族把这个人看作梦幻者或傻瓜。在他们看来，我们为了使他们摆脱这种见解而向他们提出的反驳这种见解的一切理由，都是抽象的和空幻的。他们会像雅克洛那样说：他们不会让这样一些阴谋诡计使他们放弃他们的最深切的和最清楚的感觉。"①

332　　我们已经考察了培尔如何与理性主义正统派神学家作斗争，此后还要看一看他如何谈论神秘主义者，这样做不是没有意义的。这里只举一个事例，说明他如何批判布阿雷的那种神秘的、诡辩的、表面上似乎颇为深刻的堕落理论②。"关于尚未堕落的人所具有的自由，作者指出，仿佛这种人具有充分力量去反抗上帝的意

---

①　《对乡下佬所提问题的答复》，第 792 页。

②　这段引文出自培尔的一篇早期著作，在《费尔巴哈全集》第 5 卷关于培尔生平的导言第 7 节第 26 页的脚注中，提到这篇著作。关于比埃尔·布阿雷本人还要作一些补充。布阿雷 1646 年生于梅斯，当他在巴塞尔完成学业后，1668 年在海德堡，其后又在茨魏布吕肯担任宗教改革派的传教士。1676 年由于战争原因迁出法尔茨，先后在荷兰和汉堡住了好多年。在那里，他由于自己的有神秘倾向的著作受到当地教会人士的猜疑，他于八十年代末迁往莱顿附近的里恩斯堡，斯宾诺莎在其迁往海牙之前曾在那里住过几年。布阿雷 1719 年死于里恩斯堡。——德文版编者注

志,而且是以这样一种方式,即只要人不抵抗,上帝对人的精神的影响就不会获得效果,不过,不进行抵抗而使上帝的影响消失,这毕竟不是一种积极力量。我说,作者的这些看法是我所不能理解的;因为,对于那种并不表现对它所反抗的活动的积极对立的反抗,我是毫无所知的。石头反抗向上的运动,因为重力规律给石头规定一种运动,这种运动的方向与人把石头举起时希望传递给石头的运动恰恰是相反的。就精神而言,这种情况表现得更加明显。……精神借助一种与我们希望引入精神之中的活动相对立的活动来反抗我们。如果对一个呆笨的人说,他反抗任何学习,那这不外是说,他的神经纤维处于那样一种状态,以致生命力使神经纤维发生变形,而不能学习任何科学;这种反抗虽然不是自愿的,但也是某种非常积极的反抗。因此,如果亚当的心灵能够反对上帝的活动,那他就能够进行一种与上帝的活动相对立的活动。任何反抗都是一种积极的活动;亚当的反抗也是这样的活动。这一点尤其可以从下述情况中得到证明:亚当可能反抗某种他所知道的或者不知道的事物。可是,他不能对他不知道的事物进行反抗;因为,一个有意识地活动着的生物怎么会反抗那个他不认识而且也不知道是否对他有利或有害的事物呢? 既然如此,亚当之所以反抗某一事物,只是因为他认识到这一事物对他有害。因此,他的反抗是一种积极的行动。"

"布阿雷接着说,罪恶是没有原因的,他把罪恶说成是这样一种状态,在这种状态下,人的精神指向他自己,认为自己仿佛是来自自身;因为,一切积极的事物只能来自上帝,而上帝不可能是罪恶的原因。但是,我不理解的是,既然在这种状态下,心灵趋向它

333

自身,仅仅注视它自身,支配着它自身,仿佛它是某种来自它自身的东西,那么这种状态的形式(本质)怎么可能只不过是一种虚无呢。因为,在这种状态下,人的精神同样积极地、真实地思考着,就像它思考上帝那样。虽然,就对象的实在性而言,存在着无限的差别,可是,就心灵所从事的活动的形式的实在性或形式的本质而言,则不存在任何差别,不论心灵思考的是它自身,或是其他事物,或者上帝。难道昏迷状态下的想象不像在清醒状态下的想象具有同样的现实性吗? 因此,如果心灵从不指向自身的状态过渡到指向自身的状态,那么,没有一种积极的活动,这是不可能做到的,这就是说,这种状态不是虚无。""而且,如果罪孽是虚无,那它怎么可能被认识呢? 那又怎么可能询问罪孽的原因呢? 难道虚无具有特性、原因和概念吗?"①

当培尔与非哲学的见解和观念作斗争时,或者当他涉及某种哲学的消极方面和弱点时,他是积极的、哲学的,而当他涉及某种哲学的积极方面时,当他独立地考察思想时,当他规定思想自身时,他却是不能令人满意的、消极的。在后一种情况下,他经常表现为一个怀疑论者,爱怀疑的人,而且往往是一个不合时宜的怀疑者,没有客观根据的怀疑者,由奇怪念头引起的怀疑者,纯粹出于

_____

① 大家知道,任意性原则也是布阿雷所主张的一个原则,而培尔对这个原则的批驳也是很出色的,而且是像莱布尼茨那样敏锐的和彻底的。我们只引一段话作为例证:"如果上帝对于事物的本性和特性作出任何决定或决断,那么上帝必然在某种意义上已经知道这些本性和特性。因为,正如我们明确地知道的,一切思维的生物对于作为它们所希望的对象的事物都有所了解。如果有人对上帝提出相反的看法,那就表示这个人自己对此也不了解。因为,绝不能理解上帝怎么能够对他所完全不了解的事物和事件制定规律。"《培尔文集》,第4卷,第155页。

怀疑癖的怀疑者,因此,他使我们、也使他自己不能正确认识他的某些卓越见解[1],不能使这些卓越见解成为明确的哲学信念。

因此,人们通常直截了当地把培尔划入怀疑论者之列。但是,这种划分并不能使我们理解培尔。还需要对他的怀疑论作进一步的规定。近代的怀疑论者几乎都是一些没有哲学思想、对哲学不感兴趣的人,他们恰恰由于这个缘故成为怀疑论者。但是,培尔与他们却有本质的区别。显而易见,培尔具有哲学思想,具有浓厚的哲学兴趣。他力图使每个对象上升到它的形而上学顶峰。他甚至在信中对一个朋友说(1683 年 11 月 26 日的信):"我发现你提出了许多非常出色的原则,我特别喜欢最后一条原则,你在那里指出:对最细微的事物进行精确的和充分的阐释,必然导致最高的形而上学。好久以前,我曾对我的一些听众说过这一点,因为他们抱怨说,我在一些纯粹的物理学问题上也谈得非常抽象。要对任何事情获得确切的观念,不这样做就是不行的。"[2]

培尔不满足于经验;他知道,如果没有哲学,没有形而上学,经验是微不足道的;因此,他想攀登经验的顶峰;可是,一旦他登上高峰,他就感到空气过于稀薄,不适宜于呼吸;他不能在那里停留;可以说,他没有一种形而上学的毅力。他不能赋予思想以一种稳定性和持续性;每当他企图牢牢地抓住思想,思想却像阴影那样从他那里消失;于是他又立刻从形而上学的顶峰掉入那个对他来说更加亲密的经验的山谷。在培尔那里反映出他的民族精神的特征。

335

---

① 例如,关于真理不依赖于主观随意的活动,可参看《杂感续集》,第 348 页。

② 第 59 封信,《培根文集》,第 4 卷第 608 页。

培根对于一般的人类精神说过这样的话:人类精神从特殊飞向一般,可是立即又从一般下降到感性之物。培根的这句话特别适用于法兰西民族的精神。

笛卡尔早已从事于开辟这条道路。因此,就这方面而言,人们通常加诸培尔一人的那种怀疑论,只不过是法兰西民族精神对于形而上学思想所持的正常态度的一种表现。培尔用言词表达的那种怀疑态度,笛卡尔早已用行动表达出来:每当笛卡尔从经验中了解到形而上学的困难,他就尽可能迅速地立即从形而上学下降到物理学和力学的作坊之中。就这点而言,培尔的怀疑是真正的笛卡尔主义的怀疑。这种怀疑只不过是公开地、老实地承认在规定对象方面碰到的困难。培尔绝不是一个独断主义的怀疑论者,他对怀疑主义本身也有怀疑。不论培尔怎样地把自己的痛苦和困难看作是人的本性和理性的痛苦(因为这些痛苦和困难是人的本性所固有的),然而,培尔毕竟是一个过于变动的、灵活的、反独断主义的人,以致我们不能认为他对怀疑论的这种承认(我们在这里撇开那些故意造成的困难不谈,对于这些困难,可以用心理学方面经常处理的真实困难来解释,或者用其他方式解释)具有一种激动人心的呼喊和呻吟的意义,这种呼喊和呻吟是对象通过困难的冲击迫使他发出来的。我们至少不能赋予培尔的怀疑论以一种与它实际具有的意义不同的理论意义。

如果有人强调培尔在谈到理性与其自身的矛盾,谈到理性的弱点等时所说的那些一般言论,并认为这些言论表现出培尔的特征,那就错了。只有当这些言论的作者确实在它们之中表达了自己的精神,例如有人把认识的软弱无力当作一个独断的原则,并且试图认真地加以证明,只有在这种场合下,这些言论才表现出其作者的特征。正如培尔的哲学是偶然的,他的怀疑论也是偶然的;他至少不是一个根深蒂固的、系统的怀疑论者,尽管他有时也表现为一个职业的怀疑论者,这种怀疑论者的职务就是到处提出怀疑。

培尔的怀疑是与对那些困难的、至少就他那个时代来说是困难的问题的研究交织在一起的,是他特别在其《历史批判辞典》中需要处理的那些经常变化而又多种多样的问题引起的。培尔的怀疑大部分都与一定的原因、一定的对象及其困难有联系,这一点也是他的怀疑的一个特征。因此,培尔要求对他作出一种与莱布尼茨、斯宾诺莎完全不同的描述。"人各有其份",这是公正的头一个原则,也是科学的头一个原则。莱布尼茨和斯宾诺莎是在普遍思想方面独立地表现出他们自己的精神。但是,培尔也要求对他作出一种与于厄那样独断的怀疑论者完全不同的描述。培尔是一位应当从他的活动的多样性中加以理解的人;不对他进行细致的研究,就说不出他是一个什么样的人。一个概念如果是真实的,它就是无限地丰富的,不能用一句话来表述它,不能对它下一个简单的定义;如果对象恰恰需要对之进行细致的分析,那么分析得愈细致,愈明确,就愈好。

不能把培尔的怀疑本身与其对象分开,不能撇开其对象孤立地研究培尔的怀疑。因此,必须把他的怀疑区别为理论的哲学怀疑和一般的哲学怀疑。就第一个方面来说,培尔的怀疑至少对他本人来说是一个历史的必然结果。理性愈加卓越地、愈加不可反驳地提出一些反对宗教信仰的见解,理性出于对信仰的尊重也就愈加不得不重新收回它所提出的见解。例如,培尔所发现的在智慧、善良、正义这些概念和神学关于上帝在堕落事情上的行为之间的矛盾，便是不可能解决的，因为人们认为那些基本概念、原则是不可侵犯的和神圣的；只有抛弃这些基本概念，甚至对上帝也提出另一种看法，才能回避从这些概念中得出的结论。

但是，培尔不愿意、不可能、也不应当走这一步。他之所以不愿意，是因为他总是坚决认为自己是一个不苛求的、平凡的人，他不认为自己的精神具有普遍的意义，具有代表全人类使命的意义，他不把自己的理性看作理性，而仅仅看作一种主观的见解。他之所以不可能，是因为他受到约束，受到他与他那个时代的信仰的天然联系和关系的束缚。只有像斯宾诺莎那样一个天性自由的、生来就不信仰的、因而不负有信仰的使命和拥有这种权利的人，才能在人的问题上提出一种本质上不同的、彻底自由的上帝观念。他之所以不应当，是因为在拯救理性的计划中包含有这样的思想：理性是逐渐发展的；理性要经历一个自然的过程；理性本身是在承认信仰的情况下、在信仰内部并从信仰之中成长起来的。

因此，正如上面所说，怀疑论就这个方面而言是培尔的一种历史的必然性；它是培尔对信仰所作的一种让步；它必然把理性的美德当作错误归诸理性。具有讽刺意味的是，对理性的优点的认识在理性的弱点的名义下表现得有些低声下气。在培尔的著作中占显著地位的(所谓显著，不仅指量的方面，而且指质的方面)，是这样一种怀疑论，它不是培尔精神的最真实的、最充分的表现，它不表示培尔与他自身的独立的关系，而表示他与一种处于他本身之外、但受他尊敬的势力的关系。简言之，这种怀疑论完全反映出培尔对待信仰的态度所具有的意义，它只不过是上面考察过的信仰和理性的分裂的一种表现。诚然,这种怀疑论往往越出它的界限,精神处于这样的困境,就不得不采取一些非常荒诞的手法和策略,它否定积极的事物,而肯定那些已被公认为消极的事物,它嘲笑自己的理性,到后来它也有了这样的性质。精神与它自身处于一种令人不快的、讽刺性的矛盾和分裂状态之中,精神必然把它对于这种状况的恼怒、它的讽刺转嫁到另一种完全无辜的事物之上。

就培尔的哲学怀疑论而言,它在一个方面也与他对神学的态度有联系。在某种宗教教义被看作真理,而且是最高的真理、永恒幸福与之相联系的真理,从而受到尊重的场合下,哲学只不过是一种消遣,一种娱乐,一种游戏,哲学只能研究次要的问题,研究微末之物。在最重要的问题早已得到解决的场合下,留给哲学精神的只是一些微不足道的问题;如果哲学精神不是一种拘泥于细微末节的精神,如果它不想陷入经院哲学的咬文嚼字的学风之中,那它就不应当认真地把这些微不足道的问题当作重要问题加以研究,而应当当作很不重要的问题来研究;如果哲学精神具有某些天生的诙谐才能,它是会这么做的。在教义的笟杖下,诚然也可能生活得很好,吃喝得很好,可是,在这种情况下是不能很好地思考的。只有当人放弃了信仰,使自己空无所有,才会从这种空虚中产生出对哲学的需要,哲学才会变成一种必要之物,一种不可或缺之物,一种要求人对之付出全部精力的事物。只有在这种情况下,才会以严肃的态度,甚至极其严肃的态度去对待哲学,哲学才不再是一种无关紧要的活动。哲学变成一种具有真正兴趣的活动、从而变成一种原初的活动(因为,这里所指的只是那种最高的、最初的、原初的活动,只有对这种活动的兴趣才是真正的兴趣),老实说在近

339

代是从康德开始的。在康德之前的哲学中,例如在笛卡尔和莱布
尼茨的哲学中,还具有对哲学本身持冷漠态度这样一个特征。哲
学在表达自己的思想时,只是把它们看作主观的见解和假设,而且
还带着某种 légèteté[轻率的态度]和对自身冷漠的态度。教义仍
然被假定为最高的利益,或者人们至少在内心中仍然怀有对这个
假定的敬意。哲学只具有业余爱好的意义。诚然,在莱布尼茨那
里,哲学变得比较有生气一些,它更加深入地渗透到人的血肉之
中,它不再只是在四肢中循环,而是上升到心脏,可是,这只不过是
一种瞬息间的、很快消失的脑充血。

　　在正教占据统治地位的时代里,哲学对它自身采取一种冷漠
态度;我们应当与这种态度联系起来去考察培尔的怀疑论。培尔
自己也说:"我是从人们对我论证哲理的方式所发表的言论中去认
识我自己的;我承认,除了宗教真理之外,我把其他争论只看作精
神的游戏,对这些争论作出赞成或者反对的决定,在我看来是无关
紧要的。如果与我一块生活的人们发现逍遥派学说比伽桑狄学说
或笛卡尔学说更加适合他们,我就安宁地让他们这样看,这不会妨
碍我成为他们的朋友和仆役,我丝毫不会反对别人对我提出不同
的见解,一旦出现一种更加可能是真理的见解,我会毫不羞愧地立
即接受。自古以来,这就是学院哲学的精神。"[1]

　　当然,我们还没有就此说明培尔的怀疑论由以产生的全部情
况。在很大程度上,还必须考察他那个时代的一般情况和他的个
性。文学活动是一种最符合于他的个性的活动,一种最根本的活

---

[1]　《捕风捉影的阴谋》,第 676 页。

动；对于这种活动来说，哲学只具有观察、评论和反映的意义。哲学活动是从属的活动，文学活动却是独立的活动。在他看来，没有文学新闻，就不能生活。可以证明这一点的是，他的整个一生，他的书信往来，除了政治新闻之外，几乎完全是报导文学新闻。培尔没有时间进行持续不断的哲学思索。他的怀疑论就是由于缺乏时间，当然，像通常情况那样，也由于缺乏力量。他不是一个能够集中精力思考的思想家。哲学家应当能够限于很少的事物，他应当成为文学上的第欧根尼，或者能够成为这样的人。在他看来，为了 341 达到自己的目的，必须从事文学；他的格言是："从个别中认识一切"；"从狮爪中认识狮子"。一个成功的范例就能使他满足。诚然，他对种属也感兴趣，他仔细地对它进行观察；可是，他对那些相互之间没有本质差别的种属的众多性没有兴趣，更不必提那些纯粹的变种了。

哲学家应当像斯宾诺莎那样也能在乡间生活。培尔却做不到这一点。在他看来，乡间生活过于单调乏味。他只是从外界汲取材料。他最喜欢住在巴黎。正如他所说的，仅仅由于他对改革派宗教的忠诚，他才留在荷兰。在这里，正如在内心生活中那样，他为了取悦于宗教也对自己的根本的欲望和爱好进行压抑或约束。因此，培尔与斯宾诺莎形成十分鲜明的对比，莱布尼茨则处于他们两人之间。在培尔看来，斯宾诺莎是一块真正的绊脚石；他甚至对斯宾诺莎采取不公正的态度；当然，他反对斯宾诺莎也是为了取悦于正教。斯宾诺莎是一只替罪羊，它忍耐地把那些一半赞同他的观点、一半赞同正教观点的哲学家们的罪孽，都加到自己身上。这些哲学家企图用他的血液洗掉自己的罪孽，或者至少洗掉被看作

异教的嫌疑。但是,再没有什么对立比培尔和斯宾诺莎之间的对
立更加尖锐了:培尔是一个文学方面的贪得无厌者,斯宾诺莎却是
一个满足于自身的思想家;培尔是新闻记者,是妇女服饰商,有时
342　还是旧货商①,斯宾诺莎则是沉默寡言的磨镜片的商人。这两人
之间的区别,是单一和众多、单纯性和杂多性之间的区别。因此,
培尔不可能理解斯宾诺莎。斯宾诺莎在其中活动的环境,对培尔
来说是绝对格格不入的和极其可憎的。没有众多的单一和没有单
一的众多是两个极端,如果不从莱布尼茨哲学中取得某个中介概
念,它们便是相互分离的。

---

　　①　我在这里把培尔和斯宾诺莎加以对比而给培尔所下的这个评语,可以从培
尔谈论他自己的言论中得到证实。"我清楚地知道,我对新闻的贪得无厌是任何药物
都不能治疗的、根深蒂固的疾病之一。这是一种非常纯粹的水肿病。对它供应得愈
多,它就需要得愈多"(《写给米鲁托利的第 7 封信》,1673 年)。"在我可能选择的一
切职业中,这种职业〔指新闻记者的职业〕对我的性情来说最为适合"(第 88 封信)。
许多人、特别是住在巴黎的人恳切地劝告培尔不要单纯为学者们出版报纸,而要出版
一种介乎新闻报和学术报之间的报纸,以便那些具有知识、但不是学识渊博的人也高
兴阅读,从而保证报纸的销路。"因此,应当使题材生动一些,增添一些详细情节,开
一些小玩笑,介绍一些从小说和喜剧中得来的新鲜事物,……由于我必须适应各种各
样的人,我一定要避免单调枯燥"(第 63 封信)。但是,培尔之所以迎合他的读者的胃
口,绝不是出于一种沾沾自喜的虚荣心,而仅仅是出于对读者的礼貌,出于一种轻微
的责任感,可以把这种责任感大致表述为:你们为阅读我的著作作了牺牲,我也应当
拿出点东西作为补偿。最后,"我喜欢这样的性格,我从职业上进行这些研究,我很
高兴阅读居·帕坦的书信"(第 125 封信)。可是,性格这个概念是一个与人格概念同
样广泛、同样含糊的概念,它不加区别地把非常贵重的事物和毫无价值的废物都纳入
自身之中。

＊　　　＊　　　＊

　　〔上面提到的居·帕坦,生于 1602 年,死于 1672 年,是当时一位颇有声望的医生。
他也由于上面提到的这些书信而受人注意;无论对于他那个时代的重大事件来说,或
者对从 1620 年到 1670 年这半个世纪的医学史来说,这些书信都是有价值的。——德
文版编者注〕

如果不预先仔细地考察一下某种评论的出发点，并询问一下评论者是个什么样的人，就对这种评论表示信赖，那就没有什么比这种态度更加轻率了。让我再一次在光亮下看一看你。是否你具有相应的个性和能力，而能超出你的界限去思考另一个也许由于某些个人的、与你的事业无关的原因已使你感到厌恶的人？如果雅可比是从培尔的整体方面去评价培尔，或者至少把培尔对斯宾诺莎的评论联系起来加以考虑，那么雅可比就不会给予这种评论以他在其关于斯宾诺莎的著作中所给予的那种意义。培尔对斯宾诺莎的评论主要依据于：他不注意斯宾诺莎经常考虑的那个对象，他回避这个对象，而仅仅注意任何事物都可以置于其中的那种实体与偶性的形式关系。斯宾诺莎所思考的对象是无限的，它是唯一的和绝对的实体；培尔之所以从其中得出的那些可笑的结论，只是因为在培尔的思想中不知不觉地用有局限性的、单一的、个别的事物取代了无限的实体，把单一、个别的事物看作是这种关系的主体或体现者。在斯宾诺莎看来，实体只不过是他用以理解和表示无限对象的内在标志，培尔却把这种标志当作对象本身，尽管在下述这一点上培尔是正确的，而斯宾诺莎是错误的：斯宾诺莎恰恰是从近代哲学当时对实体和偶性的关系所理解的那种意义上去理解这种关系的，并把它看作一种绝对的关系。[22]

　　我们在理解和评价培尔时需要考虑的那个时代的特征，是与前面谈到的哲学在那个时代的意义相联系的。人的精神在它后面有一个不可理解的自然界，在它前面有一个不可理解的信仰。人的理性惶恐不安地处于这两者之间，这两者在它看来就是两个深

343

渊。我们不能理解信仰的起源,它是一种纯粹的天启,一种没有根据的权威,一种实证的戒规;我们也不能理解自然界的本质,它对我们来说是生疏的。主观的或个人的上帝是普遍的原则(我们丝毫也不理解斯宾诺莎的上帝,不理解那种不以个人为其体现者的神的本质);我们所理解的只不过是那种从主观性或个性、故意的合目的性或机械的技巧这种意义上加以理解的事物,其余的一切

344　都是秘密。[23]这也是偶然原因系列的根据。手臂是按照我们的意愿移动的。可是我们不知道我们如何使手臂移动,不知道我们使用了哪些肌肉;我们不能做我们不知道的事情,因此,心灵没有使手臂移动,心灵只不过是我们的那个认识着和希望着的自我;意愿只不过是诱因,运动的真实原因却是始因,即上帝,上帝由于他无所不知和无所不能,才移动着和规定着万物。

可是,自然界毕竟是哲学家们的主要研究对象;哲学家们愈是不研究信仰的对象,自然界就必然愈是他们的研究对象。因此,哲学家们在下述这一点上考验了自己的力量:最困难的不仅是对象自身,而且恰恰是与它们的关系。哲学家对自然现象所作的解释必然是不能令人满意的。自然科学还仅仅处于萌芽状态。引起人们特别注意的,是那些离奇的、异常的情况。真实与假象混淆在一起;缺乏标准,因而也缺乏批判①。

可是,历史领域内的情况也是如此。培尔说:"由于人们的恶意或偏见,真理使历史学家失望的程度,不亚于使哲学家失望

---

①　关于这一点,举例来说,可参看培尔在他的杂志中作为例证从当时建立的自然科学协会的回忆录中摘出的那些引文。

的程度。……人们越是研究历史，就越清楚地认识到历史的不
确定性。"①他那个时代的宗教偏见尤其使历史遭到曲解，使历史
成为不确定的。在这里，怀疑和不确定性成了智慧，哲学也不进行
哲学推理。尽管哲学的明确性和果断性，虽然它往往是片面的（我
们只要想一想笛卡尔的那个荒谬的学说：动物就是机器，像以前对 345
这个学说所阐述的那样），也是科学和人类所必需的和有益的；可
是，另一方面，特别在关于特别之物的领域内，一种对肯定意见和
否定意见都考虑到的中立态度，同样是必要的和有益的。例如，培
尔在谈到他那个时代，特别在德国仍很流行——为此，他提出一个
至今仍有价值的建议，即建立一个宣传不信教的组织——的对魔
法的信仰时指出："从前，魔法问题似乎或者只是由过分不信教的
人士，或者只是由过分信教的人士加以研究。但是，无论前者或后
者都不善于从其中发现真理，他们大多有这样一个缺点，他们还没
有深入研究事情的本质，就让自己决定对它采取否定或者信仰的
态度。"②因此，培尔在逍遥派和笛卡尔派对动物本质的不同考察
方法之间，也就采取某种 juste milieu［公平的中立态度］，尽管他
在另一点上，例如在他经常谈论的关于偶性的学说上，以及在关于
物体的本质的学说上，他明确地表示赞同笛卡尔派的观点，接受近
代哲学的精神。[24]

　　但是，仅仅在某些个别场合下，培尔的怀疑论才具有犹豫不决
的中立性的意义；在一般情况下，他的怀疑论则具有这样一个生气

----

　　① 《对〈加尔文教史〉的总评》，第 53 页；《文学界的新闻》，第 185 页，第 V 条。
　　② 《文学界的新闻》，第 116 页。

蓬勃的过程的显著特征,在这个过程中,某些非常尖锐的对立面,其中首先是欲望和意志、本能和理智、自然和精神这样一些对立面,处于相互冲突的状态。培尔是笛卡尔的二元论的化身,他的本质就是矛盾。正是由于这个缘故,他既含有悲剧的因素,也含有喜剧的因素。喜剧的因素特别使他感到肉体和精神的矛盾,也就是感性力量和天主教中那种违反天性的对贞洁的崇拜之间的分裂。

例如,培尔说:"在欧里庇得的悲剧中有个人这么说:'发誓的只是我的舌头,而不是我的精神。'而在发誓要节欲时,情况却大不一样:这时发誓的是精神,而不是肉体。精神真诚地希望并且答应——至少通常是如此——保持贞洁。因此,它力图约束那种违背它的愿望的反叛力量。可是,由于精神代表肉体许诺了肉体自己所没有许诺的事情,因此肉体立刻把支配权抓到自己手里。存在于肉体和心灵之间的这种联系的规律,其意图似乎只是企图保持我们人类。"一般说来,喜剧的因素给予培尔一种感性的力量主要是在这样的场合下,例如在他的《历史批判辞典》中,在他的私生活方面,在那里,感性仿佛穿着家常的 Négligé[便服]与培尔会面。

但是,当爱情成为他的一般对象,当爱情在他看来体现了必然性和自由、类和个体、自然力量和主观理性之间的矛盾时,爱情的力量就给予培尔一种严肃的,甚至悲剧性的观点。他说:"爱情是一种不以我们的自由和理性为转移的,甚至与我们的那个只考虑我们幸福的主观理性相矛盾的力量。如果妇女依从理性的忠告,那她就会因为害怕怀孕的劳累、分娩的疼痛和教育子女的操劳而放弃做母亲的责任。甚至宗教对妇女也没有这样的权力:如果没有一种比理性和宗教的力量更加强大的力量,即对那种无法描述的快乐的感受以及其他相关的激情和成见(例如对羞愧的恐惧,等等)在推动着妇女,那么,无论怎么向她们劝说,说上帝如何希望她们出嫁以便使人类得以延续下去,那都是徒劳无效的。"

因此,不要把妇女对独身状态的成见称为一种非理性的弱点。对我们脆弱的理性而言可说是弱点的事物,对指导着万物的普遍理性而言,却是一种值得赞叹的智慧的标志;因为,如果妇女对独身状态没有这样的反感和成见,那么人类早已断绝了。这种成见是一种本能,是普遍理性的影响,而我们用以向这种成见进行斗争的理性根据,只不过是我们的理性的一种局部的影响。这种成见与宇宙的普遍幸福相联系,而我们的理性的判断和根据只不过与我们个人的幸福相联系。因此,在这点上,我们不要因妇女的这种成见而责备她们;毋宁说,值得引以为荣的是,这种成见是受普遍理性指导的。

可是,正如盲目的本能促使人们结婚一样,父母对其子女的爱也不是一种可以选择的爱,一种自由的爱,一种以理性为依据的爱,可以说,这是一种机械的爱(amour machinal),一种盲目的、本能的爱。可以说,父母对子女的爱只不过是父母对自身的爱的延续,或者对自己肉体的爱的延续。因此,正如我们爱自己的肉体不是出于一种自由的和理性的爱,同样地,我们爱自己的子女也不是出于一种自由的、自觉的爱。无需理性的帮助,仅仅自然本身就在我们心中产生了对子女的爱。

"因此,我们可以有更加充分的理由这样说,这个世界之所以能够保持它现在的状态,只是由于人们具有这许多错误的成见和非理性的激情。如果哲学做到使所有的人都只是按照理性的清楚明白的概念来处理问题,那么人类肯定早已灭亡了。这些错误、激情、成见以及其他千百种缺陷,仿佛都是世界上不可缺少的邪恶。如果人们医治了这些邪恶,人们对这个世界来说就没有什么用处了。因此,我们对哲学和宗教在这个世界上没有取得什么进展,是不会感到奇怪的。它们如果不压抑本能的力量,就不可能取得进展。可是,目前恰恰是本能占据统治地位。如果有一天这种统治地位结束了,哲学和宗教才会成为我们的规范。但是,在这个美好的革命到来之前,我们可以说:‘新的世界将与新的时代一块到来。’①对于大多数人受到本能和成见的支配这种情况,我们不得不容忍。”

349

"尽管如此,仍然有个别人始终维护理性的利益,而这是有重要意义的。此外,本能问题也绝没有因此得到彻底解决;其中还包含有不可洞察的秘密。因为,当人们断言:谬误、极其淫乱的激情、毫无理性的成见都是世界所必需的,谁能这样说而不感到某种程度的战栗呢? ……当有人说:邪恶是世界所必需的,如果人们在其行动中只以清楚明白的理性为其准则,市民社会将会毁灭,这时谁会不感到震惊呢? 例如,如果没有追求名利的欲望,人类社会会成为什么样呢? 可是,还有什么比这种欲望更加空虚、更加不合理的激情吗?”②

培尔在这点上不由自主地向斯宾诺莎学说靠拢。他上升到人的主观理性之上:那种对我们来说是可以谴责的、非理性的和可笑的事物,对于宇宙来说,对于观察整个世界的普遍理性来说,却是

---

① 维吉尔:《牧童诗》,第 4 卷,第 5 节。——德文版编者注

② 《最近来自〈加尔文教史的总评〉的作者的书简》,第 271—277 页。关于这种爱还可参看《历史批判辞典》,条目"塞勒姆鲁斯",注释 A。

无可谴责的、完善的、美好的和值得赞扬的。但是，在培尔那里，普遍理性仍然只是一个不明确的、通俗的概念，不具有内在的根据和概念；物质的欲望、自然的力量才是真实的概念。而且，在这里，物质之物不仅被说成是物质的，而且被说成就其自身而言、按其目的³⁴⁹而言就是理性的。培尔在这个方面表现出一种普遍的观点，可是他归根到底把目的看作那个主观的或人格的存在物的意图，这个存在物通过自己的全能可以把任何对物质本身来说是外在的目的与物质联系在一起。

　　因此，矛盾仍然没有解决。解决矛盾不是培尔的事情，也不是他的使命。他的任务是唤醒人们注意那样一些事物，从前，人类或者由于感觉迟钝而忽视这些事物，或者由于胆怯而闭口不谈这些事物。他的作用在于向哲学提出问题，而不是自己解决问题。他仅仅提起哲学的胃口，而没有满足哲学的胃口。他给予我们的只是盐（当然，其中很大一部分在我们看来是没有滋味的），而没有给予我们应分获得的营养品，无论是取自莱布尼茨的单子的动物性食品，或者是取自斯宾诺莎的实体的植物性食品。因此，如果说莱布尼茨和斯宾诺莎——当然，斯宾诺莎就其绝对完满的性格而言，远远超过莱布尼茨——已经用他们的才能的内容使我们得到满足，以致我们不需要同时考虑施舍者的性格、个性，那么，与此相反，在培尔那里，用施舍者的美德去补偿他的才能不足，这却是重要的和必要的。如果说培尔没有在自身中从理论上体现哲学家的概念，那他至少从其性格方面表现出这个概念。我们在他身上看到一个实践的、用科学家的美德装饰起来的哲学家的形象。与莱布尼茨和斯宾诺莎一样，他也是科学本质的反映。

这位科学家是一个为正义和真理而勇敢地斗争的战士,可是他自身却具有与人和睦相处的性格。在他身上,科学利益战胜了个人利益。像科学那样只是在内在的和外在的安宁环境中成长起来的事物,也只会产生出安宁。莱布尼茨说:"我的信念是:我希望所有认真地关心基本科学的发展的人们,在他们内心中以及在他们的头脑中都是一致的,他们不会错过任何能够维护友谊的事物,因而力求获得一切有助于和解的事物,而回避一切有损于感情的事物,同时又使真理的权利不要遭受损害。"①培尔也是喜欢与人和睦相处的,尽管他的整个一生都在斗争。他之所以不是大学的友人,因为在那里占支配地位的,通常不是科学的精神,而是阴谋的精神。他说:"我特别不喜欢我们所有大学中盛行的那些争吵、阴谋诡计和职业上的相互倾轧"(第 160 封信)。诚然,培尔与那个好诽谤别人的朱里耶进行过十分令人厌恶的、长时期的和激烈的论战,可是培尔是被迫进行这个论战的,它违反他的本性,引起他的反感。"在我整个一生中,我都非常厌恶私人的争吵。"②

科学家既然喜欢与人和睦相处,因而他也不是自以为是的。对他来说重要的是学习,而不是自以为是。莱布尼茨写道:"如果我犯了错误,我始终愿意直截了当地承认"(《写给伯努利的第 40 封信》)。培尔也把自己称"一个听到别人对自己作品的非难并不恼怒的人"(第 63 封信)。"我更加易于接受学习的快乐,而较难接受犯错误的懊丧"(第 283 封信)。

---

① 《莱布尼茨和约翰·伯努利的通信集》,洛桑,1745 年,第 12 封信。
② 《捕风捉影的阴谋》,第 670 页。

科学家不关心人们对自己如何瞎说八道。他走自己的路,埋头于自己的事业,决不左顾右盼。"我可以坦率地而且以哲学的方式这样说:我是如此地很少考虑大多数人的意见和判断,以致我不大关心如何博得他们的好感"(第122封信)。

科学家不知道任何比工作与活动更高的快乐。在科学家看来,其他一切快乐只具有休息的意义。培尔甚至不需要休息。他写道:"我清楚地知道卡托的短诗:'你有时也把快乐和你的操劳对立起来',可是我很少遵守这句格言。许多学者说,娱乐、晚会、游戏、宴会、郊外远足、参观访问以及其他许多休息方式,都是他们所需要的;对我来说则不是如此,我不想为诸如此类的活动花费时间。不过,我也不把自己的时间花费在对家务的操心上(培尔是一个独身者)、对职位的追求、呈递申请书以及杂务上。"①他25岁以后就没有空闲的时间(第245封信)。甚至到他临近死亡的时候,他也没有中断自己的科学活动,这就是向神学家作斗争,他的科学活动开始于这种斗争,也结束于这种斗争,在他看来,参加这种斗争只不过是一种休息。他清楚地预见到自己的死亡,他不服用任何药物,以免妨碍自然的进程,他深信他的疾病是致命的。他在他的最后一封信中写道(这封信是在1706年10月29日,恰恰在他死前8个星期,写给沙夫茨伯里伯爵的):"我曾经以为与神学家们的争论会使我感到不快,可是现在我体会到这种争论可以使我在自己的寂寞生活中消磨时间。"在他去世的那天晚上,当他工作了一整天之后,还在校对他的一篇用以答复神学家雅克洛的文章的

---

① 《培尔先生传》,德-麦若著,第76页;《历史批判辞典》,第1卷,1740年。

抄写稿。早在青年时期,他已表现出这种异常的勤勉精神。在学

352 校里,他甚至把休息时间也用于研究科学。他的这种顽强的、过分
的学习,多次使他染上重病。与他的这种勤勉精神相对应,他的生
活方式也是极其俭朴的。

　　科学家是平易近人的,绝不会有自命不凡者的傲慢态度。"因
为,我是不配收到感谢信的,即使我理应收到,我也希望不要收到
这样的信。因此,如果有人对您说,我只愿意与社会上有地位的人
们交往,那他虽然告诉您一些以前的真实情况,但也增添了很多虚
假成分。在我来说,我最防犯的错误莫过于傲慢自负和自鸣得意。
即使我想学这种作风,我也不可能学到。如果我由于自己的懒惰
而没有及时答复别人来信,那也不是针对那些没有地位和声望的
人们"(第 322 封信)。

　　科学家对别人的态度总是善意的。他瞧不起那些由于人们心
怀恶意而使用的狡猾伎俩。他也没有时间去作恶意的猜疑。"培
尔先生是一个非常和睦友好的朋友,他看也不看所有那些在仔细
观察时可能易于使自己对别人作出不好评价的事情"(《捕风捉影
的阴谋》,第 738 页)。

　　科学家不贪求世俗的荣誉和财富。他在科学之中找到了幸福。
知识中的财富使他以冷漠的态度对待外部世界的财富①。当培尔由

————————————

　　①　培尔的无私和知足的态度可说是举世无双的。他总是坚决地拒绝上层人士的
建议:把他的著作献给他们,他们捐献他大量金钱作为报酬。他甚至断然拒绝朋友的
赠送。沙夫茨伯里伯爵看见培尔没有怀表,打算送他一只,这在盛产钟表的鹿特丹当
然不是一件无法解释的事情。为了劝说培尔接受这块怀表,这位伯爵费了许多精力才
使培尔答应这个殷勤的请求。可是,在此之后,培尔不让自己继续注意这块当时他确
实需要的表,以免经常想起那位和蔼可亲的施主。——德文版编者注

于别人玩弄阴谋使他失去教授职位时,他对一位友人这样写道:"我 353
像一个基督教哲学家应当做的那样把这个不幸接受下来,感谢上
帝,我的心灵长时期地享受着巨大的安宁。从我心爱的研究中获得
的快乐和安宁,使我决意尽可能长久地居住在这个城市,……而且,
由于我既不想追求财富,也不想获得荣誉的职位,因此,我根本不想
获得委任,即使向我发布委任,我也不想接受"(第 160 封信)。

　　对科学的爱就是对真理的爱,因此对真理的爱是科学家的基
本美德;这对培尔来说也是如此。但是,一个爱真理的人,必定是
大公无私的、独立自主的和光明正大的,他反对一切奴颜婢膝的、
束缚心灵的、玷污精神的思想和倾向;培尔正是一个这样的人。科
学是人心中的纯粹精神。纯粹的精神也就产生了纯粹的感情。使
科学受到损害的事物,也使美德受到损害。你关怀你的精神,你也
会不由自主地关怀你的心灵。谁把科学当作他的生活的目标,谁
也就把美德当作自己的目标;他的美德愈加不是矫揉造作的美德,
而是科学精神的自然结果,他的美德也就愈加有价值。

　　科学家是客观的人;由于科学所研究的对象并不表现它与人
的个人利益的直接关系,因此科学本身就是人心的客观精神;甚至 354
当科学研究的对象是某种非常有益的事物时,这种研究仍然首先
是纯粹客观的。为了认识对象,必须把它的有益性放在一旁。诚
然,科学也以求知欲为前提,它也满足某种需要。可是,科学所产
生的喜悦和快乐,是一种对于对象和为了对象而感到的快乐。人
类上升到纯粹客观性的观点是从泰勒斯开始,而不是从奥菲斯、荷
马和赫希俄德开始,因为诗歌对人阿谀奉承,它把神的因素和人的
因素混杂在一起,并把事物表现为事物在人面前呈现出的那个样

子。只有到泰勒斯那个时代，人类才了解到与对象本身发生关系意味着什么，为了对象自身而去观察和喜爱对象又意味着什么。因此，在自私自利的人看来最遥远的对象，却是觉醒了的思维精神的头一个最邻近的对象。觉醒了的科学把它的目光投向星辰。哪里是你的祖国呢？阿那克萨哥拉指着星辰回答说：在那里！因为，自私自利的人认为科学是愚蠢的玩意。教父们嘲笑希腊科学，因为他们的精神是自私自利的精神，不论这种自私自利是教士的、宗教的或世俗的，那都一样。在人只是考虑自己幸福的场合下，他就没有心情研究科学。只有那种超越于自身之上的人，才能理解科学的崇高意义。因此，科学的首要条件，亦即科学对人的影响，就在于客观性这种特质，它在道德上恰恰表现为正义、公正、真实、恭顺这样一些美德，简言之，表现为超脱自身这样一种美德。

科学家是超脱自身的人。只有科学精神才是真正恭顺的精神。它之所以是真正恭顺的精神，是因为他的恭顺不是恭顺的假象，因为人们从恭顺难以考察恭顺是恭顺。信神的恭顺认为在镜子里看自己是一种罪孽，它像帕斯卡尔那样把 Moi［自我］排除于自己的语言之外，而用一个不确定的 On［某人］来代替它。科学精神则谈论它自己，它像莱布尼茨那样把自己划入神童之列，它毫不迟疑地向自己陈述自己的美德；不过它这样做恰恰是因为它超脱了自身，因为它无论对自己或对别人而言都是对象，因为它无论对自己或对别人都既没有恶意，也没有成见。科学的精神说我，因为它是人；信神的精神说人，因为它是我。信神的恭顺企图从它的意识中排除掉那种处于它的本质之中的东西。它总是受到它所喜爱的自我的迫害；它束缚于它自身之中，因此它不敢谈论自我。它折磨自己、虐待自己；可是，自我折磨仍然是一种仅仅与自身发生的关系。它希望摆脱自己，可是它做不到，因为它没有掌握科学这样一种自我解脱的客观手段，它仍然处于那种与它的本质不可分离的基本错误之中：它总是在镜子中看自己的美德、自己的美妙之处，而不看自己的错误、自己的罪孽，那这只不过是一种虚荣心而已。

中世纪的一个虔诚信徒说："你们要尽力隐瞒自己的美德，胜过于隐瞒自己的错误。"可是，表现自己的错误相等于表现自己的美德，甚至胜过于表现自己的美德，这同样是一种虚荣心，是一种颠倒过来的虚荣心。真正的自我否定是一种对自我否定本身的否定。人们从你的哭得红肿的、忧虑憔悴的脸色中看出的那种恭顺，只是恭顺的外貌，而不是恭顺的本质，只是象征，而不是事物本身。它想把自己隐瞒起来的根据，就是那个包藏在它自身之中的利己主义。因此，帕斯卡尔希望借助于虔诚的努力达到的那个目标（但他没有达到，也不可能达到，这恰恰因为他希望达到），也就是培尔在科学——它是他的生活的基本活动——的自由境界中达到的那个目标，而他之所以能够达到，恰恰是因为他没有想到要达到它。培尔是一个超脱自身的人。帕斯卡尔的那个口头上的 On［某人］，在培尔那里变成了实在的 On。谁赋予恭顺以特殊的价值 ³⁵⁶也就是说，把恭顺看作特殊研究的对象，谁就达不到目的，而只达到一种按其本质来说矫揉造作的恭顺，尽管这种恭顺从主观上说也可能是同样美好的、虔诚的和高尚的。自由是真理的唯一的印章。真正的恭顺是那样一种东西，它不从自身之中取得任何好处，它认为如果人是恭顺的，那完全是理所当然的，它根本不知道自己就是恭顺，简言之，它完全是自由的自然产物。

我们只能在这种甚至发展到不自由,发展到拘谨程度的自我超脱中,在培尔的谦逊态度中,在他对自己的超然态度中,看到培尔喜欢使用假名或匿名的真正原因,即使其中也可能掺杂某种隐蔽的顾虑(即担心他可能触怒别人或导致与别人发生争执,不过,这种顾虑本身也仅仅产生于他的谦逊和他对友好和睦的爱),或者掺杂其他某些特殊心理。培尔说:"人们把我看作世界上一个对自己的著作和个人见解持最大的超然态度的人。……社会公众对我的著作作出评价;他们可以自由地作出自己的判断。有人赞扬我的著作,有人指责我的著作,我都毫不介意。……培尔始终很少考虑让别人把他看作他的著作的作者,如果这件事情仅仅取决于他,那么社会公众就会直到现在仍不知道这些著作的作者。"①因此,他对任何赞扬都怀有反感;他经常恳切地请求他的朋友们不要赞扬他,例如,他向德麦若请求说:"我向你只提出一个条件,如果你把你的著作付印,恳请你把一切赞扬我的话删去。我认为你在该书中提到我,这对我是一种荣誉,可是,……如果只是简单地提一下,直截了当,不添枝加叶,那就非常适合我的胃口了"(第 252 封信)。

因此,培尔也不同意他的朋友要给他画像的请求。"我认为您357 要给我制作铜版像的请求是您的友谊的一个非常亲切的标志;可是,我不能克服自己的反感,我请求您原谅我这个弱点,如果您也认为这是弱点的话。……我下不了给我自己画像的决心,也下不了让我的面貌在我的著作的扉页上炫耀自己的决心。"②

---

① 《捕风捉影的阴谋》,第 658、670 页;《鹿特丹的阴谋是捕风捉影》,第 739 页。

② 第 316、319 封信,《文集》第 4 卷。[确实没有找到培尔成年时期的画像。不过,在 18 世纪中叶找到了培尔的青年时期的画像。关于这方面的详细情况,可参看本书第 2 卷第 110 页脚注。——德文版编者注]

世界上人们的评价却是这样的！他们只赞美宗教的作用；对于科学的作用，他们或者不认识，或者甚至加以怀疑。这是不言而喻的！宗教为了赢得人心，采用各种巧妙手段。科学的力量是它自身的力量；它不借助于任何别的力量。宗教甚至给予视觉和听觉以深刻印象，或者经常给予想象力以深刻印象；科学则撇开一切感性的魅力，它只依靠对象的真实性。宗教的美德是显著夺目的，科学的美德却是看不见的，它们躲避世界的视线。帕斯卡尔的美德受到赞美，他的恭顺由于其外表的和蔼可亲已经博得人们的好感，他的苍白的面容立即赢得富于同情者的心；培尔的美德却不为世人所知，或者甚至遭到否认。但是，真正的美德恰恰是那样一种美德，它不具有美德的外貌，它不耀眼夺目，它甚至可能遭到否认，而且事实上也遭到否认。在培尔那里，一切都是不利于他的，没有什么有利于他。从他对假名和匿名的爱好中，可以推断出他具有一种喜欢转弯抹角、弄虚作假、把某些细小利益隐藏起来的性格。他的表现与他本人是不一致的。但是，他恰恰是与他的表现相反的那种人。他的表现与他的本质的这种矛盾，恰恰也是他的表现与他的本质的一致。他的本质的真正表现，在于他所表现出的不是他本人。科学的美德满足于它自身，它不屑于表现它自己或者炫耀它自己；它是那样一朵鲜花，它不吸引普通的散步者的目光，而吸引好思考的自然科学家的注意力；人们为了认识它，就必须研究它。因此，人们才说：post nabila phoebus[太阳是躲在乌云后面的]。[25]

注释和说明

（〔　〕的页码均系原著页码）

359　　　〔1〕〔第 113 页注〕异教徒中的智者们当然也清楚地知道理智与激情、知识与愿望或活动之间的矛盾或分裂（参见亚里士多德：《伦理学》，第 7 册第 3 章；培尔：《历史批判辞典》，条目"奥维德"注释），还清楚地知道精神与肉体之间的矛盾或分裂。甚至在他们的著作中还出现肉体（caro，$\sigma\acute{\alpha}\rho\xi$）这个词。在塞涅卡的《书信集》第 74 封中这样写道："不应当到肉体中去寻找我们的最高幸福"，他把肉体与 animus（灵魂）对立起来，显然，肉体这个词不是指身体以及皮肤和毛发，而是把肉体理解为情欲的总和；其次也出现在阿里安的《埃皮克捷特》第 2 册第 23 章中。可是，在他们那里，这种矛盾不是无意义的、空幻的、超自然的，像在基督教的圣徒们那里那样。他们也清楚地知道罪孽的权力和普遍性。"我们大家都是有罪者"（塞涅卡：《论仁慈》第 1 册第 6 节）。"我们都有罪"（《论愤怒》，第 3 册第 26 节）。"谁能够公开地说，他在一切法律面前都是无罪的？为了在法律面前始终是洁白无瑕，需要把无罪理解得多么狭窄啊？"（同上书第 2 册第 27 节）"我断定找不到一个可以这样地为自己辩护的人：如果每个人在这里考虑的是见证人，而不是良心，那么每个人都可以宣布自己是无罪的"(同上书第 1 册第 14 节)。他们也知道,罪恶隐藏在我们自己的内心之中("它处于我们内部,处于我们的内部器官之中。我们很难恢复健康,因为我们不知道自己的疾病。"塞涅卡:《书信集》第 50 封),他们知道甚至最优秀、最智慧的人也距离理想的人无限遥远("毛病最少的人被看作是优秀的。"塞涅卡:《论心灵的安宁》,第 7 节),因此这种人也需要谦逊地看待自己("不要把自己估计过高。"《书信集》第 68 封)。他们也知道堕落,他们也知道人类的原始状态,一种比较幸福、比较美好的状态。但是,他们是以理性的方式思考这种状态的;他们认为这种状态是一种自然的和睦、天真、简朴和纯洁的状态。"有谁比这些人更加幸福呢? 他们共同地享有自然。自然界像母亲那样给予他以普遍的关怀。这是他们大家无忧无虑地占有的公共财富。为什么我不把那个在其中找不到穷人的氏族称为古人之中最富有的氏族呢? ……他们不到地下寻找金银珠宝,他们对温 360 驯的动物十分爱惜……强者不向弱者勒索,贪婪的人不想隐瞒自己的财产和掠夺别人的必需品。人们同样地既关心自己,也关心别人。"但是,他们也认识到这种原始状态的不足之处。"尽管他们的生活是美好的,在这种生活中没有尔虞我诈,但他们不是有智慧的人。……因为自然界没有给予以美德:成为高尚的人是一种艺术……这意味着什么呢? 他们没有犯罪,是由于对事物无知:某个人不想犯罪或不知道犯罪,这有很大区别。……他们没有正义、智慧、节制和勇敢的概念"(《书信集》第 90 封)。这些智者过于智慧,过于理智,以致他们把这种状态想象为一种不应脱离的状态,认为脱离这种状态既与这种状态的本性相矛盾,也与上帝的明确意愿相矛盾,因此,只是由于魔鬼玩弄阴谋诡计(因为魔鬼最初也不是魔鬼),才永远失去这种状态。他们也把犯罪的状态称为堕落("道德败坏就是背弃自然。"塞涅卡:同上书),他们也清楚地知道对罪孽的诅咒(例如,可参看霍拉茨:《Ode》,第 3 编第 1 册;维吉尔:《Aeneid》第 8 册第 326 页);可是,他们认为这种对罪孽的诅咒是罪孽的自然后果(例如,参见塞涅卡的《书信集》第 95 封)。他们是一些过于有教养的、考虑问题过于高尚的学者,以致他们只能信仰一个热情的、敏感的、愤怒的、有复仇狂的、残酷的神,这个神只有通过一种特殊的、短暂的、感性的活动与人和解,因而他自身只是一个感性的神。他们想象神出于他的本性、他的本质而与人和解。"有那样一种存在物,它不可能造成危害,它除了创造善和幸福之外没有别的力量;不死的诸神就是这样的存在物。诸神不希望也不可能造成危害。因为,他们的性格温顺而又谦逊,既不会对别人不公道,也不会对自己不公道"(塞涅卡:《论愤怒》,第 2 册第 37 节)。"诸神行善的原因是什么呢?是他们的本性。谁认为他们有意造成危害,谁就搞错了。他们不可能允许非正义的行为,也不可能作出非正义的行为。要知道,损害别人就意味着损害自己"(《书信集》,第 95 封)。普通的异教徒认为自己的情欲也存在于神之中;他的宗教信仰虽然没有给他设置道德的和理性的限制,但也没有设置非理性的限制;在此限度内,普通的异教徒是与他的神和解的,可是这种和解由于仅仅依据于一种内心的冲动,因而是没有固定本质的和不能持久的,它像四月的天气那样变化无常,像虹那样短暂;正如他的诸神有时发怒一样,异教徒在他的诸神没有实现他的愿望的时候反过来向诸神发怒。相反,有修养、有智慧的异教徒则认为美德是一种最高的、最卓越的本质,并把善良的、卓越的事物看作按其本性而言是普遍的,这种事物事实上也是如此。某些事物是真实的、美好的,而它们之所以是真实的和美好的,只是因为它们断然地是真实的、美好的,没有任何例外,没有任何限制。一旦某一事物是理性,是真理,是美德,那么它在天上或地上也都是理性、真理、美德;它在这里不是美德,不是理性,它在那里也不是如此。天上与地上之间的区别,神的人格和人的人格之间的区别,消失在善和真的概念之中,也就是说,这种区别在这里不起作用。一个神如果要求一种特殊的权利,并想摆脱这些普遍的概念,希望这些概念对他不发生效力,那他就是一位像朱彼特那样地按照自己的喜爱悄悄地和匆促地跑来跑去的神。因此,异教的智者也认为凡是善良的、理性的、卓越的事物,都是普遍的,因而在人那里是美德的事物,在上帝那里也是美德。"你问,什么事物使人成为有智慧的? 这也就是使神成为有智慧的那种东西"(塞涅卡:《书信集》第 87 封)。"理性当然是诸神和人所共有的。在诸神那里,理性是完美的,而在我们这里,理性有能力达到完美的程度"(同上书,第 92 封)。但是,美德和理性是同一的,美德无非就是正确的理性。"那么,你这位理性的动物,你有什么美好的东西呢? 完美的理性,凡是没有理性的地方,也就没有善"(同上书,第 124 页)。"在人的全部美德之中,特别要提出一种美德:这就是理性,一种正直的和纯朴的理性,它是神的唯一本性。要知道,理性无非是那潜藏在人的肉体之中的神性的微粒。如果说理性

来自于神,而没有理性就不可能有任何美德,那这就是说,任何
美德也是来自于神"(同上书第 66 封)。因此,异教的智者也是
最谦逊的。他不把美德夸耀为自己特有的力量;毋宁说,他认识
到自己是微不足道的,自己有必要否定自己。"不希望你夸奖
我,不希望你说:'多么魁伟的男子汉啊!'……我要责备的只是
自己;如果你企图取得某种巨大成就而到我这里来,那是徒劳无
益的。你搞错了……住在这里的不是医生,而是病人"(同上书
第 68 封)。"我现在不是智者,……将来也不是智者……我谈的
是美德,而不是谈自己;当我指责恶行的时候,我首先指责自己
的恶行"(《论幸福生活》,第 17、18 节)。"为自己效劳,这是最艰
苦的效劳"(《对自然的研究》,第 3 册序言)。"在你还没有忘记
自己之前,你暂且不要仿效任何人,不要和许多人交往"(同上书
第 1 册序言)。"如果能与那些忘掉自己的人们交往,那多好啊"
(《书信集》第 104 封)。在斯多葛派看来,美德既不是抽象观念,
也不是个人的特性:在他看来,美德是一种以理性的身份从事活
动的理性,是诸神和人的共同财富。在他看来,美德不是个人的
力量,而是一种普遍的力量,是道德的生命源泉和实质。"即使朋
友和爱子死去,对于听到遗言的父亲们来说,还有某种能够弥补这
种损失的东西……你问:这种东西是什么呢? 这就是使他们成为
高尚的人的那种东西,这就是美德……只要有美德就足够了,因为
362 在它之中包含着一切品格的意义和原则。当急流中断和消逝的时
候,这不是灾祸,因为急流由以发源的源泉仍是清洁的"(《书信集》
第 74 封)。"伟大的和真正的美德不是一点一滴地分配给每个人,
这些美德全部分给了人们"(同上书第 73 封)。"智慧是公共的财

富"(同上书第 85 封)。斯多葛派的力量只不过是一种包含在美德本身之中的威力。美德使斯多葛派成为善良的,而不是他使自己成为善良的。"通过美德自身而达到美德"(同上书第 89 封)。可是,美德的力量作为一种卓越的、善良的力量,是一种绝对普遍的力量,它不仅对人而言是普遍的,它从而也是神的力量。因此,在斯多葛派看来,美德的力量是神的力量。"上天的威力……指导着崇高的精神。没有神,善良的人就一事无成"(同上书第 41 和 73 封)。当然,这里没有篇幅分析那些其观点与此相反的段落的意义(在那里这样写道:诸神与人之间有很大区别,诸神按其本性就是善良的、人却是通过自己的活动而成为善良的),也不能论述其他许多类似的矛盾。可见,异教的智者是以一种虔诚的态度思考神的;可是,一个虔诚地思考神的人,也就具有虔诚的信念;只有那些虔诚地思考神而且具有虔诚信念的人,才能与神和解,才以一种唯一真实的和理性的方式、从而也是唯一宽容的方式与神和解。对人发生决定性影响的,只是精神、信念,而不是活动,只是观念,而不是技术操作。"一个人不是考虑自己的可能性,而是考虑自己的本性的可能性,他给自己提出崇高的目标,力图使之实现,他所幻想的那些崇高事物甚至对具有巨大智力的人们来说也难于实现,那么,这样的人的行为便是高尚的"(《论幸福的生活》第 20 节)。"每当自然界要求我向它交回自己的心灵,或者让我保留理性,那我就证明说,我珍惜纯洁的良心,并力图达到善"(同上书第 1 章)。事实上正是这样:对美德的爱是人的一种唯一起决定性作用的美德;对美德的爱使我们与美德和解,把我们对美德所犯的罪过加诸它自身。我们在实施和运用的过程中到处犯错误;那么,为什么你们只愿意充当一个为我们与伦理观念之间的矛盾进行调解的中间人，而不愿意也充当为我们与——譬如说——艺术观念之间的矛盾和差错进行调解的中间人呢？是否我们由于对最优秀的艺术家也可能犯的艺术上的缺点和过错悲观失望，而应当扔掉画笔，并等待某个天使从天上下凡来代替我们作画呢？为什么你们想从一个特殊的、异常的事件中，引出那种具有扎实的和普遍的根据，从事物的本性中产生出来并立足于头和手、观念和现实、本质和现象、种族和个体之间的区别——这种区别本身植基于永恒真理之中，但它在现实中只能作为矛盾表现出来——之上的现象呢？这是一种神圣的单纯啊！可是，正如只有在虔诚地思考神的场合下才能做到与神真正和解，因此，与此相反，在以一个不虔诚的、虚假的概念、例如发怒的神这个概念作为和解的基础的场合下，这种和解便只是一种假象；在这里，矛盾只是被掩盖起来，而没有得到解决。邪恶的现象消失了，可是邪恶的根源本身仍然保留着；神抛弃了他的愤怒，但没有抛弃了他的愤怒的本质；最坏的东西，即愤怒的能力仍然保留着。在以一个虚假的、不虔诚的概念作为基础的场合下，任何和解的过程都是一种纯粹的治标办法，这种和解过程在科学领域内绝不是真理的正确表现，因为它在终结时把它起初当作真理宣布的东西撤回，然后又想否定那种只有在其原则本身被否定的情况下才能被真正否定的事物。基督教的历史证实了这一论点；当然，这只是对那些没有被宗教偏见或哲学偏见所蒙蔽的人们而言。诚然，许多神学家断言，对于神的愤怒只能从譬喻的意义上加以理解。但是，这种论断是一种毫无根据的诡辩。愤怒所特有的芳香恰恰仅仅在于它的感性意义。由于真实的愤怒是一种极其明确的、准确无误的激情，因此，如果我把自己在高度愤怒时打别人的那个大嘴巴说成只不过是形而上学的嘴巴，或者是纯粹理性的绝对判断，或者只不过是基督教徒的爱的一种表现，以便抵赖这个事实，那是荒唐可笑的。同样地，如果我想从一种并非本来的意义上去理解像愤怒这样明确的、特殊的词，那也是荒唐可笑的。正如在愤怒的激情处于高昂状态时，人便失去理智、不能判断一样，只要谈到神的愤怒，那么精神之物和感性之物、譬喻之物和非譬喻之物之间的区别，或者至少是作出这种区别的权利，便被取消了。宗教感确实是不知道这种区别的。在这个意义上说得对的，不是奥古斯丁（参看他的《上帝之城》第9册第5章，第15册第25章），而是拉克坦茨和德尔图良，仅仅这一点在这里具有决定性意义。顺便说一下，从和解被理解为真实的、历史的事件这一点中，已经可以得出必须从最直接的意义去理解神的愤怒，即把它理解为一种真实的愤怒。梅兰希顿在他的《词汇》中说："上帝除了对他的儿子的去世之外，对所有其他的牺牲品都不怜悯；对于上帝的愤怒来说，还有什么比这更可怕的特征吗？"（《论信仰的词汇》）因此，如果愤怒只有譬喻的意义，那么和解必然也只有譬喻的意义，而不是真实的事实。这种譬喻的意义主要来自于：在这里，人格是基本的规定性。可是，人格的最显著的特征、最鲜明的表现，恰恰在于感受性，在于接受侮辱和对侮辱发怒的能力。例如，德尔图良在《论心灵的供述》中说："如果上帝不可能发怒，那么心灵怎么会对上帝怀有一种天然的恐惧呢？一个人不可能受到侮辱，他怎么会恐惧呢？"因此，异教的智者对于神的本质的理解无限地纯洁得多，自由得多和虔诚得多，因为在他看来人格不是基本的规定性。他关心的不是想知道"谁"是神,而是想知道"什么"是神? 在他看来,只有使神之所以成为神的那种神圣的东西才具有意义,神圣的特质和尊严的占有者,也可以说它们的体现者、主体、人物并不具有意义。这一点也可以说明为什么异教的智者们有时谈到单一的神,有时谈到众多的神,认为这没有多大差别,尽管在这里当然也要考虑到他们对宗教迷信的态度。相反,在基督教中,主要的是单一,即神的单一性、个性和人格。但是,人格、个性本身并不就是一个神圣的概念(要知道,基督教徒甚至相信具有人格的魔鬼),它只有借助于自己的内容、自己的品质才能成为这样的概念。毋宁说,人格之中包含有最神圣之物和最不神圣之物;甚至可以把一切可能之物纳入人格这个概念之中,而不需要在它自身之中有一个关于所纳入之物的内容的标准、区别原则。愤怒、功名心、虚荣心、专横独断,简言之,一切非理性的、邪恶的东西,都可能而且的确在基督教的神的人格这个概念中找到了自己的位置,而在纯粹的神圣之物这个概念中却找不到它们的位置,纯粹的神圣之物本身就包含关于它自身和它的对立物的保证、标尺、标准。因此,如果人们信仰一个按其自身而言,按其基本的规定性而言能够感受各种激情的上帝,一个发怒的上帝(梅兰希顿自己在他的《道德哲学》中说:"上帝自然会发怒的"),而且,正如上面所说,上帝的愤怒只有通过一种特殊的活动、通过对这种活动的信仰才能消除,那么,在这样的场合下,只是就幻觉、想象而言,而不是就真理、事实和本质而言实现了和解,这个最高概念是与它自身相矛盾的,在这里,没有统一,没有真正的和平,没有理性。异教的智者们不仅在对神的理解上,而且在对罪孽的理解上,都比基督教中对这两者的理解更加深刻,更加纯洁,更加合乎道德。在基督教看来,罪孽是最可怕的,是人可能遭遇到的最大的、唯一真正的不幸。西塞罗说得很中肯:"要知道,人不可能碰到比罪孽更加可怕的危险了"(《家书》第5册第21封)。在他看来,对罪孽的惩罚就是罪孽本身。"对犯罪者的头一个惩罚、也是最大的惩罚,就是犯罪本身……对犯罪的惩罚就是犯罪本身"(塞涅卡:《书信集》第97封)。"犯罪的人已经惩罚了自己"(《论愤怒》,1.2,第30节;1.3,第26节)。但是,基督教徒并不满足于亚当犯罪,不! 亚当还必须由于自己的罪孽而受到特别的惩罚,他的子孙后代全都注定要过不幸的生活。犯罪者不是由于自己成为犯罪者已经够不幸了,他还必须在地狱里遭受皮肉之苦。因此,基督教徒把一个非道德的概念,一种与罪孽本身不同的、外在的、感性的邪恶,与罪孽联结到一起。在基督教徒看来,罪孽本身还不是最可怕的,还不是对罪孽本身的惩罚。假使罪孽是对罪孽本身的惩罚,那么基督教徒就不需要地狱,也不需要某种特殊的、外在的帮助和拯救了。这种拯救虽然是彻底的,可是,基督教徒之所以获得拯救,并不是由于罪孽本身,而仅仅是由于某种外在的、与罪孽相联结的后果,即惩罚和上帝的诅咒。基督教徒被罪孽所统治,因为他是从罪孽的角度思考罪孽的;异教的智者支配着罪孽,因为他是从道德的角度思考罪孽的。因此,智者的拯救者就在他自身之中,而且就在理性之中;在他看来,理性不是一种抽象的能力,而是一种 vis plastica[可以塑造的力量],一种现实的权力,一个起积极作用的原因,一个道德的甚至物理的力量源泉。"使心灵崇高的事物,也给肉体带来益处。我们从事的职业使我们获得健康。我说的是我从哲学中获得的东西,我从哲学中接受下来并加以巩固的那种东西。我受之于哲学的恩惠,不亚于受之于生活的恩惠"(塞涅卡:《书信集》第 78 封)。对于异教的智者来说,罪孽还没有那么大的力量,以致他的情感遭到败坏,他的理智受到蒙蔽,他的视力受到迷惑;罪孽还没有作为一种世代相传的罪恶浸透到他的本质自身之中;罪孽仅仅侵袭和感染人的四肢,还没有侵袭和感染人的头脑。智者知道罪孽从内在方面来说是空虚无力的,也知道善、美德具有巨大的、不可磨灭的力量,具有一种甚至在坏蛋恶棍心中也仍然起作用的力量。"美德是如此地崇高,甚至凶犯在内心深处也赞同高尚的行为。谁愿意被人看作是坏人呢?难道犯罪和行为不正的人就不企求同情者的赞扬?……自然界的最大恩赐在于:美德把它的光芒照向每个人的心房,甚至那些不按照美德行事的人也会看见它"(塞涅卡:《论善行》,第 4 册第 17 节)。因此,智者的美德和理性使智者受到保护,使他在理论和实践方面不致受到罪孽使基督教徒遭受的那一些腐败透顶的,既不道德又不理智的后果。

〔2〕[第 122 页注]这里从一般方面、从概念方面论述的关于艺术的本质和天主教的本质之间的矛盾,事实上已被虔诚的天主教徒所承认,不论这种承认是间接的还是直接的。例如,虔诚的罗马教皇阿德里安六世这样说过:"他对稀希的绘画和古老的雕像评价很低,以致他在维阿涅茨……看到拉奥孔的塑像时,立刻移开目光,并对如此渎神的形象提出谴责。"诚然,这只是指古代艺术而言,可是,这种对异教艺术作品的反感也表现出对艺术本身的反感,而不问其宗教题材为何。这位教皇也对诗人们感到厌恶,因为,他认为诗人们没有以真诚的态度对待基督教,而颂扬异教的诸神的那些邪恶的名字(培尔:《历史批判辞典》,条目"阿德里安六世",注释 D.)。无论如何,甚至宗教诗人对正教的信仰也经常是

含糊不清的；因为，他把宗教题材从信仰的坚实基地移到美学的极其猥狎的环境之中，从炽热的心灵地带移到一个温和的、既不冷又不热的幻想领域；他把宗教题材当作平凡的材料，交给诗人的自由的想象力去处理，诗人的诗兴本身高于任何作为材料的对象，它对一切对象是一视同仁的，因而它可能毫无例外地用同等的爱去处理一切对象。诗人把宗教题材当作一般的题材来处理，因而这些一般的题材只能引起一般的情感，而不能引起特殊的宗教兴趣。诗人把宗教对象捧到美的神庙里。虔诚的天主教徒——还有虔诚的新教徒——之所以谴责近代的诗人们，特别是因为后者把基督教的题材和异教的题材混杂起来（例如，可参看培尔在他的著作《文学界的新闻》第 715、716、757 页上对巴耶的《学者们对主要作家的评价》一书的摘录）①。但是，如果仅仅到形式上的轻薄放纵中，例如到对异教的神的尊敬态度中，或者到诗歌的题材之中，而不是到诗歌的精神或本质之中去寻找这种混杂现象的原因（甚至就宗教诗歌而言也是如此），那就是极其眼光短浅了。一首宗教诗只要它要求成为一个艺术作品，而不仅仅是一种用诗的格律去表述宗教思想的形式，它作为诗来说总是有价值的，而不问它的宗教题材为何。这种价值是某种不依赖于宗教题材的东西，它符合于对一般的诗提出的要求，不论诗人喜欢什么样的题材；这些要求不是构成诗的形式，而是构成诗的本质。因此，宗教诗人也就无意地牺牲了美的异教的或纯粹一般的神性。从严格的天主教和新教的 367

---

　①　培尔在上述著作第 759 页中还说："大部分诗人只是在他们的晚年才把他们的诗才用于为宗教信仰效劳；在那段时期里，他们在许多地方仿效高贵夫人们的言谈，这就使他们的诗篇作为诗篇来说成为同一类诗篇中最低劣的。"

观点看来,诗歌是对异教的神的崇拜;因为宗教诗是以它确实是一首诗为前提,它作为诗来说具有它自己的魅力,它不只引起纯粹的宗教感,而且同时引起一些独立的、本身就令人喜悦、令人愉快的情感;尽管这些情感经常是与宗教的观念和形象一道被感受的,但是它们本身仍然使人觉得津津有味。因此,纯粹的、真正的、严格的宗教感不屑于这样地把审美的成分和宗教的成分混杂在一起。宗教诗人处于一种分裂状态:他愿意要天堂,可是又不愿意放弃尘世。顺便说一下,艺术与天主教的本质之间的矛盾也表现在:虔诚的天主教徒认为给自己画像是一种虚荣,是一种罪恶,例如圣·伊格纳茨就持这样的观点(参见里巴顿涅拉为他写的《传记》第 395 页)①。可是,如果给自己画像是一种罪孽,那么给别人画像也是一种罪孽。因为,除了出于谦逊、出于对自己的鄙视外,善良的人为什么要遮住自己的面貌,不让艺术家看见呢? 为什么他要鄙视

---

① 例如,与希腊人对艺术的崇拜相反,教父们经常表示这样的看法:祭坛以及那些用来表现基督教的上帝的塑像和图画,并不是没有生命的石头和木块,而是代表人的道德信念和宗教信念。例如,奥里根在《反驳塞尔苏斯》(I.VIII)中说:"总之,谁把我们所谈论的祭坛与塞尔斯的祭坛比较一下,把在虔诚的信徒的心灵中建立起来的塑像与菲迪亚、波利克勒特以及诸如此类的塑像比较一下,谁就会清楚地看出,后者是没有生命的、随时间和气候而发生变化,而前者则处于不朽的心灵之中,因而是永世长存的。"在西班牙的一次教士会议上(Conc. Elibertinum Can. 36)明确禁止在教会内保存画像,避免把尊敬和崇拜的对象临摹在墙上。异教徒瓦洛甚至说过(见奥古斯丁的《上帝之城》,第 4 册,第 31 章、第 9 章);罗马人由于为诸神画像而失去对诸神的恐惧感和对自己祖先的虔诚信仰的热忱。关于基督教会,加尔文指出,只有在祈祷仪式已经失去它的纯洁性的情况下,才可以用图画来装饰教会;大约在五百年左右的时期内,当宗教还处于兴旺时期,基督教教会里一般是不挂画像的(《基督教的训条》,第 1 册,第 11 章,第 13 段)。埃皮法尼甚至把巴勒斯蒂纳教堂一张画有基督肖像的门帘撕掉,因为,按照《圣经》的教义,在基督教教堂里不能悬挂任何人的图像(《埃希和格鲁贝尔主编的百科全书》,条目"基督教教会中的图像")。

自己呢？因为他就是这个人吗？不！他的鄙视具有普遍的意义，它涉及每一个人；它不是把伊格纳茨看作伊格纳茨，而是看作一般的人，看作创造物。这种鄙视的意义在于：你也不应该给自己画像；把人的画像陈列出来，这是一种偶像崇拜；只有上帝、或者基督、或者圣母、或者圣徒是值得观赏的。因此，如果所有的天主教徒都持有像圣徒伊格纳茨以及其他某些纯正的天主教徒那样的想法，如果他们不是一些对自己不忠实的、不彻底的、虚伪的、否弃自己宗教的天主教徒，我们就不能从他们得到任何画像，至少不会得到宗教画之外的任何画像。但是，正如以上所说，甚至宗教画也只有在下述情况下才能成为符合于天主教精神的画：这些宗教画本身是没有价值的，甚至是极其可憎的、低劣的，这些画只具有作为回忆标记的价值（圣体遗骸也具有这样的意义），它们在艺术的领域内也使我们生动地看到人的渺小和虚弱，而不能使人对尘世间的作品及其创作者怀有一种虚荣的赞美之感！对于一般的美的形态没有意义的东西，对于艺术也是没有意义的。虔诚态度——甚至某些教父的虔诚态度——也是与从美的观点去想象基督相矛盾的。从虔诚态度的观点看来，下述思想是有教益的：严峻的刻苦修行生活使基督的身体受到如此严重的损害和摧残，以致他在 30 岁时看起来就像 50 岁的人，他的脸上布满那么多的皱纹，显得如此丑陋，别人可能把他看作是麻风病患者（拉莫特·勒·瓦耶:《关于美的第 15 封信》,《全集》第 10 卷）。可是，在最首要、最本质的艺术素质遭到摧残而丑陋可憎的形象却获得批准的场合下，难道艺术感不会受到谴责？在肉体的奇形怪状被看作是正常状态的情况下，难道不会把荒唐无聊的东西看作最高的审美原则？在人们出于虔诚的心理而津津有味地咀嚼着死耗子的场合下,难道不会认为这是一种卓越的烹调术?在把节制肉欲看作最高美德的场合下,难道不会把画家画一些根本不是肉体的肉体——既然他不能丢掉他那种乱涂乱画的天生恶习——看作他的最高美德?因此,如果你们一定希望在你们的教会里有一些画,难道只有中世纪的那些可憎的、令人恶心的、奇形怪状的、只能产生虔诚感而不能引起艺术感的圣徒像和殉教者像,才是一些正常的、合法的、符合教会精神的、你们可以把它们看作自己的作品和真正的天主教图像而引以自豪的图像吗?勒希纳长老怀着一种正当的天主教虔诚心情这样说:"美对恭顺的美德来说是非常危险的。在维尔茨堡,有一个出身名门贵族而且十分富有的青年就为了这个缘故用粪汁玷污自己的脸,穿着乞丐的衣服沿门行乞"(A.布赫尔:《巴伐利亚的耶稣会士》,第 108 页)。然而,用粪汁玷污人脸,这是一种能引起美感的景象吗?诚然,它对于虔诚感来说是有益的,因为它是一种令人感动的、有教训意义的和使人忍辱恭顺的现象;可是,虔诚感和艺术感是根本对立的。有人不假思索地就用画家菲索尔的事例来反驳我,因为他事先不虔诚地祷告,是绝不作画的(参见卡普斯:《意大利》,1837 年,第 552 页)。有的士兵在投入一场将刺死自己亲人的战斗之前,借助于祈祷来鼓舞自己。在一个耶稣会士对某个天主教圣徒的描述中(巴士噶:《外省来函》,巴黎,1832 年,第212 页),这样明确地写道:"他看不见艺术和自然界中的美……在他看来,美人就是幽灵。"可是,难道真正虔诚的天主教徒、圣徒不是其余的天主教徒所仿效的榜样吗?因此,难道这些天主教徒不应当具有观察自然界和艺术中的美的目力吗?诚然,教会准许人们敬重画像。可是,它明确地写道:"我们尊重圣徒和其他人的画像,我们所尊重的既不是材料,也不是色彩,⋯⋯因为我们从巴西利亚大帝的格言中知道,我们尊重画像时只是尊重它所描绘的人物"(B.卡朗扎:《忠言汇编》,安特卫普,1559 年,第 280—281 页)。但是,一幅美丽的、真正的画像恰恰是一幅只是与它自身发生关系的画像,它之所以受到尊重,只是由于它自身,而不是为了圣徒,它使宗教的兴趣服从于审美的兴趣,服从它自己的兴趣,它甚至为了审美的兴趣而牺牲宗教的兴趣。把画像用于有益于宗教的目的,这与画像的艺术价值毫无联系,这种艺术价值完全无所差别地既呈现于那些普通的、只具有宗教感的天主教徒面前,也呈现于真正的、把自己的审美感当作世俗的欲望加以扼杀的天主教徒面前。美甚至与教会之所以准许画像的那个目的本身相矛盾,因为美使观众的眼睛和心灵与画像所描绘的人物分离。一个人一旦喜欢一幅优美的圣徒画像,他对画像的敬重很快就超过对圣徒的敬重,他将获得或者已经具有一种对一般画像的爱,而对其宗教题材漠不关心。一幅真正的天主教画像只能是这样的画像,它在描述圣徒时撇开了人,完全撇开了一切起干扰作用的人的特征。因此,一幅优美的画像,一幅有艺术价值的画像,绝不是一幅从天主教观点来说有价值的画像,毋宁说,它是一幅与教会的意义、目标、意愿相对立的画像,至少是一幅与教会的真正的、美好的意愿相对立的画像。而且,从历史上说,每当真正的美感重新苏醒过来的时候,对天主教的兴趣和对一般宗教的兴趣便减弱了,或者至少是服从于对美感的兴趣;这一点就已证明艺术具有反对天主教的性质。波利齐亚诺更

加喜欢宾达的抒情诗,而不大喜欢大卫的赞歌。红衣主教皮·本博[①]警告人们不要阅读保罗的作品,他甚至仿效某些人的办法,要

370 人们不要阅读《圣经》和他的祈祷书,以免损害他的优美的拉丁文体。教皇列奥十世的审美感也没有给天主教会带来有益的影响。

对艺术的态度是如此,对科学的态度也是如此。真正虔诚的教徒是鄙弃科学的。在帕斯卡尔的文件中,我们发现他写的一条注释:"要著文反对那些过于深入研究科学的人:笛卡尔。"说得好极了! 因此,真正虔诚的宗教感只同意 effleurer[表面地涉猎],而不同意 approfondir[深入地钻研]科学,只钻研那些肤浅表面的知识,即那些不必认真对待的知识。而且,科学与真正的天主教虔诚信仰的精神或理想的矛盾(我们应当坚持的只是这一点,而不是其他某种经验现象),已经充分地表现在:在这种精神看来,科学一般说来属于尘世之物、世俗之物,因而不属于永恒天国之物,它是不必要的、多余的。既然天堂对人敞开着大门,谁会从事世俗的事情呢? 谁会不愿意与圣徒、圣灵、天使交往,而愿意与世俗的作品,甚至与动物、植物、石头打交道呢? 如果一个人已经品尝过天堂的甘露,他怎么会喜欢尘世间生长的科学之果的滋味呢? 谁会否认这样平凡的食品是不合他的爱挑剔的胃口? 一般说来,在科学对于最高利益只具有一种无关紧要的和表面的意义的场合下,它是不会使人感兴趣的,至少不会使那些恰恰以这种最高利益为其利益的人感兴趣,然而只有这些人才起着决定性作用。在科学与天堂

---

① 安格洛·波利齐亚诺,生于 1454 年,1494 年死于佛罗伦萨,著名的人文主义者。红衣主教皮特罗·本博,1470 年生于威尼迪希,写过该地的历史;1547 年去世,当时担任贝加莫的主教,他对意大利语的形成作过贡献。——德文版编者注

之物、神圣之物相比一般说来只是某种尘世之物、世俗之物的场合
下,科学只具有游戏的意义,消磨时间的意义,科学工作至多只是
一种次要的活动。人们只是在空闲时间从事的工作,就只是一种
次要的工作,一种不属于人的真正使命、不构成人的本质规定性和
活动的工作。当只有某个种类的科学或者某门关于一个特定对象
或特定内容的科学得到认可的场合下,一般的科学,即科学本身就
只能具有这样的意义;因为,在这种场合下,科学之所以有价值,只
是依赖于某种对象,而这种对象没有必要把科学当作自己的藏身
之所,它甚至更多是通过纯朴的、虔诚的信仰而受到赞扬;科学本
身是没有任何价值的。在科学只是依助于某种特定的神圣内容才
获得认可的场合下,科学活动就被说成是一种世俗的活动(不论是
大声说出还是默然同意,这都无关紧要),而作为这样的活动,它对
于虔诚的宗教感来说就是一种应被禁止的、腐化的、该遭谴责的活
动,一种与虔诚的宗教感相抵触的活动。只是科学所研究的题材 371
掩盖了这种矛盾,把它包裹在一种神秘的黑暗之中;可是,一旦科
学活动越出这种题材的界限,这种表面上的和睦便消失了,矛盾又
显露出来。不言而喻,神圣的天主教神学既不会与天主教的宗教
感相矛盾(过去,人们仅仅从与这种宗教感的关系方面去考察科
学),也不会与天主教会相矛盾,天主教神学出于某些显而易见的
原因不能没有它们,科学则与它们的精神和本质相矛盾。在早期
(我们只有根据那个时期才能知道,什么是真正天主教的,什么则
不是,因为当时教会还没有像后来那样世俗化),例如在拉巴纳·
毛尔的那个时期,大家知道,如果在人们心里出现对科学的欲望
(这种欲望当然不是产生于天主教,而是产生于人的生而固有的需

要），那么，仅仅为了神学或教会的利益，科学是会获得许可和赞助
的；而神学利益或教会利益本身可以说并不是正当的。因此，人们
为了圣诗中各种各样的诗篇而研究和重视韵律学，为了与异教徒
争论而研究和重视辩证法，为了了解数字中包藏的秘密，为了了解
《圣经》中出现的量和数而研究和重视算术，为了弄清楚在有关诺
亚方舟和所罗门寺庙的报导中提到的长度而研究和重视几何学，
为了便于教会计算时间而研究和重视天文学，为了使宗教礼拜显
得严肃和庄重而研究和重视音乐（艾希霍恩：《近代欧洲文化和文
学通史》，1799 年，第 2 卷第 41 页）。因此，修道院"把古代写在羊
皮纸上的法典擦掉、挖下和剪去，以便在上面写上赞美诗、弥撒和
祈祷书"，这完全符合这种使一切服从于神学的精神，可是，这样一
来，"修道院给古典文献造成了不可弥补的损失。早在 1772 年，布
隆斯在梵蒂冈的图书馆中就发现利维和西塞罗的演说词有一大段
被擦去了，而写上托比亚的短文"（参见朗格：《论修道院的功
绩》①，《索胡罗尼聪》杂志，第 3 期）。"许多过禁欲主义生活的人
宁愿"抄写古代的手稿，而"不愿从事其他手工劳动，因为这种抄写
工作能够同时使肉体和精神感到疲倦"（艾希霍恩：向上书第 26
页），这种情况也是很能说明问题的。有些人往往赞扬修道院，说它
们对科学作了贡献，这种赞扬是多么没有批判力啊！一位在创立关

372

---

① 卡尔·亨利希·里特尔·冯·朗格，生于 1764 年，1835 年死于安斯巴赫。他
是一位杰出的政治家和历史学家，为反对德国可恨的恶政进行过不懈的斗争。在他的
文章中提到的保罗·雅各布·布隆斯，是他同时代的一位很有名望的《圣经》研究者，
1743 年生于荷尔斯泰因，其后在赫尔姆施泰特和哈勒任教授，1814 年死于哈勒。《索胡
罗尼聪（Sophronizon）》是 H. E. G. 保尔在 1819—1835 年间出版的一本杂志。——德文
版编者注

于古代文献的科学方面作过很大贡献的本笃教派修道士让·马比雍(培尔的同时代人,生于1632年,死于1707年),在他的《论修道院中的科学研究》(巴黎,1691年)中说,僧侣们从事科学研究是否合法的问题,是一个多次反复讨论的老问题。马比雍承认,修道院按其本来的规定,既不是学校,也不是研究院;毋宁说,它们是鄙弃尘世的,从而也鄙弃世俗的艺术和科学,而应当只致力于研究《圣经》,然而,没有科学,它们又达不到此目的。第四世纪修道院生活的主要倡导者帕霍米和巴希里早已命令他们所管辖的修道士不仅要研究《圣经》,而且要研究教父们的著作。马比雍接着说,修道士有时必须用学习和抄写图书的工作来代替手工劳动。这样一来,既能阻止修道士们的懒惰(本笃教派为了阻止修道士们的懒惰而要他们从事劳动),又能使他们的头脑免受有害思想的影响。修道士们也不能完全不研究世俗的著作,因为这有助于他们理解《圣经》。可是,修道院的生活无非是一种预先设想并在尘世中实现的天堂生活,这种生活就是天主教以及一般说来基督教的目标和理想。因此,修道士们对待科学的态度代表了一般天主教徒对待科学的真正态度。

亚里士多德在中世纪的遭遇也是值得注意的,而且是特别有代表性的。起初,亚里士多德的著作也受到禁止。1209年,他的《形而上学》至少在巴黎开始为人们所知晓,可是,按照让·德·洛卢阿(与培尔同时代的另一个天主教士,生于1603年,死于1678年,在巴黎大学讲授教会史和教规)的报导,同一年在巴黎举行的一次教士会议上已对这一著作提出谴责。在洛卢阿于1720年出版的著作《论亚里士多德在巴黎科学院的多变的命运》中写道,1209年规定,禁止阅读亚里士多德的《形而上学》或他的其他任何

著作,禁止写有关他的著作的文章,否则要受开除教籍的处分,因
为它们已经引起某些异端邪说,而且将来还可能引起其他异端邪
说。1215 年,罗马教皇的一位使节确认了这条禁令;除《形而上
学》外,同时还禁止阅读《论自然哲学》一书。但是,他采纳了亚里
373　士多德的《辩证法》,以取代在此之前使用的奥古斯丁的《辩证法》;
关于这一点,洛卢阿指出:奥古斯丁应该让位于亚里士多德,基督
教徒应该让位于异教徒(第 4、5 章)。格雷哥尔九世也于 1231 年
禁止阅读那些"关于自然的书籍",按照洛卢阿的说法,其中也许包
括《形而上学》,不过仅仅"在对它们进行审查并清除其可能带来危
害的错误之前"。1265 年,罗马教皇的一位使节再次宣布禁止阅
读《形而上学》和《物理学》,而且态度十分坚决。然而,1366 年,有
两位红衣主教不仅允许阅读这两本书以及亚里士多德的其他著
作,而且使之合法化;尼古拉五世不仅允许阅读亚里士多德的全部
著作,而且命令把它们重新译成拉丁文,以便更加易于理解它们
(第 9、10 章)。我们如何解释这些矛盾的现象呢?什么措施符合
于天主教的精神呢?究竟是应当允许还是应当禁止阅读亚里士多
德的著作呢?经验告诉我们:两种情况都存在。哲学赞同经验的
说法,不过作了如下这个重要的区别:诚然,允许研究亚里士多德、
从而允许研究科学(因为我们可以把亚里士多德看作科学的代
表),这是与那种与自身不一致、与自己的概念相矛盾、纯粹世俗的
天主教相一致的,这种天主教一旦在这个世界里取得合法地位,它
的生存得到保障,或者反过来说,它的生存受到威胁,而它的保全
自己的欲望又很强烈,它就可能把一切可能的事物与自身结合到
一起;可是,这种允许是与那种与自身相一致、忠于自身、坚持自己

的概念的天主教相矛盾的。托马斯·阿奎那被尊为圣徒,可是他对亚里士多德的著作作出注释,而这些著作当时还被罗马教皇列为禁书。即使人们认为这条禁令只适用于巴黎,或者用其他方式为托马斯·阿奎那作辩护,即使这种辩护也可能是有根据的,但是,下面这一点仍然是肯定无疑的,托马斯·阿奎那把异教的哲学与神学结合到一起,这显然是与格雷戈尔九世的禁令相矛盾的;因为,在上面提到的、洛卢阿所引证的那一段的前面,这样写道:在艺术大师没有受到惩罚之前,就不应当讲授普里斯希安的著作和采用亚里士多德的《物理学》。接着又说:神学院的老师和学生应当记住,他们应当尽可能很好地利用他们在那里学习的功课,并满足于将来不要成为哲学家,而要成为神学家,因而只能讨论那些仅仅从神学著作和教父们的论文中提出来的科学问题。因此,托马斯·阿奎那在元老院受到巴黎神学院的控告。在向他提出指责的那些过错中,374 还包括他宣称上帝不是无所不能的,上帝不能做违背自己的事情。一般说来,严格的天主教神学家都反对研究哲学,反对把哲学和神学结合起来。洛卢阿作了许多引证。例如,文岭蒂·弗雷里(他也是一位圣徒,生于 1346 年,死于 1419 年)说:"宣讲福音吧,因为,宣讲那些受到诅咒的人的学说,就会遭到诅咒。正如圣徒希罗尼姆告诉我们的,亚里士多德和柏拉图都在地狱中。"因此,如果有人否认:对哲学以及一般说来对科学的宽容是天主教与其自身的一种矛盾,科学活动一般说来是与天主教的本质不一致,经院哲学家的求知欲仅仅建立在对被禁止之物的向往之上,那么人们也不能不承认,僧侣们的奢侈生活以及其他所有一切与他们的使命相矛盾的活动,僧团的世俗生活以及他们的那些骇人听闻的、违背基本规章的行为,是与这些原则以及一般说来与天主教的原则相抵触的。因为,僧侣们的世俗生活在实际上表现出来的那种东西,从理论上,从天主教的神圣性的观点来说,就是从事世俗科学,从事一般科学。

科学的兴趣在任何地方都是一样的,它到处依据于同样的原因、同样的欲望,不论科学的内容究竟是神圣的,还是世俗的。因此,如果有人想把天主教徒为科学所做的一切看作天主教的功绩,那么这就无异于把天主教的主教们①的军事行动看作对战术所作的功绩;也许,许多主教可能作出了这样的功绩,不过我对此不大了解。当然,我们不想否认天主教会作为世俗的政权应当采取这样的行动,因为,正如红衣主教帕拉维希尼②所说(随便说一句,他的言论不是表示一个愿望,而是表示一个事实),如果教会应当像修道院那样组织起来,应当有一种庄严的身份和职位,应当表现出豪华的气派,以便通过一种外表的富丽堂皇景象促使不信教者产生敬仰的心情,那就应当肯定,教会也不能没有作为权力的最显著特征的宝剑,不过我们在这里不谈这个问题,只是从天主教的内在方面,从它的较好的一方面对天主教作些考察。从天主教的一些特殊的属性中,比从天与地、宗教之物和世俗之物的普遍对立中更加清楚地显示出:天主教精神和科学精神是两种多么相互抵触的、水火不相容的事物。这些属性是:奇迹,传说,崇拜古物,相信权

①　关于这一点,可参看培尔的《历史批判辞典》,条目"圣·希朗",注释 A.圣·希朗的修道院长,冉森教的一位大主教曾以一种相当奇特的方式写了一篇匿名的文章:《一些采用武力的主教所作的辩白》。

②　吉奥万尼·巴蒂斯塔·帕拉维希尼属于热那亚的一个名门望族,死于 1524年。——德文版编者注

威,对异教极其敏感(在这里,我们再次撇开天主教的政治方面,撇开它的独断专横和它的宗教裁判,而仅仅从它的温和方面对之进行考察)。在天主教中,对奇迹的信仰是一种绝对不受限制的信仰。经院哲学家说,全知全能者不可能做任何自相矛盾的事情;他们企图用这句话来给奇迹的创造划一界线。可是,这条界限只是对理智而言,而不是对信仰而言;不仅如此,这条界限还是从一种反天主教的、异教的、哲学的精神中产生的。创造奇迹不仅是上帝的特性,而且是圣徒的特性①。几乎没有一个圣徒不创造奇迹,他们不是在生前、就是在死后创造奇迹。诚然,在这里引证的里巴顿涅拉的较早版本中,没有谈到圣徒伊格纳修·冯·洛约拉创造奇迹,在那里解释说,为了证实圣徒确实是圣徒,洛约拉并不需要创造奇迹(第 5 册第 13 章),可是,在后来的版本中,他却创造了奇迹。奇迹是一个真正的圣徒用以证明自己身份的证书。即使圣徒伊格纳修没有创造奇迹,可是他的友人圣徒克萨维里却绰绰有余地弥补了他的这个缺陷。培尔在他的著作《文学界的新闻》中,对《克萨维里》这篇叙述这位圣徒的奇迹的文章作了如下卓越的评论:"决不可能在其他任何书中比在这篇文章中看到更多的奇迹。人们每前进一步,都会碰到奇迹;人们不禁要问:在自然过程和自然过程的中断这两者之中,究竟是哪一种情况应被看作奇迹呢?人们不知道什么是异常现象,什么是正常现象,因为前一种现象和后一种现象几乎同样地频繁地出现"(第 350 页)。培尔在这里针

————————————

　　① 　例如,路德在他的著作《反对新的偶像和旧的魔鬼》(1524 年)中,从那个使本诺主教升为圣徒的训谕中引证了如下这段话:"他由此不难想象,神的美德是神人所固有的。"他补充说,他们希望以此表明圣徒们也创造奇迹,而不仅仅是上帝。

对一种特殊情况所讲的话,也普遍地适用于天主教对奇迹的信仰。奇迹不仅在时间和数量上不受限制,而且在其对象和性质上也不受限制。修道士们把他们修道院的创建者的奇迹和行为与基督所创造的奇迹相提并论,或者甚至把前者置于后者之上(例如,参看培尔的《历史批判辞典》,条目"弗朗索阿·德·阿西斯",注释 N)。

376　但是,对奇迹的信仰,特别是对那种不受限制的奇迹的信仰,是与科学精神断然抵触的;在这种信仰占据统治地位的场合下,梦幻和真实、荒谬和理智之间的区别就不存在了。科学精神过于认真严肃,以致它不能欣赏那种只能激动儿童幻想的、稀奇古怪的闹剧。因此,如果一个人头脑里保存着对奇迹的信仰,而去从事科学、特别是自然科学,那他向我们提供的就不是科学的真理,而是极其愚蠢荒唐的梦想。奇迹是骗人的;它不仅使人在自己的感觉方面犯错误,而且使人在自己的理智、理性方面犯错误;它引导人相信,没有任何真理,一切都是欺骗和假象,或者至少产生这种信仰的后果。然而,正如对奇迹的信仰破坏甚至扼杀一切科学研究,特别是自然科学的意义和精神,同样地,对传说的信仰也扼杀着科学精神,特别是历史研究的科学精神。这两者是根本对立的。我认为历史开始于传说不再存在的时候;我所说的传说是就它的原始的、一般的意义而言,如果仅仅在提出某些条件和限制的情况下把传说理解为泉源,那么一般传说的精神就赋予传说以一种无限的意义,如像在天主教中确实是的那样(关于这一点,也可参看培尔的《历史批判辞典》,条目"帕佩斯",注释 G.和 L.)。传说和历史是相互更替的:在民众那里,由于缺乏其他传递史实的机构,或者由于对史实漠不关心,因此传说取代了历史;可是,由于人们确信传说的欺骗性,历史又排挤了传说。传说是美丽的梦想,历史则是赤裸裸的现实。传说对于它所叙述的情况是否符合事实并不关心;它是无所怀疑的;它经常处于心情愉快的状态,因为它对于谎言和真实、假象和本质之间的令人痛苦的区别毫无所知。然而,历史却是严肃认真和深思熟虑的,它持批判的态度和喜欢猜疑。一句话,这两者是绝对对立的。因此,每当历史精神出现在天主教之中的时候,它总是遭到极其强烈的反抗,因为它不可避免地要与传说发生冲突。阿贝拉尔由于宣称圣徒狄奥尼希·阿烈奥帕吉特不是法国的第一个使徒而被他的修道院的院长投入监狱。以前提到的洛卢阿由于他证明圣徒狄奥尼希确实不是法国的第一个使徒,圣徒马格达列纳从未来过普罗旺斯,卡美尔派的托钵僧不是发源于埃利亚,因此甚至在他活着的时候就获得了异教徒、宗教破坏者的名声(培尔:《历史批判辞典》,条目"洛卢阿",注释 F. 和 Q.。培尔在那 377 里指出,尽管洛卢阿已经使无数的人相信这些神话是毫无根据的,可是同样的神话、同样的滥用和仪式仍然像过去那样继续存在着。培尔接着又说:"基督教罗马的繁荣,与异教罗马的繁荣完全一样,都是依据于旧习俗的保存……圣·安托阿尼僧团的一位领导人说过,我们现在也要提防那些新玩意")。诚然,历史研究的精神在天主教的内部并不想反对一般的传说,而只是反对某个特定的传说(洛卢阿也只想否认虚假的传说,而不想否认传说本身),可是,在与特定的传说所发生的这种矛盾中,就表现出历史精神和对传说的信仰之间的普遍矛盾。一个人只要抛弃对一种传说的信仰,他也就抛弃了对一般传说的信仰;传说不是依据于检验,也不是依据于真假的区别,因而它也不能忍受任何检验和任何区别。它鄙视

检验和区别；它安乐于对自身的信仰；它只是依据于信仰，因此它
希望人们只是虔诚地、不加批判地加以接受，而且只能以这种方式
来接受。可见，在对真传说和假传说作出区别的场合下，对传说的
信仰和传说的精神就已经不存在了。这种区别只不过是理智的一
种诡计，理智想用这种诡计来掩盖它与一般的传说、与传说的本质
之间的矛盾。传说并不关心历史的真实情况，正如奇迹并不关心
现实的真实情况一样。对奇迹提出这样的问题：你发生过吗？在
奇迹看来，这是一个毫无意义的问题；同样地，只有一个已经不再
相信传说，已经与传说决裂的人，才会对传说提出这样的问题：你
是真实的吗？也就是说，你已不再是传说而是历史真实吗？然而，
正如奇迹否定了自然科学，传说否定了历史一样，对古物的崇拜和
对权威的信仰也否定了哲学。在把古老之物看作真实的象征，把
新奇之物看作异教的象征，而异教又被看作虚假的象征的场合下，
思维的根本条件、哲学的根本条件就被否定了。一般说来，在权威
的偏见占据统治地位的场合下，精神就不能作出判断。判断是精
神的基本力量；精神开始于判断；哪里没有判断，那里也就没有精
神。判断是精神的主权活动，是自由和独立的活动，是真正的精神
活动，是精神赖以成为精神的那种活动。因此，在偏见占据统治地
位的场合下，精神的泉源就不在其自身之中，在它那里只剩下一种
378　次要的、没有生气的活动，这种活动不外是从一些并非从它自身中
汲取得来，而是在它之前已经得到解决的论题中推出结论。在天
主教占据统治地位的时代里，三段论法和诡辩论术之所以具有意
义，其真正原因就在于此。三段论法和诡辩论术是精神在天主教
的范围内所能作的唯一的两种理性活动，在那里，精神至少还具有

力量和真实性,而不是假象和谎言。偏见是天主教所作的判断,对权威的崇拜是天主教的特殊本质,超出这个范围的事物就是反天主教的。因此,天主教使出全身气力反对科学的任何进步,反对任何独立的判断,反对任何新思想(例如,也可参看培尔的《文学界的新闻》,第191页)。巴黎神学院甚至曾经把对Q这个拉丁字母的正确发音看成是一种邪恶的异端。这件事看起来似乎不可思议,然而却有事实为证。培尔在他的那部词典“拉姆斯”这个条目中报导说:拉姆斯(又名比埃尔·德·拉·拉默,1515—1572年,加尔文教徒,巴托罗莫之夜的牺牲者之一。——德文版编者注)这位勇敢地反对经院哲学的战士,连同其他某些开明的大学教授,由于在1550年提出要对上述那个字母作更加准确的发音,就引起索邦的教授们的不满,他们说这是“一种异教的文法”,认为它对于正在成长的一代是一个巨大的危害。这个争论不休的问题被提交巴黎议会这个最高法庭,要求予以裁决。幸运的是,这个世俗的权力机关具有很高的荣誉感和正义感,它宣布这个文法上的异教徒无罪,同时允许神学院可以故意不把Q读作Kiskis,而读作Quisquis。下面还有一个类似的例子。在法国,有一位主教给与一个执掌祈祷仪式的牧师以停职处分,因为后者在念弥撒时没有像从前教会里通常那样念Paraclytus,而是念Paracletus。从11世纪起,天主教会里已经对某个希腊人提出的下述问题争论不休:究竟应当念Paracletus,还是念Paraclytus?但是,没有人敢于改变这个字的发音,“因为习惯上就是这样念的,不应有任何改变。”最恰当的一个例子是:1526年,巴黎神学院谴责埃拉斯姆,也因为他主张应当念Paracletus(培尔:《历史批判辞典》,条目“帕拉克列特”,注释

B)。伽利略在他的《关于世界体系的对话》(1635 年)中,对于经院
哲学家的这种难以置信的顽固态度,举了一个可贵的例子。威尼
379 斯的一位著名医生在一篇关于解剖学的讲演中用一些显明易解的
证据证明,最粗大的神经发源于大脑,只有一根像纤维那样十分纤
细的神经伸延到心脏;然后,他转向一个当时在场的逍遥派哲学
家,问道:是否他还相信神经发源于大脑,而不是发源于心脏? 这
个逍遥派哲学家,更正确一点说,天主教哲学家沉思了一会回答
说:尽管通过直接的观察已经令人信服地证明神经不是发源于心
脏,但是他仍然不能表示赞同,因为亚里士多德的著作中不是这样
讲的。

　　我说过:更正确一点说,这是天主教哲学家(当然,这也是一个
矛盾),因为,经院哲学家的这种顽固的对权威的信仰,如果不是天
主教对权威的信仰在哲学领域内的一种表现,那又是什么呢? 甚
至帕斯卡尔也如此严重地受到古代偏见的支配(不仅在宗教事务
方面,而且在物理学这样开放的领域内),以致他只能十分勉强地
怀着痛苦的惋惜心情,才抛弃了关于自然界害怕真空那个古老的
见解。因此,天主教精神恰恰由于它的这种对传说、古物以及一般
说来对权威的崇拜而成为一种依赖的和间接的精神(请允许我采
用这个抽象的表达),相反,科学精神则是一种直接的精神。天主
教在每个地方都把一个中介物置于主体和客体之间,甚至基督也
有他的代理人。科学精神则不能容忍在它与其对象之间有任何中
介物;科学开创于当人们从事物的本原中、从其原初的语言中去研
究事物的时候,这时,人不是从别人手中取得那种已经微微有点温
热的生命之水,而是亲自直接从其泉源中汲取生命之水。科学精

神在任何地方都要返回到原始的出发点，因为它本身就是一种原初的、原始的精神。可是，天主教则不是从原著中去研究事物；它满足于译本；正如经院哲学家不去研究自然界，而满足于研究亚里士多德的《物理学》，不去研究亚里士多德本人，而满足于研究亚里士多德的代理人，满足于那个被翻译过来的亚里士多德。因此，教会用拉丁文《圣经》译本代替原著，禁止偏离这个译本，这是完全合乎规律的，是与基督教的精神完全一致的。诚然，许多天主教徒都否认，他们没有因此而宣布这个译本是不可改动的，或者甚至认为它比《圣经》原著本身具有更高的权威。可是，培尔指出："许多天主教学者不懂得教士会议的意义，因为他们不能容忍人们认为在拉丁文《圣经》译本中还保留有错误。正如马里安纳所报导的，某些伟大人物由于有这样的想法，而冒终生被关进宗教裁判所监狱之中的危险。列翁·阿拉齐曾经提到红衣主教全体会议于 1577 年 1 月 17 日发布的法令，上面规定甚至连一个音节或一个字母也 ³⁸⁰ 不能偏离拉丁文的《圣经》译本"（《文学界的新闻》，第 131 页；还可参看第 333 和 610 页）。最后，从天主教对异教徒的那种强烈憎恨中可以极其清楚地看出，天主教精神是与科学精神相抵触的。科学比那种混杂的婚姻具有无比地强大得多的力量，足以消除或者至少缓和教派之间的区别。在一个被科学光芒照耀的心灵中，不可能保存宗教教派精神的狂怒心情。培尔在他的《文学界的新闻》中说："这里所说的不是宗教，而是科学。因此，应当抛弃一切使人们分成不同派别的因素，而只考虑那些使人们团结起来的因素，这就是文学界杰出人物的品质。从这个意义上说，所有的学者都应当把自己看作是兄弟……他们应当说：我们大家都是平等的，我们像阿波罗的子女那样被血统的纽带联结在一起。"科学就是这样讲的。普遍性、正义性和无偏颇性,这些是科学的基本要求。但是,天主教会却把仅仅为了教会的利益而站到它这个方面,并且相信只有教会才是正确的这一点,说成是天主教徒的神圣职责。在天主教徒看来,做人要正义,不偏袒任何一方,要对人宽容,要考察别人是否也是正确的,也就是说,要怀疑自己是否也有过错这样一些要求,是对他的信仰的侵犯,是对他的良心的伤害。可见,天主教徒处于下面这个左右为难的境地:要么他遵循科学的要求,但那样一来他就与天主教的要求、天主教的本质相矛盾;要么他遵循天主教的要求,但那样一来他就与科学的要求、科学的本质相矛盾,他用自己的宗教派性毒害了科学。

〔3〕〔第 128 页注〕圣徒安格拉·冯·福利格尼(死于 1309 年)(为了说明天主教在生理学和心理学方面的斗争,这里从培尔关于女巫和魔鬼的信仰的一篇历史哲学论文中引证一个例子),由于感性魔鬼的蛊惑,她不仅在心理上感到强烈的诱惑和困苦,而且在生理上也极其痛苦地感到诱惑和困苦。她自己说:"我在三处地方感到的肉体痛苦最轻。在这些羞于裸露的部分,火焰是炽烈的,我习惯于向真正的火焰求助,以便在我的牧师还没有离开我之前驱除掉欲望的火焰……可是,罪恶是如此深重,以至于谈论它也是有罪的。"魔鬼在她的肉体里激起的那种燃烧的欲望,把一切纯洁的形象、一切有德行的思想都从她的心灵里驱除了;由于这个缘故,她陷入一种绝望和愤怒的境地,以致她使自己的肉体遭受最残酷的惩罚,甚至往往接近于达到用牙咬伤自己的程度。她说,她受到许多魔鬼的折磨,"他们在她心中唤起一些使她感到憎恶的罪

恶欲望"。她遍体鳞伤,"而这些伤口都是魔鬼造成的;她没有一个肢体不曾遭到极大的伤害,她从来没有不感到痛苦的时候,她总是怀着某些痛苦的欲望……"培尔在结束这个苦难的故事时作了如下的评论:"神秘主义者在你们面前表现为世界上最幸福的人。因此,必须用许多例子才能使你们相信,他们并不是经常享受你们在他们的著作中看到的那种不可名状的美妙生活。"(《对乡下佬所提问题的答复》,第 660 页)A.布赫尔在《巴伐利亚的耶稣会士》第 1 卷第 112 页中,以及在培尔的《历史批判辞典》条目"马里安纳"注释 C 中,对耶稣会士由于持这种纯洁的英雄主义态度而自愿吃苦的情况,举了许多出色的事例。

〔4〕[第 146 页注]贝托尔德·亨里希·布罗克斯(1680—1747),是汉堡的赫尔曼·萨穆埃尔·欺姆马尔的社交团体的成员之一,他在其多卷本的押韵诗集《上帝那里的世俗欢乐》中写下这样的诗句:

> 我曾经怀着内心的喜悦,
> 注视那些五光十色的翅膀;
> 这的确是把一些珍奇之物
> 印刻在五彩缤纷的翅膀上。
> 人们完全有权利把它们
> 称为飞舞着的、栩栩如生的花朵。

转变时期的另一位受到上帝感悟的押韵诗人丹尼尔·威廉·特里勒(1695—1782,莱辛的同时代人,一个多产作家,以医生为职业),在他的《为证明基督教的真理和向无神论者与自然主义者辩

驳而写的诗篇》中,写下这样的诗句:

> 还有什么景象比那翠绿的丛林
> 以一种极其令人愉快的光泽
> 把最美丽的红色和白色交织在一起
> 更加使心灵为之一爽呢?
>
> 可是,当我的视线
> 由丛林转向花朵时,
> 我简直置身度外,
> 忘乎所以,
> 几乎无力描绘
> 这种壮丽的景象了。

382

> 因为,当我那永不疲倦的视线
> 转向那个丰富多彩的花圃时,
> 在我面前出现了
> 一个尘世中的天国
> 和它那五光十色的星辰,
> 我不仅感受到它们,而且可以拥抱他们。

*　　*　　*

〔费尔巴哈在他的第三章正文中引证了这里转述的诗句。出版者把它们排列在本书末尾的注释中,同时补充以上面这些传记性资料。关于布罗克斯,建议参看 D. F. 斯特劳斯写的一篇论述他的有趣文章(1862 年出版的短文选)——德文版编者注〕。

〔5〕〔第 149 页注〕再举一些关于神学如何限制自然科学的例子。"哥白尼对天体运动作了极其简明的解释,这些解释如果不与《圣经》相抵触,就可能被称为完全合乎教义的"(德·萨尔[①]的话,载于 J. J. 齐默尔曼的《圣经与哥白尼》,1709 年)。"尽管哥白尼关于世界结构的体系在目前已达到高度和谐的程度,有些人仍然接受托勒密的那个与整个自然界相矛盾的假说;他们之所以站得住脚,完全仰仗于《圣经》的权威。"这段话写在上述著作的第 17 页上。这一著作正是由于消除了神学家对这个体系的怀疑,证明哥白尼的体系是符合《圣经》精神的,甚至符合真正的路德教精神,因而有力地促使哥白尼的体系特别在新教徒当中得到传播。在亚当·埃德曼·米里[②]的《神圣的天文学》(格利茨,1708 年)第 53 页上写道:"由于哥白尼宁愿要理性而不愿要《圣经》,因此我们也可以不把这个体系当作真理加以接受。因为,它显然与《圣经》相矛盾,《圣经》中说星辰移动着而地球是静止不动的。"由于这个缘故,教皇保罗五世 1616 年在罗马谴责这个体系,说它是异端邪说。伽利莱·伽利略由于信奉这个体系,在宗教裁判所的强迫下,不得不公开宣誓,声明放弃这个见解,并且在三年时间内每周一次

---

① 克洛德·弗朗索阿·德·萨尔,1600 年生于萨瓦延,1678 年死于都灵,当时他是一个数学教授。这里附带提到的 J.J.齐默尔曼,生于 1644 年,死于 1693 年,他是一位神学家和数学家。——德文版编者注

② 亚当·埃德曼·米里,出身于福格特伦德,生于 1656 年,死于 1727 年,当时在维滕贝格大学任教。——德文版编者注

383　念七首表示忏悔的赞美诗。因此,《圣经》是神学的规范:《圣经》
上没有的,也不应当在自然界中存在。然而,奇迹是《圣经》的基
础,因而也是神学的基础。苹果恰恰掉在离苹果树不远的地方。
因此,神学必然把一切异常的或稀奇的现象,或者看作魔鬼造成
的,或者看作由于上帝的愤怒(这两者几乎是一样的)。路德说:
"对于那些精神错乱者,我的看法是,所有的傻瓜以及其他那些
失去理智的人,都受到魔鬼的折磨,或者被魔鬼所迷惑。……因
为,虽然医生把许多疾病归诸这种或那种自然原因,并且借助药
物的力量使病情有所缓和,但是,这毕竟表明他们对于魔鬼的威
力多么无知"(亚当:《路德传》,第 79 页;还可参看同上书第 139
页)。路德在一个关于魔鬼及其阴谋的讲演中说:"任何疾病都
不是来自上帝,因为上帝是善良的,他为每个人做好事,而是来
自魔鬼,为因魔鬼是一切不幸的祸根,他到处插手,制造事端,传
播鼠疫、梅毒和寒热病。""医生们认为疾病仅仅产生于自然原
因,并且力求用药物加以治疗;就这方面来说,他们做对了。但
是,他们没有想到,魔鬼是疾病的自然原因的操纵者,因为他迅
速地改变着疾病和原因,把热的变成冷的,把好的变成坏的。因
此,必然存在着一种定能医治疾病的最高药物,这就是信仰和祈
祷,正如一首赞美诗中所说,'我的命运掌握在你的手中'。"梅兰
希顿写道:"虽然癫狂或神经错乱有时产生于自然原因,然而,可
以肯定,魔鬼钻进了某些人的心里,在那里激起愤怒和痛苦;至
于这是否伴随着自然原因,那是无关紧要的,因为,这些人往往
不必服用自然药物,就能恢复健康。诸如此类的魔鬼般的事件
往往是未来事物的奇怪前兆。"(《书信选》,1565 年由其女婿卡·波

伊塞尔出版)。也有人这样地谈论梅兰希顿:"当出现日蚀的时候,他便中断自己的讲课,在讲堂上贴出布告,要他的听众为回避即将来临的危险而做祈祷。"上面提到的卡斯帕尔·波伊塞尔(1525—1602,医生)在他的著作《论预言的主要种类》(策布斯特,1591年,第356页)中说道:"古代的智者为了使人们的心灵得到安宁,摆脱对神的恐惧,力图用自然原因来解释一切。但是,我们不能赞同他们的做法,因为《圣经》向我们保证,自然界中的异常现象或者是上帝和天使造成的,或者是魔鬼引起的。"耶稣会士佩塔维(真名为丹尼·佩托,1583—1652)在他的著作《神学信条》第1册第10章"关于天使"中也同样地宣称:"在我看来,那些极其罕见地发生的现 ³⁸⁴ 象,那些不是按照明显的时间间隔出现的现象,例如彗星以及其他类似的现象,不外是上帝用以威吓人的灾祸的征兆,这些灾祸来自苍天,以便使人们受到恐吓,感到震惊。同样地,那些异常的、不常出现的日蚀现象也预示着某种灾祸。"伊罗尼蒙·维塔利斯(真名为格罗尼莫·维塔尔,1620年生于卡普亚,担任过天主教讲道团的讲道员,后来在罗马担任受俸牧师,1698年死于罗马)在他的著作《数学、天文学、几何学词汇》(巴黎,1668年)"地狱"这个条目中解释说:毫无疑问,波佐利的火山,那不勒斯的维苏弗火山,西西里的厄特纳火山,秘鲁的阿雷基帕火山,伊斯兰德的赫克拉火山,以及其他一些火山,都不外是一些入口,它们仿佛是地狱的烟囱(spiracula inferni)。因为,教会的许多圣父,如奥古斯丁、格雷戈里、贝纳尔、伊希多尔、德尔图良、博纳文图拉、彼得·达米安、贝纳尔鼎·塞伦斯等等,或者倾向于这种见解,或者明确地予以承认,因此,他认为只有胆大妄为的人才会否认那些喷火的火山是地狱的大门,造物主在世界上各个地方敞开这些大门,以便让人们看见世界上有那样一些地方,不信教者的灵魂在其死后就会在那里遭受惩罚,从而控制自己不去犯罪。维塔利斯还认为中层的空间是魔鬼们的住所(同上书,条目"空气")。而且,基督教徒普遍地相信魔鬼主要居住在空气里,因为《圣经》上已经写道(《写给伊弗塞人的信》,第 2 章第 2 条):"在空气中统治着的君侯们"。卡斯帕尔·波伊塞尔在他的那本刚才引证的著作中说:"魔鬼们主要以空间作为他们所管辖的领域,他们在那里飘扬翱翔,飞来飞去。甚至保罗也承认他们在那里的统治。"因此,基督教徒把暴风、旋风、雹灾、暴雨和火流星,简言之,一切令人惊奇的气象,都归罪于魔鬼或者与其有联系的人物。路德说:"唯一的一个固定不变而且肯定无疑的证明是:空气中的这些火的标记(即带火的和发光的陨石)……都是上帝或魔鬼做出来的。我不怀疑,那些跳跃的微光、飞翔的纸鸢和标枪以及诸如此类的东西,都是那些在空中嬉游的魔鬼的作品,他们或者用这些东西恐吓人们,或者用它们欺骗人们。"(注释,第 1 册第 9 章,"摩西",第 12—16 节)。培尔在他的《文学界的新闻》中提到《自然的怀孕器官史》(朗茨维德,1686 年)一书,在那本书中详尽地讨论了怪胎或胎儿的形成是否处于魔鬼的权限范围之内的问题。最后,这位作者对这个问题作了否定的回答;培尔补充说:"这个回答会使许多神学家不高兴"(第 625

385 页)。格茨①在他的《各种各样的有益之物》(1785 年第 1 卷第 209

---

① 约翰·奥古斯特·埃弗赖姆·格茨(1731—1793),汉堡的一位爱好争论的牧师的弟弟,虽是一位信奉正教的神学家,但对自然科学知识有兴趣。——德文版编者注

页)中,根据一个学识高深的神学博士的著作,谈到这位神学家本人把一切猛兽都看作是活生生的魔鬼。可见,神学是敌视一切合乎自然的解释的。勒阿缪尔把佩勒斯克[①]——人们把所谓血雨看作上帝愤怒的可怕征兆,而他则看作是昆虫的排泄物——举个例子,说明自然科学如何使人类摆脱那些毫无根据的恐惧;"特勒沃杂志"[②]的编辑们都立即对勒阿缪尔提出如下笃信宗教的批驳:"公众总是有理由惊慌不安的,因为它是有罪的;凡是使公众想起复仇的上帝所怀有的愤怒的事物,都决不是不好的题材,不论哲学上对此怎样无知。"正如勒阿缪尔所指出的,"为了激起崇敬的心情,他们不需要用一些精确的观念来累赘自己。"这些编辑们认为勒阿缪尔所证明的如下情况也是很坏的,即昆虫的变态只不过是一种假相,因而并不是复活的象征! 这种象征在教会烛光的照耀下通过它的运用而在某种程度上被神圣化了(《回忆录》,第 2 卷第2 部分第 61—64 页)。甚至自然科学家以及某些从事于研究自然的神学家,仍然受到这个观念的束缚。施拉赫[③]在他的《蜗牛的自然史》(1772 年,第 25 页)中说:"对于某些广泛流行的灾害,例如往往由蜗牛引起的灾害,归罪于时代、盲目的偶然情况以及其他某

---

① 尼古拉·克洛德·佩勒斯克,1580 年生于普罗旺斯的埃克斯,他在该地担任国会顾问,直至 1637 年逝世。他是法国文艺复兴后期的一位劳苦功高、大公无私的教育促进者。——德文版编者注

② 《特勒沃杂志》,是一些从事科学研究的耶稣会士在特勒沃(位于里昂附近)办的主要刊物,培尔经常提到它;在培尔死后,这个杂志对他进行大肆辱骂。——德文版编者注

③ 亚当·戈特利布·施拉赫,1724 年生于劳齐茨,新教神学家,在合理地养蜂方面作过很大贡献,1773 年去世。——德文版编者注

些原因,而没有看到复仇的天主的那双伸开的手臂,这就是说,他
们故意闭上自己的眼睛。"甚至哈勒也至少把畸形看作是上帝的间
接的、超自然的产物,并认为那种用偶然原因加以解释的说法是渎
386　神的(在这点上可参看施兰克①的著作,他在其著作《Fauna Boica》
第三卷"论畸形"中还处于神学的自然观和哲学的自然观之间)。
作出很大功绩的自然研究者(当然也是牧师)约·克·舍费尔②仍
然把毛虫造成的损失看作上帝的惩罚,但他同时又屈服于自己的
理性,因而陷于矛盾之中,以致他主张不能"完全从超自然方面,也
不能仅仅从自然方面去解释"这样的虫灾(参看他关于毛虫等的著
作,雷根斯堡,1752 年)。舍费尔与他的其他同时代人一样,也认
为自己对自然界进行研究是为了达到一个宗教目的。他从这样一
个神学观念出发:上帝在创造他的作品时只有一个意图,这就是使
自己显现出来,引导人们认识他的威力、善良和雄伟,并对之表示
惊叹。上帝使某些动物长出令人惊奇的角,某些角(例如,长在鼻
子上的角)长得如此奇特,如此醒目,以致谁也不会在这里看不到
上帝的威力。可是,上帝安置在某些小甲虫头上的小角又有什么
作用呢?这些小角是如此细小,以致只能为拥有特殊装备的眼睛
所发现,而长有这种小角的昆虫又是如此害怕光,害怕人,它们只
是在夜间出现,而且只选择那些最令人憎恶的地方、粪便甚至垃圾
作为自己的住所。在这里,虔诚的教徒不知所措了,他发现除了采

---

　　① 弗朗茨·冯·施兰克(1747—1835),在其中年放弃了他的教士职务,长期在慕
尼黑担任一个植物园的负责人。——德文版编者注

　　② 约翰·克里斯特·舍费尔(1718—1790),雷根斯堡的福音会牧师,同时也是一
位踏踏实实的植物学家。——德文版编者注

纳神学的惯用的出路之外,没有其他任何摆脱这个矛盾的出路:这
个出路就是宣称:我们的知识是有限的。英国人约翰·爱德华
兹①在他的著作《从对世界的研究……中得出的关于上帝和天命
的存在的证明》(伦敦,1696 年)甚至明确地说,上帝故意把自然界
中那些令人惊奇的现象(例如磁)的原因向人们隐藏起来,以便使
人们更加注意那个位于自然界之上并且创造出这一切奇异现象的
存在物。但是,如果说在古代的自然研究者那里,他们的神学局限
性带有纯朴天真的性质,因而甚至要求人们予以重视和珍惜,因
为,从客观上说,这种局限性是他们那个时代的产物,从主观上说,
它是一种真诚的、只是不了解宗教的限界而产生的虔诚心理的产
物;那么,现在的情况就截然相反了,我们现在已经老早超过童年
时代,如果人们还认为自然科学具有神学的目的,那么其特征已经
不是天真,而是傻气了。举例来说,如果有一位现代的——当然是
著名的——植物学家对 Plantago 的车前草作出如下解释:"许多₃₈₇
鸟都是靠这种植物的细小种子为生,因此,看起来,好像造物主让
这种植物主要生长在道旁和牧场上,就是为了让小鸟更加容易地
找到它们"(霍赫施泰特尔②:《通俗的植物学》,第 1 编第 127 页)。
圣徒托马斯·阿奎那对在经文中讨论的关于宗教的(或神学的)自
然观与哲学的(或自然论的)自然观之间的本质区别所发表的意
见,是很有意思的。他说:"人的哲学是按照事物的本来面貌去观

---

　　①　约翰·爱德华兹(1637—1716),大部分时间在剑桥任教,激烈地反对洛
克。——德文版编者注

　　②　克里斯蒂安·弗里德里希·霍赫施泰特尔,生于 1785 年,1860 年死在埃斯林
根。他从事教士职业,但对自然科学有浓厚兴趣。——德文版编者注

察事物,基督教的信仰则不是如此,例如,基督教的信仰所观察的
不是火本身,而是火如何表现出上帝的威严。因此,教徒和哲学家
对创造物的看法截然不同。哲学家观察按照创造物自身的本性应
当属于创造物的东西,例如火具有向上的倾向;教徒却只观察按照
创造物与上帝的关系应当属于创造物的东西,例如,创造物是上帝
创造的,并且服从于上帝……哲学家和教徒即使观察同一个事物,
他们也遵循不同的原则,因为哲学家是从事物自身的原因中取得
自己的根据,教徒却从最初的原因中取得自己的根据。因此,他们
也采用完全不同的方法;因为哲学家是从创造物与自身(secun-
dum se)的关系方面去观察创造物,从创造物出发过渡到认识上
帝,他首先观察创造物,然后观察上帝;教徒却仅仅从创造物与上
帝的关系方面去观察创造物,他首先观察上帝,然后观察创造物。
后面这种观察和处理的方法是完美无缺的,因为它类似于上帝的
认识方法,上帝就是通过认识自己去认识其他事物的"(《对异教徒
的反驳汇编》,第 2 册第 4 章)。因此,在中世纪,在宗教和神学占
据统治地位的那个时代,自然科学以及一般说来关于世界的科学
处于如此低下的水平,那有什么奇怪呢? 谁愿意用神的智慧去换
取人的智慧呢? 人的智慧是辛苦的和乏味的,与神的智慧相比只
不过是愚蠢和曲解罢了。既然我已经从上帝的话语中认识了上
帝,为什么我还需要从上帝的作品中去认识上帝呢? 既然我已经
从上帝自身中、从他自己的本质中认识了上帝,为什么我还需要
从创造物中去认识上帝呢? 与托马斯·阿奎那相类似,路德在
他对《摩西》第 1 卷第 9 章第 12—16 节的解释中,也谈到了宗教
的自然观和自然科学的自然观之间的区别。"亚里士多德……

也对彗星作过辩论,他认为彗星是空气中燃烧着的烟雾。可是,在我看来,下面这种做法更加可靠,更加明确:我们按照先天的 388 方式,即按照上帝最初的安排去讨论这样的事物,也就是说,如果上帝愿意,他就会点燃一颗彗星作为恐吓的象征,正好像如果上帝愿意,他就在天上显现出一条虹,作为仁慈的象征……一旦虹在天上出现,它就告诉全世界,上帝在愤怒时曾经让洪水摧毁整个世界,同时又安慰我们,说我们今后应当把它看作上帝将善良地和仁慈地对待我们的象征……因此,它同时教导我们:要害怕和信仰上帝,而这是最高的美德;哲学家却对此毫无所知,而仅仅谈论 de materiali et formali causa[物质的和形式的原因],即它是由什么形成和它自身代表什么。但是,哲学家不知道 Causam finalem[终极的原因],即上帝为了什么原因和什么目的而在天上显现出这样一个美丽的创造物,可是神学却揭示出这种终极原因。"我们从这里看出神学和物理学是怎样相互抵触的。物理学对终极原因毫无所知,神学对现象的自然原因也毫无所知。为了神学而去研究自然,这就意味着为了实现《圣经》上的奇迹治疗而去研究希波克拉底和加伦的著作。为了在自然界中找到神学,这当然需要神学,而绝不需要自然科学的修养和知识。毋宁说,像在其他一切场合一样,愚昧无知也是物理学的神学基础。

〔6〕〔第 151 页注〕早期的神学家几乎普遍地有这样一种看法:某些事物本身就是好的或者坏的,而不以上帝的自由意志决断为转移。他们把实证规律的本质和自然规律的本质区别开来,并且以如下方式规定这一区别,实证规律是正确的,因为这是上帝吩咐

的,自然规律按其本性而言就是错误的。他们说,即使上帝没有吩咐我们爱上帝和爱亲人,我们也不得不爱上帝和爱亲人,而这是合乎规律的(关于这一点,可参看培尔在《杂感续篇》第 152 节第 408 页等页上的引文)。可是,这个思想不是神学的思想,不是那种作为神学的特殊精神的表现的思想;同样地,托马斯·阿奎那的下述论断也不是他作为神学家提出的论断:即使上帝没有禁止说谎,甚至即使神不存在,说谎也是罪恶。毋宁说,这个思想是哲学或理性的许多启示之一,神学为了防止作出明显地不合理的结论(如果神学不对之加以限制,从神学的原则中必然会得出这样的结论),就不能没有这样的启示;这种思想甚至是一种与神学的本质相矛盾
389 的思想。因为,神学只能依据于实证的规律,外在的、短暂的天启就是神学的基础。因此,如果神学求助于自然规律,即那种永恒的、不依赖于意志的(意志总是表现为一种特殊的、短暂的活动)、以理性为根据的规律,那么神学便超越了自己的基础,超越了自己的观点。这种思想出现在神学之先,这不只是就其本性而言,而且甚至是就时间而言,因为在柏拉图的《游叙弗伦》(Euthphron)中已经出现这种思想:"虔诚信教之所以被喜爱,因为他是虔诚信教的,而不是因为他被喜爱他才是虔诚信教的"(Ed.陶赫尼茨,第 30 页)。

〔7〕[第 152 页注]对于哲学用以观察和解释的方法和神学用以观察和解释的方法之间的区别,再举一个特殊的例子。居斯米尔希①——他是一个作出许多功绩的学者,但也是一个有神学思

----

① 约翰·彼得·居斯米尔希(1707—1767),起初在边疆省份,后来在柏林执行其教士职务,对人口统计作过特殊贡献。——德文版编者注

想的人——认为语言直接起源于上帝；这是从语言是上帝的赏赐
这种观点中必然得出的结论，因为只有一知半解的人才会把自然
的发展过程与赏赐联系在一起。但是，赫德尔（他的职务是神学
家，可是他具有诗人的性格和精神，同时也是一个具有真正的自然
哲学才智的人）却承认语言具有自然的、人的起源。"语言是被创
造出来的！正如人成为人一样，语言也同样是自然地和必然地被
人创造出来的。"居斯米尔希对权利作了这些就他那个时代来说不
能令人满意的自然解释；这种证明即一般地从一个处于世界之外、
超自然的上帝中引出事物的证明，只是无知——对真实的，但因此
恰恰是唯一完满根据的无知——的表现。因此，人类在认识和科
学方面增长到什么程度，神学的范围也就缩小到什么程度，神学的
解释也就被自然哲学的解释压缩到什么程度。异教徒把通常的自
然现象看作是神的影响，基督教徒则仅仅把异常的、罕见的现象看
作是神的影响，可是这些现象到最后仍被承认为自然现象。在居
斯米尔希之前，在 18 世纪初，许多学者甚至许多哲学家（例如托马
齐乌斯），都把上帝看作是书法的倡导者。可是，当时出现了老霍
伊曼[①]，他在反驳书法具有超自然的起源时，除了举出其他理由外，
还举出下面这个有充分根据的理由：如果上帝是书法的创始人，那
就难于理解为什么印刷术不也是摩西发明的（参见他的《哲学家传》390
第 1 卷第 807 页）。神学在目前是这样想的：好吧，你们能够从我这
里夺去书法的发明权，然而，至于语言的发明权，你们是不能从我这

---

① 克里斯蒂安·奥古斯特·霍伊曼(1681—1764)，哥廷根大学教授，德国文学史
和学者传记的创始人。——德文版编者注

里夺去的,语言不可能具有人的起源。但是,杰出的赫德尔在1770年就已登上历史舞台,并从神学那里夺去了这个虚假的垄断权。

〔8〕〔第209页注〕正统派为了给自己辩护当然会这么说:只有上帝才能创造真正意义的奇迹,魔鬼所创造的东西虽然是处于自然之外,但不是超自然的(参看正统派瓦尔希的《哲学辞典》,1733年,条目"奇迹""魔鬼",第2541页)。但是,这种区别只不过属于神学为了摆脱它深深陷入的矛盾而采用的那无数的笨拙的诡辩,或者正确一点说,谎言。他们承认,魔鬼所起的作用,例如在迷惑人们方面的作用,绝不是自然的(参见瓦尔希的《哲学辞典》中"迷惑"这个条目),这种作用既不能从心灵中得到说明,也不能从肉体中得到说明,毋宁说,它与肉体的本质是相矛盾的。因此,它是一种反自然的和超自然的作用;因此,在上帝所创造的奇迹本身——我们撇开奇迹的目的不谈,因为这与奇迹这个概念本身无关——和魔鬼所创造的奇迹本身之间,是没有任何区别的。奇迹不外表示一种不受约束的随意专断的力量,一种绝对的力量,这种力量只能给予感性的人以深刻的印象,因而它本身只是一个感性的概念。奇迹不是一个精神的概念,它使上帝变成一个感性的存在物。但是,与上帝的奇迹一样,魔鬼的奇迹同样代表一种违反规律的和超越规律的力量。其次,神学家还把上帝的奇迹作为全能的产物与魔鬼的奇迹作为有限力量的产物区别开;他们说,魔鬼不能创造上帝所创造的那种奇迹,例如,魔鬼不能使死者复活,只能使死者看起来仿佛是活着的。但是,正如勒克莱尔克在他对《出谷记》的注释(第11卷第7章第36、37页,图宾根,1733年)中在谈到埃及人的魔术(有人认为魔术所造成的奇迹只不过是一种障眼法)时正确

地指出的，诸如此类的魔法与真实的活动一样，也同样是奇迹；即
使不谈这一点，也仍然不能从这种区别中看出，为何魔鬼创造的奇
迹要少一些，上帝创造的奇迹要多一些，魔鬼只能创造一些奇迹，
上帝却能创造任何奇迹；这并没有对创造奇迹的能力这个概念本
身作出任何区别。能力就是能力。"无所不能"这个补充词并没有
给予我比一般的能力这个词任何新的、更多的印象，它只是在量的
方面、而不是在质的方面丰富了我的知识。能力本身已经表示一
种不受约束、不受限制的特性。我所做不到的事情，魔鬼却能做
到，这对魔鬼来说就是没有限制的。无所不能也是有限的，尽管他 391
们把无所不能的界限移置到对象的本性之中，而把魔鬼的能力的
界限移置到它的本性之中（这也是一种可怜的诡辩）。但是，所有
这些限制对于能力这个概念来说都恰恰是一些外在的、并非从它
的本质中产生的限制。因此，在我看来，奇迹概念、能力概念中的
本质之物，既表示魔鬼的非自然的产物，同样也表示上帝的超自然
的产物。因此，魔鬼的活动（即使不是全部活动，不过这无关紧要）
毕竟也是真正的奇迹。诚实的神学家们直截了当地承认这一点，
狡猾的神学家们也间接地予以承认。关于这一点，可参看勒克莱
尔克的上述引文以及凯特沃尔特的《理智的体系》第 1 编第 5 章第
85、86 节。前面在第 383 页上提到的卡·波伊塞尔起初说，魔鬼
玩弄的是障眼术，魔鬼没有模仿上帝的奇迹的能力；可是，后来他
又说，魔鬼自古以来就力图模仿上帝，他想通过各种各样的魔术和
真正的奇迹使自己的罪恶念头得到实现，因此必须仔细地研究教
会的奇迹和魔鬼的奇迹之间的区别（《对几种主要预言的注释》，第
7 页）。尼古拉·雷米吉乌斯（天主教神父，16 世纪中叶生活在威

尼斯)在他的那本大谈异教和基督教的迷信的著作《魔鬼的阴谋》
(科隆,1596 年)中也把魔鬼的许多违反自然的和超自然的活动
(例如,把人变成动物),说成是障眼法,因为,正如奥古斯丁所说,
只有上帝才具有把一种自然物变成另一种自然物的能力,还因为
把人变成野兽是违背人的尊严和神性的;但是,他同样也说过,女
巫们接受动物的性格,表现出动物的形态,因此她们跑起来像狼一
样快,在夜间能够像猫那样钻进关闭着的房子里。"因此,我们必
须承认,她们模仿了自己扮演的那些动物的特性、能力和活动,直
至以令人迷惑的方式再现出现实"(第 2 册第 5 章)。可见,他为了
避免与其他一些明确的教义相冲突而在口头上否认的东西,他在
事实上却承认了,在其他某些情况下甚至明确地承认了。例如,他
在第 3 册第 12 章中说,某些具有魔鬼力量的人或女巫能够不顾他
们自己的自然重量而飞向天空,并穿过空气而上升九霄;我们不能
因为这在自然界中是荒谬的和不可思议的就加以怀疑。因为,我
们公开承认,自然界自身没有能力做这一点,所有这些令人惊奇的
392 和奇迹般的事物都是在违背自然界的意愿和期望的情况下发生
的,谁想把自然的原因当作这些事物的尺度,这就无异于他仿佛想
用手指去触摸苍天本身;因为人的理性不应当否认那些超越自然
规律和自然力量的事物。因此,难道魔鬼不也是超自然主义的
学者吗?难道女巫们在空中飞翔不也是一种超人的和超自然的
现象吗?奥古斯丁也认为魔鬼具有创造奇迹的能力(《上帝之
城》,第 21 册第 6 章)。虽然,与其他神学家一样,他在上述著作
第 18 册第 18 章中也说过,魔鬼只能在上帝所许可的范围内活
动,但是,这是一种空洞的限制,对事情的本质不发生影响。魔

鬼也只有在上帝的许可下才成为魔鬼,只要无所不能者愿意,魔
鬼也可能不再是魔鬼;可是,由于这个缘故,在神学家的概念中,
魔鬼的活动仍算是魔鬼自己的活动,它也是一种奇迹。耶稣会
士直截了当地认为魔鬼也能创造通常以为只有无所不能者才能
创造的奇迹。"魔鬼能够使一个在身心方面仍然是少女的女性
生出小孩来"(布赫尔:《巴伐利亚的耶稣会士》,第 2 卷第 363
页)。此外,也应当看一看卓越的巴尔塔札尔·贝克尔的著作
《妖邪怪异的世界》,(阿姆斯特丹,1694 年)第 1 卷第 22 章,他
在那里详细地谈论了魔鬼的能力和奇迹活动;不仅庶民们,而且
大多数学者,特别是他那个时代的神学家,都认为魔鬼具有这种
能力和活动。与我们这个时代一样,这些神学家也没有超过庶
民们的思想水平,区别仅仅在于:在我们这个时代,理性的概念
和信念下降到(所谓的)庶民们的水平;相反,在那个时代,庶民
们的概念和信念上升到学者们和一般上层阶级的水平。因此,
这两种奇迹之间的唯一的本质区别,仍然是目的不同而已。可
是,这种目的对于奇迹本身来说仍然始终是某种外在的东西,正
如反过来奇迹对于目的来说也始终是某种外在的东西。上帝的
奇迹与魔鬼的奇迹之间没有任何内在的、客观的、植基于奇迹自
身之中的区别,正如撇开目的不谈,在借助埃及人的魔术把水变
成血与把水变成葡萄酒之间没有任何内在的、本质的区别。因
此,笃信宗教的怀疑论者拉莫特·勒·瓦耶说得完全正确:"奇
迹在宗教中只有借助于由恩赐所支持的信仰才能被创造出来,
因此奇迹必然绝对地依赖于情感。既然情况如此,魔鬼和它的
助手们就经常创造出奇迹。因为,虽然只有上帝才能创造出真

正的奇迹,可是法老的魔法师们也创造出真正的蛇和真正的青
393 蛙……因此,在幻觉起着如此强烈作用的事情上,不应过于小心
审慎……有时,同一个奇迹既获得错误的宗教的认可,同样也获
得真正的宗教的认可"(《著作集》,第 9 卷第 363、364 页,巴黎,
1684 年)。因此,如果奇迹像真实地发生的那样发生,那么奇迹
便有了一个多么美妙的基础,那时只有在极其小心谨慎的情况
下,或者毋宁说只有借助于最空洞的诡辩学者的机智,才能在上
帝的奇迹和魔鬼的奇迹之间找到区别! 这条注释(1848 年)所
谈论的是对魔鬼的能力和存在的信仰,它对于人类的宗教史、文
化史或者毋宁说非文化史而言,是一个极其重要、极有教益的材
料。魔鬼论史是自然神论史的先声。正如人们起初否认魔鬼的
能力和作用,而不否认魔鬼的存在,直到最后也没有否认魔鬼的
存在。同样地,人们老早已经否认上帝的直接的、即事实上的、
真实的作用,而不否认上帝的存在,直到最近也没有触动上帝的
存在。正如现在对上帝的信仰一样,过去人们对魔鬼的信仰也
是如此神圣,如此合理,如此自然。在瓦尔希的《哲学词典》
(1733 年)中,巴尔塔扎尔·贝克尔的学说被称为"不信上帝的
和荒谬的",那里这样写道:"魔鬼具有能力,并且真实地运用这
种能力,这是真实的,任何一个有理性的人都不怀疑这一点。"正
如现在有人把无神论称为费尔巴哈主义,同样地,过去也有人把
反魔鬼论称为贝克尔主义。正如现在有些神学家和哲学家还在
谈论上帝和人的结合一样,在 18 世纪,神学家、哲学家和耶稣会
士也不会为提出如下问题而感到羞愧:魔鬼是否能够在肉体上
与人融合在一起并且生出小孩呢? 因为,"虽然魔鬼是精灵,它

没有任何肉体的特性，但是，可以看出，这种不纯洁的、淫荡的精灵（在《奥西亚》第 4 节第 2 行诗中是这样称呼它的），能够具有肉体，并且利用肉体来实现肉体的结合。"不仅许多有学识的神学家、法学家以及某些优秀的哲学家一致赞同地确认这一点，而且《圣经》上也加以证实，它在谈到某些善良的天使时这样说："他们确实以人的形象出现，与其他人一道吃喝"（瓦尔希：《哲学辞典》，第 1451 页）。正如从前对魔鬼的信仰以"魔鬼的妖法"的名义在刑法中起作用一样，现在，使我们这个时代感到耻辱的是，对上帝的信仰又以渎神罪的名义在刑法中起作用。但是，现在再也不会有为魔鬼论而殉难的人，同样地，将来在一个更加美好、更加开明的时代，也会不再有——至少在刑法上公开地——为自然神论而殉难的人。也许，在某些人看来，这样地把对上帝的信仰和对魔鬼的信仰相提并论，是一种真正的"渎神行为"。不过，我要向这些人指出，只是由于现代某些人的迟疑不决、一知半解和贫乏肤浅，才会把对上帝的信仰和对魔鬼的信仰之间的纽带割断。"在基督教徒中普遍认为，存在着许多魔鬼，存在着一个上帝；只有那些不相信上帝的人才不相信魔鬼的存在"（培尔：《历史批判辞典》，条目"卢格里"）。但是，这句话反过来说也是正确的，只不过前一种说法适用于和平时期，后一种说法适用于战争时期，即人们对魔鬼的存在发起攻击的时期。

〔9〕［第 210 页注］已经多次提到，只有那些使道德规律依附于上帝意志的神学家，才会主张那种完全不接受哲学或理性的任何暗示的、独特的神学原则。关于这一点，也可参看那位正统观念很强烈、但又非常理智的瓦尔希的著作。他在"道德性"和

"自然规律"这两个条目中,把经院哲学关于客观的道德先于上帝的意志的学说看作是错误的;在"规律"这个条目中,他把"教师们关于所谓永恒规律的老生常谈"看作是无稽之谈,并把"即使上帝不存在,自然规律毕竟存在着"的意见,说成是"荒唐可笑的奇怪念头"。(关于这个问题,也可参看莱布尼茨的《神正论》第 2 编第 173—183 节。)莱布尼茨在评论布杜斯①关于一切法律、一切道德规律都不依赖于事物的本性,"而依赖于上帝的专横独断的意志"这个论断时指出,这个论断"遭到我们的神学家们的严厉谴责,现在又被几乎所有的改革派神学家所唾弃"(《写给汉施的第 14 封信》)。尽管他使用了"专横独断的意志"这个刺耳的词,但是这并没有触及事情的本质。神学家们所赞同或拒绝的事物,并非经常是他们以神学家的身份加以赞同或拒绝的。应当严格地把从神学的特殊原则中得出的东西和从理性的普遍原则中得出的东西区别开来。意志,更正确一点说,随意独断的意志,过去和现在一直是神学的原则。在神学看来,道德规律的约束力始终仅仅在于上帝的命令。例如,路德说:"由于通过上帝的言词已经规定:你不应当盗窃,因此任何人动用别人的东西都是有罪的。但是,在埃及,由于上帝命令犹太人:你们应当设法找到邻人的钱并把它拿走,因此这就不是犯罪,因为上帝的命令和指示为他们的这种行为作了辩护,人们在任何地方和任何事情上都必须服从上帝的命令和指示"(《对摩西第一卷另一章的说明》)。实证的立法这个概念是最高的概念,因为,在这

---

① 约翰·弗朗茨·布杜斯,1667 年生于安克拉姆,维滕堡大学、哈勒大学和耶拿大学神学教授,1729 年死于戈塔,当时担任教会的顾问。——德文版编者注

方面,人们不应当被正统派关于内在的、自然的光或规律所说的话而使自己陷入迷途。立法的权利以及人们必须服从法律的根据,来自上帝对于人们的绝对权利,来自统治概念,或者来自无所不能这个概念,或者来自尽善尽美这个概念(这个概念总是与量的无限性概念、即雄伟和威力这些概念融合为一个整体),或者来自作为创造者、父亲和抚育者的上帝。简言之,善的内在力量,虽然其实是善的唯一力量,是善的无所不能的力量,却不被人们所知晓,而渐渐消失。伦理学没有任何伦理的原则。外在的立法者这个概念使人的精神和情绪与善相分离,把善的观念移置到法学的领域,或者更正确一点说,警察机关——即使是神学的警察机关——的领域,移置到外在的、仅仅是实证规律的领域;因此,顺便说一下,莱布尼茨的神正论在法律上的表述(Fr.施勒格尔在《雅典娜之庙》中对此作过嘲笑),绝不是像古劳厄尔博士所认为的那样(《莱布尼茨的德文著作集》,第 70 页等),仅仅来源于莱布尼茨曾经是一位法学博士,而其主要来源,一般说来是从纯粹法律方面去思考上帝的,这一点从人格这个概念中已经可以看出来①。关于正

---

　　①　关于这一点举几个例子。约翰·博迪努斯在《论共和国》(第 1 册第 156 页,1591 年)中说:"应当服从君王,不过首先应当服从不死的上帝,因为上帝拥有操纵世界上一切君王的生死的最高权力。"为了证明君王应当与其他任何公民一样地、甚至更多地以诚恳的态度遵守契约,他大声疾呼:"智者说得很对:如果上帝自己也必须遵守自己的诺言,那是多么令人惊奇啊! 在伊勒米亚哀歌中明确地写道:'把全世界所有民族召集起来,让他们对我和我的民族评判一样,是否我应当完成任何我没有完成的事情。'"18 世纪的法学家和哲学家达耶斯在他的《关于天国的一些想法》("道德学说",1762 年,第 3 版,第 613 页)说:"创造物只不过是使用者,他们的顶头上司却是上帝",他们"只是低级的指挥官,上帝则是他们的最高指挥官",他们"必须口服心服地按照上帝的意志去做一切事情,上帝是他们被允许使用的一切事物的直接的主宰者和所有者"。

统教义中所阐述的上帝在人类堕落时的行为,培尔举出一个善良
的母亲作为比喻,他说这位母亲是不会像上帝那样做的。勒克莱
尔克这位颇有学识而且甚至也很开明的神学家,却指责这个比喻,
说它根本不适用于上帝,因为那个母亲之所以那么做,是"由于福
音书规定她那么做"。对于这一点,培尔完全正确地指出:"母亲对
她的子女和对美德的爱,就足以使她反对子女的堕落"(《对乡下佬
所提问题的答复》,第 869、870 页)。可是,既然这个证明已经包含
在道德原则之中,像一般理解的那样,那为什么还要举这样一个次
要的例子呢? 梅兰希顿说:"哲学上,人们习惯于说:德行本身就是
它自己的目的,不应当为其他目的而去行善。可是,如果给德行提
出一个更高的目的,即为了上帝而去行善,这就更加正确,更加合
乎理性。约瑟夫为了服从上帝,始终是贞洁的。必须首先是为上
帝而行善,然后才是为了直接的和来自上天的酬报"(《伦理学要素
等》,维滕贝格,1559 年,第 39 页)。奥古斯丁在《上帝之城》第 19
册第 25 章中也说过同样的话(维夫编辑,他在此处的注释中指出,
安布罗西乌斯说过:"应当为善本身而行善")。大阿尔伯特也说过
同样的话(参见《大全》的第二部分,即关于上帝的奇异科学,第 16
篇论文,第 102 个问题,第 3 部分)。他在那里还作了这样一个区
别:"人们通常都是爱那种自身就是目的的事物;……人们爱那种
就其本性和本质而言已经包含它之所以被爱的原因的事物,这是
理所当然的。"接着又说:当然应当用这后一种方式去爱德行。可
是这种区别是一个没有根据的矛盾、一种神学的谎言:它打算给予
德行以应有的赞扬,可是它用右手给予德行的东西,同时又用左手
从德行那里拿回来(关于这一点,也可参看第 18 篇论文,第 116 个

问题,第 3 部分)。简言之,这个特殊的神学原则就是:必须不是为了德行本身,而是为了上帝,才去爱德行,才去行善;如果某些神学家把德行断定为目的自身,那他们的这种论断就与他们的神学原则相矛盾。然而,这个原则恰恰不是道德的原则,毋宁说是反道德的原则,因为它使人与德行相分离。如果德行不是它自身的目的,那么它自己就没有任何价值;如果我不是为了德行本身而去爱德行,而去行善,那么我爱德行和行善就是出于一个并不是来自德行本身,而且与德行格格不入,因而是不道德的原因。除了德行本身,没有其他任何德行原则;谁从德行那里拿走了它的那种使它成为德行的特性,谁也就从德行那里拿走了它自身。一个儿子出于对自己父亲的服从和爱而不说谎,那么,他虽然是一个善良的、听话的儿子,但还远远不是一个具有德行的人。他就其自身而言并不爱真理,也许他在内心深处甚至憎恨真理,可是某个第三者使他与真理相互和解,不过这种和解并没有消除这种内在的分裂。虽然上帝被设想为绝对善良、绝对神圣而受到热爱,但是,即使不谈刚才所说的这一切,在这种观念和爱中并没有对德行本身的认识和爱。对于某种德行所具有的合乎德行,合乎道德的爱,恰恰仅仅存在于德行自身之中,存在于德行的规定性之中。塞涅卡说:“善行就是其目的自身,人们行善仅仅是为了作为其目的的利益。我们诚实处事并不是为了其他原因,而是出于诚实本身”(《论恩惠》,第 4 册第 9 节)。这就是善行的唯一的道德根据;善行自身就是一个崇高的、神圣的活动。善行之所以是神圣的,并不是因为上帝希望善行或者上帝自身就是慈善的;倒不如说,上帝之所以是上帝,而不是魔鬼般的或其他自私自利的人,只是因为善行本身通过它

自身的神圣美德而成为上帝的美德。善的观念始终是它自身的先
验之物、尺度和法规；上帝没有把善的观念给予我们，而是善的观
念把上帝给予我们，我们是通过这个观念来思考上帝，而不是通过
上帝来思考这个观念。因此，如果我只是出于对上帝的爱而行善，
那么，我就不是出于对善行本身的爱而行善，就不是从善行的意义
上、从美德的意义上去行善；那么，我的善行就不是出于直接的动
机，出于纯洁的泉源；那么，我的善行的动机就会由于有某种中介
物而变得暗淡起来；对于这种动机，总是会有这样的怀疑：它究竟
是纯洁的还是不纯洁的？只有在自由地和公开地仅仅为了美德本
身而去爱美德的情况下，才能消除这种怀疑。因为，只有在你从道
德的角度去思考上帝的情况下，你对上帝的爱才是合乎道德的；否
则，你所爱的就不是上帝，而是"钉在十字架上的上帝的肋侧的伤
口"，或者是"十字架上空的小鸟"，或者是"没有受过割礼的基督"，
或者，如果你喜欢抽象一点，那就是你所失去的或你从未找到的尘
世欢乐的亡灵，或者，一般说来，那就是从你的隐秘的内心呻吟中
发出的，然后作为另一个世界的存在物以发亮的云状物形态从美
丽的幻想蓝天中照耀着你的气团。因此，你出于对上帝的爱而做
的事情究竟是合乎道德的还是不符合道德的，这始终取决于你的
上帝的伦理特性，取决于你对上帝的爱的伦理特性。因此，道德以
神学为依据，这只是一种颠倒过来的结构，一种宗教的幻想；基督
教徒的美德只是一种表面上的美德，因为，根据他们自己的供认，
这种美德不是出于对美德的爱，也不是为了美德本身，从而也不是
出于一种合乎美德的情感，而是出于对上帝的爱，也就是说，出于
对这样一个存在物的爱，这个存在物根据那个把人的一切个人利

益和激情集聚于自身之中的人格这个基本概念,自古以来就必然 398
在神圣性这个怕见天日的谓语的掩饰下,成为最自私自利的利益、
最不合乎理性、最不合乎道德的概念的藏身之所。基督教徒虽然
不像异教徒那样把肉欲加诸自己的上帝,可是他们认为上帝具有
愤怒、虚荣心、嫉妒心①、统治欲和自私心,简言之,具有各种狭隘
小气的、可鄙的情欲,人格却正是通过这些情欲而表现为人格,一
切邪恶正是借助于这些情欲而获得认可,它们在对人格的盲目崇
拜中有着自己的根源,我们大部分人至少仍在许多方面为这些情
欲而苦恼。例如,尽管决斗与基督的道德学说相抵触,可是,它与
基督教的那个独断的基本概念,即与人格这个概念却是完全一致
的。在强调上帝的人格的场合下,人格被神圣化了,人格本身成为
最高的概念。可是,在人格成为最高概念的场合下,客观的、合乎
道德的利益就必然屈从于个人的利益,甚至为后者而牺牲;这完全
符合上帝的意愿,上帝在处罚亚当以及他的后裔的时候,就是为了
他自己、为了他的荣誉而牺牲正义,而且,按照基督教神学家自己
的供认,上帝在自己的行动中仅仅以他自己、以他的喜爱为准绳,
而不以某种行为本身是否正当和善良为转移。在天主教中对圣体

———————————

　　①　例如,路德在他的布道演说(《福音书》,"三位一体之后的第十三个礼拜日",第
10 讲)中说:"上帝不能容忍我们对别人的爱超过对他的爱,尽管他允许我们对别人的
爱低于对他的爱。正如丈夫虽然容忍他的妻子爱女仆、房子、家具、家畜以及诸如此类
的东西,但他不允许她用那种对他的爱去爱除他之外的其他人。"有学识的福希乌斯
(1577—1649)在他的著作《论多神教的神学,或论偶像崇拜的起源和发展》第 1 册第 41
章中说:"妻子一旦与别的男人性交,或者哪怕只是思念这样的行为,她就犯了通奸之
罪;同样地,如果一个人为上帝以外的人牺牲,那他就犯了精神上的淫乱之罪。因为,
我们的上帝是喜欢嫉妒的,他不能容忍人们把对他的供奉转送与别人。"

遗骸的崇拜达到如此严重的程度,甚至于 1595 年在慕尼黑为玛利亚的头发和她的一段发梳修建了一座小教堂,在新教中这种虚伪的虔诚主要表现在崇拜救世主的肋旁的伤口或四肢上的伤口;这种种崇拜的最后根源都处于人格这个概念之中。在人格受到崇敬和神化的场合下,一切直接或间接地与人格有联系的事物就自然而然地,而且必然地也受到崇敬和神化。难道"歌中之歌"的歌唱者没有赞扬他所爱的人的肉体的某些部分吗?"为什么救世主、上帝本人被钉在上面受苦受难的十字架的某一部分不应有奇迹的特性呢?难道我们没有把我们个性的特性赋予我们所触摸的那些比我们具有更加敏锐感觉的事物吗?无论过去或现在,每当人格概念不具有这些后果的情况下,唯一的原因就是理性,理性总是夹在原则与其必然后果之间,以便通过否认后果来拯救原则。"①如果断言:上帝的愤怒、上帝的虚荣心、上帝对侮辱的敏感,是一些无罪的神人同形同性的现象,我们不应从原义上、而应从转义上去理解它们,那么,正如上面所指出的,这种论断不仅是可笑的,而且甚至是赤裸裸的谎言。只有那种力图采用各种各样伪善的诡计为信仰作辩护的人才会这么说,不过他们不是为信仰本身辩护,不是为宗教感辩护,不是为事情的必然性辩护。基督教的历史已经十分清

① 迈涅尔斯在《宗教批判通史》(1806 年,第 1 卷,第 364 页)中说:"在希腊人和罗马人那里,看不到起初在基督教徒中出现、其后从基督教徒传到回教徒中的那些圣体遗骸和那种对圣体遗骸的崇拜。"……"这种对圣体遗骸的崇拜几乎仅仅出现于信奉一神教的民族中。"不过,绝不能把对圣体遗骸的崇拜加诸天主教。《圣经》上早已说过,基督的衣服、使徒们的汗巾和其他衣物,都具有创造奇迹的能力。迈涅尔斯正确地指出:"根据这些例子,令人惊奇的不是有人对基督、使徒们和殉教者及其遗物进行宗教崇拜,而是这种崇拜没有出现得更早一些。"

楚地证明,而且已经用异教徒和渎神者的血确证,上帝的愤怒和虚荣心具有真正的而不仅仅是虚假的和想象的愤怒和虚荣心的各种特征和标记。使基督教人士永远感到可耻的是,这些观点甚至作为惩罚的根据被采纳到尤斯蒂尼安和马克西米利安的法典之中。例如,在尤斯蒂尼安的《法规续篇》第 77 条法规中写道:"即使对人的侮辱不受惩罚,对上帝自身进行侮辱的人却应加倍惩罚。正是这些罪行——渎神行为、不成体统的言词以及荒淫放荡的行为——引起饥荒、地震和瘟疫。"同样地,在马克西米利安一世于 1495 年针对渎神的人颁布的法规中,也把全国性的大瘟疫引为惩罚的根据,它认为人们的渎神行为促使愤怒的上帝对人们作出使之遭受大瘟疫的处分。甚至在 18 世纪的刑法学家中间,还能看到这样的观念。例如,在弗勒利希·冯·弗勒利希斯堡①于 1720 年对刑法的注释中写道:"在这些罪行中,渎神行为是最严重的罪恶,由于这种行为引起饥荒、战争、瘟疫和地震,使整个国家衰落和毁 ⁴⁰⁰ 灭。只要万能的上帝因此受到极大的侮辱,刑法学家就习惯于在另一些人面前惩办这种罪过"(《Anderter Tractat》,第 1 卷第 2 编第 7 页)。可是,基督教人士道德败坏的核心——对于这个核心,我们在这里只能简略提及,而不能详细阐述,尽管对此已预先作过必要的准备——在于基督教给予信仰的那种意义。只有信仰才能使人得到拯救;可是信仰不会不产生美好的结果(十分值得注意的是,美好的结果取代了美德),不带来美好结果的信仰是虚假的信仰。但是,即使不谈这里包含的诡辩,美德在它自己没有上升为原

───────────────

　　①　关于此人的更加详细的生平,迄今还没有查明。——德文版编者注

则的场合下,变成为次要的东西,它躲避人的视线和感官。美德只能存在于与活动于它占据首要地位的地方,而不能存在于与活动于它占据次要地位的地方。"或者是恺撒,或者是虚无。"对美德来说也是如此。伊壁鸠鲁学说的信徒们也说过:欢乐使人得到拯救;但是,欢乐不是没有美德的。可是,他们仍然有一个不道德的原则,因为他们没有把美德置于首要地位。塞涅卡提醒得很对:"有人说,欢乐不是没有美德的。然而,为什么要把欢乐置于美德之前呢?仅仅为了摆摆样子吗?……美德不能居于别人之后,它应当占有首要地位"(《论恩惠》,第 4 册第 2 节)。

〔10〕[第 210 页注]严格说来,上述那种思辨的、真正的无神论,仅仅在于否认上帝的具体存在。虽然无神论者在否认具体存在的同时也否认本质(正如一般说来,在论战和否决的场合下,人们在否认经验现象的同时也否认本质一样),可是这种否认还不具有原初的、真正的罪恶的意义,而只具有派生的罪恶的意义;无神论的特殊概念以及它在历史上的特殊地位,仅仅在于它否认具体的存在。无神论者不是由于他否认了上帝的本质,从而否认了上帝的具体存在,而是由于他否认了上帝的具体存在,从而否认了上帝的本质。上帝的存在是一个完全经验的概念。上帝是否存在的问题,在是否有一个上帝的问题中获得它的技巧上的表现;按存在概念来说,这个问题还在另一些和本题无关的方面,与是否有精灵、是否有魔鬼这些问题相一致。因此,关于上帝存在的问题是一个从下述意义而言的存在的问题:这种存在具有多数,具有许多同样的存在,具有真正的外在存在,就像我们之外的感性事物那样,简言之,它是一个关于外在地客观的、局部的、经验的存在问题,是

关于具体存在的问题。它是那样一种存在，这种存在包含有感性 401
存在的本质，可是不具有感性存在的标志，因此，按这种存在的性
质来说，只有感觉本身才是这种存在的保证人。这种矛盾是存在
（它按其概念而言是经验的对象）与现实的经验（这种存在还没有
表现出这种经验）之间的矛盾，而它就是无神论的基础。因此，无
神论所怀疑和否认的，只是那种按其本性而言可怀疑、可否认的存
在，它不否认神圣之物本身，毋宁说，它所否认的只是无神论的概
念，如存在概念实际上是的那样。因此，培尔说得完全正确：对上
帝的信仰本身恰恰依据于存在概念，它对人不发生影响，因为这种
信仰本身不是一种崇高的活动，不是一种精神的、道德的活动，而
是一种历史的、经验的、非神圣的信仰，这种信仰与对精灵和魔鬼
的信仰是一致的。从思维领域里引出一切关于上帝的具体存在的
证明，这种做法是错误的，因为这是企图从理性的内在的实在性中
推出外在的实在性，从精神中推出非精神性，从概念中推出非概念
性或事实性。因此，康德、雅可比、费希特为反对上帝的具体存在的
证明所提出的论据，不具有反哲学的意义，而具有真正哲学的意义，
因为这些论据依据于这种存在，而且在康德那里（部分说来也在雅
可比那里），这种存在与其真正的本质相反，仍然起着积极的作用。

　　〔11〕〔第 219 页注〕在培尔的许多卓越的评论和见解中，值得
提一下他对下述这种通常的区分所作的评论：信仰的神秘性虽然
高于理性，但不是与理性相对立的。莱布尼茨承认这种区分，并加
以保护，使之免受培尔的攻击；当然他是按照自己的方式解释这种
区分的。培尔说："我认为人们在这句话的前一部分中给予理性这
个词的意义不同于在后一部分给予这个词的意义，也就是说，在前

一部分中人们把理性这个词理解为人的理性,而在后一部分中则把它理解为一般的理性。因为,如果人们始终指的是一般的理性或最高的理性,那么,信仰的神秘性既不高于理性,也不与理性相对立,这都同样是真实的。可是,如果人们在这两部分中指的是人的理性,那么这种区分就没有坚实的根据了,因为最正统的教徒也承认我们不认为我们的神秘性是与哲学的规律相一致的。然而,我们觉得与理性不一致的东西,我们便认为它是违背理性的,同样地,我们觉得与真理不一致的东西,我们便认为它是违背真理的。因为,为什么不能像说神秘性高于我们脆弱的理性那样去说神秘性违背我们脆弱的理性呢?"对于所谓只有天然的、未开化的理性才不能理解神秘性这样一种见解,培尔正确地指出:"三位一体的神秘性对于路德的心灵来说并不比对于索赛纳的心灵来说更清楚一些。否认神秘性者和相信神秘性者之间的区别,并不在于前者比后者在神秘性中发现更多不可理解之物,而在于前者断定:神秘性不是通过天启得知的,因为它与理性概念相矛盾;后者则认为由于神秘性是通过天启得知的,因此人们必须抛弃哲学上的一切反对论据,并为了《圣经》的威信而牺牲那一切论据。"(《对乡下佬所提问题的答复》,第 833—834 页)

〔12〕〔第 230 页注〕我认为莱布尼茨是从宇宙的观点、理性的必然性的观点去为神学信条作辩护的。"既然上帝允许邪恶的存在,因此那个相对于其他一切计划而言最可取的宇宙秩序就一定是需要邪恶的"(《神正论》,第 2 编,第 124 节)。"上帝喜欢秩序和幸福,可是,有时出现这样的情况:局部中的混乱就是整体中的秩序……对邪恶的允许来自某种道德的必然性。"(第 128 节)在莱布

尼茨看来，无论道德的或肉体的邪恶都是自然的结果，都是从自身可以得到理解的结果，是某种不可避免的东西，某种与整个计划相联系的东西，就这种意义而言，它具有肯定的意义，它的确存在着，因为如果它不存在，就会出现更大的邪恶、真正的邪恶，简言之，它是某种应当存在的东西，它具有正当的根据，这样一来邪恶本身就不是邪恶了，当然这不是就局部而言，而是就整体而言。但是，这种观点恰恰是与神学观点相抵触的，按照神学观点，无论道德的或肉体的邪恶都正好与那种"从自身可以得到理解的东西"相对立，它毋宁是一种绝对不可理解的魔鬼恶作剧，一种令人厌恶的丑事，一条没有意义的、把账目划掉的线条，简言之，一种奇迹似的东西，因而也是一种只有借助于上帝的特殊的、奇迹似的和直接的活动才能消除的东西。相反，莱布尼茨的观点否定了这种特殊的、非自然的和超自然的拯救的必要性，否定了对这种拯救的需要。邪恶就其自身而言，亦即在上帝之前就已被证明是正确的；它自身中已包含对自身的否定，包含与自身的和解，这恰恰是因为它是一种自然的、有很好根据的、从最美好的世界的蓝图中产生出来的结果。相反，对于神学的罪孽来说，则没有生长出任何天然的药草，而需要超自然的援助。如果说莱布尼茨后来又把从神学的罪孽观点中产生的学说纳入他的计划之中并为之作辩护，那么这种情况的发 ⁴⁰³ 生恰恰是与他的观点相抵触的。神学家们诚然也说罪孽是预先规定了的；可是，他们没有什么都说出呢？罪孽是与上帝相抵触的，是违背上帝的意愿的；上帝十分害怕罪孽，罪孽伤害了他的整个神经系统；罪孽促使上帝如此恼怒，以致只有通过一种异常的活动，借助于他的爱子的血，才能使他平息下来；那他怎么会思考那种违

背自己意愿、违背自己本质的东西,并把它纳入自己的计划之中
呢?对罪孽的思考本身就已经是一种罪孽。谁把罪孽纳入创造世
界的计划之中,谁就是真正的罪犯,因为他可以说是头一个有了
罪孽的念头。因此,罪孽之所以出现于这个世界上,仅仅是由于
恶鬼的不可理解的恶作剧,而且是违背上帝的意愿,是上帝所不
知晓的,否则,上帝的愤怒和上帝的和解就纯然是一幕喜剧了。
但是,对于莱布尼茨给神学教义所作的辩解来说,无论在一般或
特殊方面,情况都是如此。例如,关于第四个神学格言(那里谈
到了继承下来的罪孽),莱布尼茨就这样地指责培尔:培尔把原
初的堕落设想为仿佛上帝在他愤怒的时候通过一种特殊的活动
直接把堕落灌入心灵和肉体之中,以便对之进行惩罚。然而,莱
布尼茨怎么能够把这种观念加诸培尔呢(仿佛这种观念是培尔
所固有的,然而它却是真正的神学观念)?莱布尼茨怎么能够忽
视培尔的见解恰恰是与神学教义,甚至与神学观点相抵触的?
他说,应当这样地设想:被禁止的行动通过它自身并遵循自然的
顺序就会产生这个可悲的结果,上帝禁止这个行动不是通过一
个随意作出的命令,而是因为在这里情况就是如此,好像禁止儿
童玩耍小刀那样(向上书第 112 节)。不是上帝的禁令所涉及的
对象,不是这种对象的危害或其他性能,不是的!罪孽本身,对
禁令本身的违犯,对神性本身的伤害以及由此引起的上帝的愤
怒,把人推向毁灭的深渊。这不是自然的活动,而是超自然的活
动,是一种直接的惩罚行动,只有激怒了的上帝的力量才能引起
这些巨大变化。路德在他对摩西第一卷第二章所作的注释中
说:"如果以为某种植物的危害性如此巨大,以致它可以使那正

在无限地增殖和蔓延的全人类日趋败坏,而且注定永远灭亡,那
么在理性看来这种看法是十分荒唐可笑的。但是,任何一种植物
或苹果中都不存在这样的威力或能力。诚然,亚当咬了苹果;可
是,事实上,亚当所咬的是一棵刺,它是上帝的禁令,是对上帝的违 404
抗。这才是这次灾祸的真正的和本来的原因,也就是说,亚当之所
以犯罪,是因为他违背上帝,他鄙视上帝的禁令而听从魔鬼的吩
咐。它是一棵既好又坏的知识树,它之所以是好的,因为它长出极
其珍贵的果实,可是上帝禁止摘吃这些果实,而人又不服从这个禁
令,于是它又变成一棵极其有害的树。"①培尔说,神学家们把痛苦
看作苍天恼怒的结果,苍天对人的堕落进行惩罚。他们认为,只要
亚当保持自己的纯洁无罪状态,那就无论痛苦,或者忧愁,或者其
他肉体的病痛都不会干扰他的幸福(《对乡下佬所提问题的答复》,
第 155 章第 828 页。同上书第 79 章第 658 页上还这样写道:"最
好是像大多数医生那样认为,那些对无罪的人类极其相宜的自然
规律,自从人堕落之后已经变成另一些不相宜的规律了。")。因
此,痛苦、疾病、死亡是罪孽本身产生的结果。亚当在堕落之前和

---

① 关于这一点,还可参看奥古斯丁的《上帝之城》第 14 册第 12 章和埃内斯蒂的
《神学手册》,1773 年,第 230—33 页。另一些神学家认为这个禁令具有自然的原因。
参见勒克莱尔克的《对起源的评论》。还有一些神学家试图把这两种观点调和起来。
早在 18 世纪,柏林的一个文科教授彼得·维洛姆就主张:"上帝不仅允许人堕落,而且
实际上预先注定人的堕落;上帝在预先告知他要惩罚的时候,假装一副神态;他由于对
自然界中必然的和不可避免的事物采取一种贤明的宽恕态度,因此他使惩罚具有一种
积极的外貌和色彩,以便使人更加注意自己的使命和自己未来的行为。"《对摩西圣经
中关于人类祖先堕落的记载的一些新看法》一书(戈塔,1788 年)的匿名作者甚至认为,
上帝把对人类祖先的惩罚看作一个完全必要的、自然的结果,这是上帝的教育艺术的
一个杰作。参见加布勒的《艾希霍恩的〈远古史〉第二卷导言》。

堕落之后都有一个肉体，可是堕落之前的肉体是另一种类型的肉体，一种十分奇异的肉体，即使有人把亚当从巴比伦的高塔上推下来，他的双腿也不会跌断，这个肉体迫切期望自己永远不会死亡，总之，老实说，这个肉体其实不是肉体。经院哲学的神学家们是一些非常诚实和忠实可信的人，他们不会对那些从自己信念中得出的结论感到羞愧，他们不像目前某些伪君子那样在自己的良知面前隐瞒真情，不会否认自己衷心相信的事物，他们之所以如此对理性感到新奇，只是因为他们是单纯而又坦率，他们之所以如此烦琐地研究信仰的对象，只是因为他们认为这些好像是真实的对象，是一些如此不容置疑的、昭然若揭的事物，就像在我们看来始终是经验的真理那样，因为他们的信仰是一种强有力的、粗野的、但又是天然的信仰，一种可以从自身中得到理解的信仰，而不是那种矫揉造作的、装腔作势的和神经不健全的东西，像现代那种骄傲自负的信仰那样。我说，经院哲学的神学家们花了很多工夫去研究这种肉体的某些神奇的特性。例如，在彼得·隆巴德的著作中这样写道："如果我们的祖先没有犯下罪孽，我们就能够像没有任何感性欲望的情况下，使肉体的个别部分（例如手和嘴）相互接触那样，使用性器官而没有任何肉欲"（《彼得·隆巴德的思想》，第二卷第 20 篇第 1 章）。而且，在奥古斯丁的著作中（《上帝之城》，第 XIV 册第 16—20 章），亦说过同样的话。大阿尔伯特对这个问题研究得更细致一些（《大全》，第 II 编第 14 论第 84 题）。在我们的处于原始状态的祖先的肉体所具有的许多奇异特性中，这里还提到了这样一种特性：即使有一块从高处扔下的石头打在他们身上，他们也不会感到任何由于重压或冲撞引起的明显疼痛。甚至早在 18 世纪莱斯①就说过:"在纯洁无罪的状态下,除了那个禁果之外,任何东西,无论是动物咬或者物体的冲撞,都不能损伤人类祖先的肉体,因而任何东西都不能在他们身上引起痛苦的感觉,人的肉体的全部脆弱性完全是由于吃了那个毒果而造成的"(参见加布勒的同上书第 50 页)。按照某些有声誉的基督教神学家的意见,原始人的肉体甚至不需要吃东西。与其他神学家的看法一样,托马斯·阿奎那的著作(《大全》,第 1 编第 97 题第 3 条)中也这样写道:"亚当的肉体不会失去任何东西,因为它是一个不会损坏的肉体,因此它也不需要用食物来补偿所失去的东西。吃东西并不是没有痛苦的,然而亚当的肉体是不会感到痛苦的。吃了食物之后,就要排泄多余的东西,而这是一种讨厌的事情,它对于原始状态的尊严来说是不相宜的。"那么,亚当不吃任何东西吗? 亚当的具有那些奇异特性的肉体如何变成我们的这个可怜的、必死的肉体呢? 不论莱布尼茨怎么说,这种转变是上帝的愤怒所产生的奇迹,正如拯救是他的爱所产生的奇迹一样。

〔13〕[第 233 页注]神学家们诚然也看出,为祖先的罪孽而惩罚子孙,这是不公正的。可是,在这个问题上,也如在其他一切问题上一样,他们借助一个精致的托词——或者正确一点说:谎言——来使自己摆脱教义与理性的矛盾。他们这样说:我们大家早已与亚当一道犯罪,当亚当犯罪的时候,这个亚当就已是全人类了。对于所有那些忧愁的人来说,这肯定是一个非常深刻的思想,

---

① 戈特弗里德·莱斯,1736 年生于西普鲁士,1763 年后任哥廷根大学教授,与莱辛作过多次论战,死于 1797 年。——德文版编者注

因为思想愈没有根据、愈不真实,便愈加深刻(关于这一点,参见彼得·隆巴德的《思想》第 2 卷,第 30 编,第 1—5 章;大阿尔伯特的《大全》,第 II 编,第 17 论,第 107 题,第 2 项,他在那里宣称:对于继承下来的罪孽来说,人遭受惩罚不是由于个人的罪责,而是由于自然的罪责。)。后来的神学家们也根据这个理由来为对人的惩罚作辩护(参见瓦尔希的《哲学词典》,"继承下来的罪孽"这个条目)。我还记得,在许多年以前,我在一个比较晚的神学家的著作中仍看到对这个思想所作的辩护,或者至少是对它表示赞同,尽管他不是与以前的神学家们那样为了同一个目的,即为上帝作辩解。但是,如果有人把我继承得来的肺痨,或者我痛苦地随时背在背上的驼背,或者我在儿童时期的恶作剧,算作我的罪恶,那他是否公正、贤明和理智呢?绝不是如此;这样做的只能是激情、愤怒和粗暴,而不是公正、道德和理智。然而,最妙的是,继承的罪孽以及它的全部神学后果,都和这个恰恰想使继承的罪孽合法化的思想一道被抛弃了。如果我们在亚当身上犯了罪孽,那么我们就已经在亚当身上为我们的罪孽受了惩罚,至少为 peccatum originale oder originans[原始的或原初的罪孽]受了惩罚,正如阿尔伯特所说的,这种原始的或原初的罪孽是一切罪孽的根本原因,是一切罪孽之母。如果亚当在这场悲剧的头一部分中是人类的代表,那他为什么在第二部分中不也是人类的代表呢?如果亚当的罪孽给我们带来恶果,那为什么他的痛苦、他所受的惩罚不给我们带来善报呢?亚当的罪孽是原罪,是人类的罪孽,不是一个人的罪孽;他是以整个人类的名义犯罪的;就算这样吧,但他也以整个人类的名义赎了罪;对他的惩罚是原始的惩罚,他的死是原始的死,是第一次死,是最可怕的死;它之所以是最可怕的,不只是因为它是第一次,是前所未闻的事件,而且因为他感到死是一种惩罚,因为他知道他不能不死。如果上帝心中还有一丝一毫的爱,那么这种死亡、这种无与伦比的死亡一定会使上帝受到感动,会使上帝与人类和解,因为这是一种具有普遍意义的死亡。这样一来,亚当就已经是我们的基督了。

〔14〕[第 234 页注]这里只举一两个例子来说明,异教神学家和基督教神学家在这个问题上的推论是一致的。帕斯卡尔的友人、志同道合者 P.尼科尔说(培尔在他的《历史批判辞典》中为尼科尔写了一个简短的条目):"为了一个人的罪恶而给那些与这种罪恶毫不相干的孩子们判罪,看起来还有什么比这种做法更加残酷吗?……必须按照教义的真理去断定这些教义是否残酷,而不是根据所谓残酷性的虚假观念去断定教义的真理性。上帝所做的一切都不可能是残酷的,因为他是至高绝对的正义。因此,我们应当对我们的一切探索划一界线,不要妄图按照我们关于正义和残酷的那些软弱无力的观念,去断定上帝做了什么或者没有做什么"(《对乡下佬所提问题的答复》,第 87、875 页)。说得清楚极了! 上帝所做的一切,即使那些最不正义的事情,都是正义的,因为上帝是最高的正义。他是最高的,这就是说,在那里,正义概念以及那些软弱无力的观念都消失了,正义和非正义的区别不存在了。另一些神学家也直截了当地宣称,就上帝而言,没有什么事情是非正义的或不道德的,上帝不可能犯罪,他能够做他所希望的一切事情,因为他不服从于任何法律(莱布尼茨:《神正论》,第 2 编,第 196、178 节)。加尔文教的教徒们甚至毫不迟疑地宣称:上帝虽然公开地(按照他表现出来的意愿)反对和禁止犯罪,但是隐蔽地赞

同犯罪(《对乡下佬所提问题的答复》第 842 页)。格雷戈尔·冯·里米尼[①]和其他某些经院哲学的神学家甚至说:上帝可能说谎话和欺骗人,也就是说,他可能不把他所想到和决定的事情告诉人们,例如,他借助先知约拿之口无保留地对尼尼韦的居民说:"再过四十天,尼尼韦将要毁灭。"因此,巴黎的一些神学家和哲学家对那个把上帝的诚实无欺看作确实可靠性的原则的笛卡尔,提出如下指责:"既然上帝蒙蔽了法老们,使他们变得冷酷无情,同时又向先知们灌输了说谎的才智,那你怎么知道我们不可能被上帝欺骗呢?医生为了自己病人的利益,经常巧妙地欺骗自己的病人;父亲为了自己子女的利益,经常巧妙地欺骗自己的子女;上帝怎么不可能像医生对他的病人,父亲对他的子女那样对待我们呢?"(《第二个异议》和培尔的《历史批判辞典》中"格雷戈尔·德·里米尼"这个条目)的确可以把对异教徒说的话说给基督教徒听一听:"他们比他们的诸神还要好一些;只有理性才能使他们不去干他们的宗教信仰、即他们的神的榜样积极地鼓励他们去干的事情。有人说,人受到上帝禁令的约束,而不是受上帝行为约束(这些行为只是在十分特殊的场合下才与上帝有关);这种说法是空洞无聊的托词。如果一个教师的行为与他给予自己学生的教导和戒规相矛盾,那么这个教师便是一个坏榜样。大家知道,行为对有感情的人所发生的影响,比教导发生的影响大得多"(参见奥古斯丁的《上帝之城》第 2 册,第 7 章)。关于上帝的行为所说的话,也适用于被基督教徒

---

　　① 　奥古斯丁派修道士,生于 13 世纪末,曾在巴黎任教一段时间,其后任该教徒的首领,死于 1358 年。——德文版编者注

看作虔诚信教的典范的圣徒们的行为。即使承认我们不会模仿——譬如说——亚伯拉罕的行为,甚至也不应当模仿,因为我们没有从上帝那里获得有关这方面的明确指示,可是这个例子本身已经否定了一切道德的概念和根据,使情感遭到彻底的败坏,它毫无保留地把服从统治者的意志看作典范,而不问禁令的内容如何,然而只有这种内容才能使服从具有合乎道德的、应当遵守的意义。奥古斯丁说:"可是,如果上帝发布命令而且他明确无误地宣布他的命令就是如此,那么谁能够把这种服从说成是犯罪,谁能够指责这种虔诚的顺从呢?但是,任何一个决定为了上帝而牺牲自己儿子的人,绝不会因为这种行为在亚伯拉罕看来甚至是值得赞扬的,就能够干出这种事情而不被指责为犯罪"(《上帝之城》第1册,第26章;还可参看第16册,第32章)。为什么不会呢?如果亚伯拉罕杀死或者决意杀死——这两者是一样的——自己的儿子而不犯罪,因为这是天主命令他这么干的,那么杀死自己的儿子就不是罪行了;仅仅因为天主没有这样命令,或者毋宁说如果天主没有这样命令,那它就至少不是实质上犯罪,而只是形式上的犯罪。这样一来,正义和非正义之间的一切客观区别都被否定了。而且,所有这些例子只不过是从实证论的根本罪恶中产生的一些个别的经验现象;因为,当伦理学以外的、实证的天启为根据的情况下,伦理学便早已失去根据;内在的标准消失了,凡是《圣经》上记载的东西都是真实的和正确的。那样一来,我们就可以用《圣经》来为一切可能的荒谬可惜的事情作论证和辩解,而且这不是由于缺乏用以注释《圣经》的技巧和诡辩,而是由于事情的本质。如果一个人为了某个外界的权威而不听理智和良知的呼声,那他就把自己扔给绝对的偶然性,否认自己具有任何的正义感、道德感和现实的理智,老实说,就把自己看作是一块 Tabula rasa[白板],它不作任何区别地接受人们写在它上面的一切事物。不论《圣经》上包含多少卓越的思想,但它作为绝对的权威,作为独一无二的天启泉源,就是最深沉的腐败堕落的根源,就是一个既不道德、也不合理的原则,就是偶像崇拜的根源,从更高的观点看来,这种偶像崇拜与天主教中对宗教遗物的崇拜一样,都是荒诞不经的。

409　〔15〕[第 246 页注]这里举出的例子是特别重要的,因为它们如此准确地揭示出神学的内在局限性和矛盾。起初,神学使上帝成为一种与其他任何一种局部的、有限的生物没有任何区别的生物,成为一种具有意向、打算、动机、主意以及个人的兴趣和激情的人;可是,随后它又立即否认它起初所说的话,而把自己隐藏在上帝是不能加以研究的、上帝是不能加以比较、不能加以规定的等言词之后。神学刚刚升到高处,又立刻降落下来,而且降得更深:它不承认自己的局限性;因此,当它打算上升到有限性的界限之上时,它也越出理性的规律之外,而滚入毫无根据的随意性和不受约束性的深渊之中。让我们引证朱里耶的一段非常有意义的话:“上帝在他的行为中,在他的命令以及在他的天意中,只有一个目的,这就是他自己的荣誉;由此可以推断:一、上帝天意中的一切安排都是正确的、贤明的和合理的,尽管从肉体的观点来看它们显得很严峻,而且与生物的利益相矛盾。二、无论在人的身上,无论在人的创造物中,都没有任何东西与上帝的东西相类似;存在、本质、思维的本质、意志、理性、自由、权利、正义以及其他与此类似的名词,都是一些含意模糊的名词,它们在上帝那里的意义不同于在人那

里的意义；因此，把上帝对人的行为和权利与人对其他人的行为和
权利加以比较，那是徒劳无益的；从这种比较中引出的一切论据都
是诡辩，都只不过依据于把两种根本不能比较的事物——上帝和
人，上帝的权利和人的权利——加以比较而已。三、可是，决定一
切的是上帝对一切创造物的最高权力，这种不受限制的权力应当
使人不去抱怨在天意的执行过程中使人忧愁焦虑的一切事物。"
（《培尔先生传》，德麦若，第 105 页；《词典》，1740 年编）。说得妙
极了！这些属于人的特性，也属于上帝，不过是就另一种完全不同
的意义而言（例如，正义指的是非正义，指的是独断专横的、无法无
天的全能），也就是说，"这是完全相同的，只是完全不一样。"但是，
如果有人从与某个术语的本来的、合法的意义不同的另一种意义
上去理解这个术语，例如，他在谈到上帝的愤怒时马上又补充说：
上帝发怒了，但这是一种没有激动、没有人的激情的愤怒，那么，这
个人就是在说谎和欺骗。然而，神学就是立足于这样的概念和术 410
语之上。因此，谎言，pia fraus①[虔诚的欺骗]便是神学的基础；自
古以来，神学就摇摆于下述两个极端之间：一端是极其卑下的神人
同形论，另一端是毫无意义的虚无主义。我们绝不能把作为上面

---

①　关于 pia fraus 一词，这里指的不是"frommer betrug（虔诚的欺骗）"的意思，而
是指其本来的意思，即他们从前所指的那种意思："……对于宗教狂热者来说，甚至曲
解、伪造也往往是习以为常的。"培尔说："全世界都知道，基督教徒把关于我们天主的
一些光荣的证据塞进约塞夫传中，他们采用了如此虔诚的欺骗，而这一点不是没有教
育意义的"（引自他的《文学界的新闻》中关于杜宾的"教会作家的新著"，第 575 页。关
于这一点，还可参看莱辛的《全集》，1791 年柏林版，第 6 卷，第 223，224 页）。因此，施
皮特勒早已正确地指出："在任何著作中都比不上在教会史中那样清楚地表述了人的
激情"（《基督教教会史纲要》，维也纳，1790 年，第 2 卷，第 170 页）。

引证的捷奥多尔·贝札的那段绝妙言词的基础的那种思想方式，看作是那个时代的影响，因为那段话无非是一般神学思维方式的一种素朴的自我供认，一种纯正的、天然的表露；按照这种思维方式，上帝是一个特定的存在物，因此他头脑里也必然具有特殊的动机，具有非常聪明地或者机灵地考虑出来的计划，具有特殊的打算以及诸如此类的经验之物。因为，我们在加尔文和贝札的一个同时代人那里，在意大利哲学家乔尔丹诺·布鲁诺那里，发现了一个多么纯洁、多么美妙的思想！如果神学家们的上帝作为一个特定的存在物，在创造世界时抱有一个特定的目的，那么，与此相反，在布鲁诺那里却这样写道："上帝在创造这个世界时，不是花费许多精力一个接一个地创造出那些特殊的事物，而是在一个单一的和简单的动作中创造出它们"（《趾高气扬的野兽驱逐记》，对话一，第67页）。如果说神学的上帝只是追求自私自利的目的，那么，与此相反，哲学家则声明下述想法是愚蠢的：上帝之所以需要尊敬、爱和敬畏，只是为了他自己，为了他的幸福，而不是为了人类的幸福。"诸神并不关心人们所关心的事情，诸神并不会因为那些仅仅为他们所做和所说的事情而激动，因为他们没有任何激情，从而他们也没有任何被动的欢乐和不快，而只有主动的欢乐和不快。他们之所以制定法规，并不是为了从人们那里获得荣誉，而是为了把他们的光荣告诉要死的人们。"因此，如果说神学的上帝仅仅在人的利己主义中找到他的相应的形象，找到他的特征性的表现，那么，与此相反，哲学家则仅仅是在那种对自身毫无所知的、单纯和纯朴性（semplicità）的美德中，发现神的形象（见同上书）。因此，只有哲学才超越了对神人同形论的偶像崇拜。如果一切哲学的回忆都与

基督教一道消失,那么基督教徒从一开始就会立即陷入极其严重 411
的偶像崇拜之中。德尔图良甚至认为他的上帝具有肉体。把上帝
看作是一种普遍的存在物、一种与特殊的、有限的存在物不同的存
在物;这样的上帝概念是一个纯粹的哲学概念。没有任何哲学的
宗教就是偶像崇拜,不论这种偶像崇拜可能具有什么特征。

〔16〕〔第246页注〕"我们的国王弗朗苏阿一世曾经在一群上
流人士面前大声宣布,他对新教如此恐惧,以致他甚至把自己的子
女献给上帝,他想知道那些上流人士是否受到这种时疫的传染。"
还有说得更妙的是:"我听说我们宗教里的一些显贵们背叛了我们
的宗教,他们从其家族的坟墓中拉出他们祖先——已去世的胡格
诺派教徒——的尸骨。……不久以前曾在罗马宣布,不允许一个
叛教者对他的祖国、对他的异教的双亲保持任何天然的感情:因为
人们不愿意让克里斯蒂娜皇后对瑞典王子的诞生庆贺。"因此,自
由思想家说得很对:为了使我们的激情受到约束,应当把宗教交给
我们,因为它"只会破坏我们从自然那里获得一点健全理智"(培
尔:《普遍的批判》,第110页)。"巴罗尼乌斯主教……曾大声疾呼
地为伊雷尼的弑父罪行辩护。宗教偏见已造成多大的罪行啊!宗
教偏见使人们失去天然的正义观点,以致人们不能把善行和恶事
区别开来。凡是有利于这些偏见的行为似乎都是好的,否则全然
是非正义的"(培尔:《文学界的新闻》,第356页)。但是,这一切诸
如此类的现象只不过是作为一种特殊原则的宗教的一些必然的、
特征性的表现,只不过是那种自以为超越了理性和道德的规律的
宗教的一些必然的、特征性的表现。

〔17〕〔第249页注〕培尔在他的《历史批判辞典》条目"朱彼特"

的注释 H.和条目"佩里克勒斯"的注释 K 中,收集了一些古代作
家论述上帝的仁慈的段落;在这里,培尔让这些异教的哲学家出来
说话,反对基督教的神学家。培尔为此所引证的斯特拉博的那段
话,特别有意义。这段话的拉丁文译文是这样的:Bene quidem
dictum est, homines maxime Deum imitari, cum beneficia con-
ferunt;rectius autem diceretur,cum feliciter vivunt,id autem fit
gaudendo,dies festos agitando,philosophando,musicam tractan-
do.["这话说得很对:当人们行善的时候,人们就在最大限度地模
仿着上帝;可是,下面这句话说得更加正确:当人们幸福地生活着
的时候,人们就由于寻欢作乐,由于欢庆佳节,由于从事哲学和音
乐而做到这一点。"]。塞涅卡的下面这句话:"寻欢作乐就其本性
而言就是美德所固有的"(《论愤怒》,第 2 篇,第 6 节),也与此类
似,至少通过推论可以得出同样的思想。甚至在莱布尼茨那里,特
别在他对沙夫茨伯利伯爵的著作的评论中,也能找到类似的思想。

412 真正的宗教就是纯粹的生活享乐,而对思维活动的享受则是最大
的快乐。因此,古代人在他们关于神的概念中也表现出他们到处
都遵守的那种智慧和正当的策略。当然存在着下面这个意大利格
言所说的那种善:"Tanto buon che val niente."["他善良到完全不
是善良的那种程度"]。培根把这句格言翻译为:"Adeo bonus ut
ad nihil bonus."但是,这些古代的智者只知道一种合乎理智的、实
实在在的善。因此,如果某些怀有成见的玄思者打算用否定性这
个对此毫无意义的套语来为上帝的愤怒作辩护,并把这个套语看
作是一个深刻的概念,那是可笑的;然而,如果有人想保护那些从
感情个性的渣滓中提取出来的宾词,其借口是如果不是这样,就会

把上帝想象得过于抽象，那么这种做法就更加可笑了。如果人们把具体性这个概念作为规定什么是真实而又神圣之物的尺度，那么，愤怒的上帝还不是一个足够具体的上帝，假如他不也是一个有血有肉的上帝的话。而且，如果上帝没有像我们这样也穿着衣服的话，那就甚至血肉这个词本身对于我们通常的观念来说也还是过于祖露、过于抽象、过于不自然了。没有什么比对抽象的否认更加导致头脑混乱，更加窒息真正的科学精神。哲学以及一般的科学在过去、现在和将来都永远是抽象的。如果你喜欢具体的真理和观念，那你去看芭蕾舞、歌剧和画廊，而不要打扰哲学吧！你不要从精神那里、从上帝那里索取生活所给予的或应当给予的东西！"上帝一无所有……上帝是赤裸裸的"（《塞涅卡书信集》，第 31 封）。因此，世上的财富不是真正的、能带来幸福的财富，或者说，不是那种在上帝那里不可能找不到的财富。塞涅卡就是这样推断的。但是，在感性的、平凡的异教徒看来，这样的上帝一定也不是充分具体的和肯定的。谁把具体性当作尺度，谁就把人的需要当作真理的原则，而人的需要是随着时代、民族、个人、年龄和性别的差异而相区别的。按照这个原则，修道女把上帝看作她的正式的未婚夫，并加以热爱，就完全做对了。在她看来，如果上帝不能满足她的贪得无厌的感性爱的需要，那他就是一个索然无味的人，一个"抽象的、否定的"、纯粹理性的上帝。在任何一个没有艺术感或者只有一点十分庸俗的艺术感的人看来，甚至有很高水平的艺术作品也是抽象的作品。我们所不理解和不喜欢的一切事物都是抽象的。但是，另一方面，如果有人把任何天才的言词，任何哪怕还颇有特色和深思熟虑的比喻，任何自由的思潮，简言之，任何关于精神和生活的活动，一概斥之为不科学，而认为科学仅仅出现于那些能看到某种千篇一律的色调和某种死板的客套的地方,那也是一种同样可笑的学究气。

413　　〔18〕〔第 257 页注〕在这里,绝不要把笛卡尔的普遍怀疑理解为他的沉思由以开始的那种怀疑,也就是他自己称之为夸张的怀疑、可笑的虚构的那种怀疑;诚然,如果我们注意到这种怀疑在笛卡尔那里所具有的意义,也就是说这种怀疑不外表示精神与一切不属于精神之物的区别,那么这种怀疑也是一种真理。我再重复一遍,这里是把笛卡尔的普遍怀疑理解为那种包含在清楚明白的概念之中的怀疑,清楚明白的概念与那些不清楚、不明白,因而没有经过怀疑的概念或观念是有区别的。谁打算获得清楚明白的概念,谁就要把怀疑当作一种必要的手段。笛卡尔的哲学建立在清楚明白的概念之上,因而建立在怀疑之上。没有怀疑,没有批判,就不可能获得清楚明白的概念。笛卡尔使哲学具有一种就其观念来说是真实的基础,因为他把哲学建立在批判之上。只有通过批判而建立的哲学才是真正的哲学。未经批判的哲学并不是哲学,不论它是多么方便和舒适。康德、费希特和黑格尔都走的是正道,尽管黑格尔的逻辑具有一种神秘的外貌,这种外貌是黑格尔在前言中赋予逻辑的,但黑格尔的逻辑是他的自由哲学精神的最纯粹的产物。可是,谢林的绝对主义,特别是晚期著作中的绝对主义,尽管它对自然具有鉴别力,却是哲学与其观念的分离。黑格尔的哲学是当哲学处于分离时期之内把哲学从其分离状态之中重新建立起来。在黑格尔的逻辑学中,最伟大的、真正属于哲学的思想恰恰是大多数反对者归咎于它的那种思想,也就是他离开主体的基础,即绝对之物的基础,去研究形而上学和逻辑的形式本身。但是,除了某些特殊的、历史的憎恶和反感对他发生干扰性影响之外,黑格尔还受到那样一种精神的熏染,这种精神给我们带来了哲学的衰败，随之也带来了在理论和实践方面的各种陈旧的迷信，简言之，带来了现代社会中的各种野蛮残暴行为。人们今天称之为思辨哲学的那种东西，大部分是世界上的那些最不干净、根本没有经过批判的东西。哲学只有一个基础，一条规律，这就是精神的自由、思想的自由。我们所需要的不是体系，而是调查，是自由的、批判的研究。你们不要对三位一体、肉体化身进行思辨的探索，也不要对你们由以诞生和教养的教会教义作论证，把它们说成是唯一真实的与合乎理性的，而要研究宗教的本质，研究它的本质特征和 ⁴¹⁴ 宗教教义的起源，不只是像唯理论那样只研究宗教教义的历史起源（唯理论恰恰由于这个缘故是片面的），而且要研究宗教教义的精神的、内在的起源。只有这种研究才会引起哲学家的兴趣，才会使我们有所进展。因此，笛卡尔的哲学给哲学提供了一个真正的基础，因为它是立足于批判活动之上，立足于清楚明白的、自觉的思维活动之上。因此，笛卡尔的哲学首先也摒弃了经院哲学家的那些模糊的、什么也不能说明的质和实体的偶性。然而，恰恰由于这个缘故，它也否定了所谓圣餐为耶稣的血肉这条教义的基础；诚然，笛卡尔自己试图对这条教义作一个与他的哲学相一致的说明，可是，这条教义只有在预先假定有一些独立的、与其主体分离的偶性的情况下，才是可能的和可以想象的。① 一般说来，笛卡尔的精神作为一种批判的精神，就是一种与天主教的精神根本对立的精

---

　　① 《在笛卡尔世界中的漫游》一书的作者在《新困难》(1694 年，第 73 页) 中说得很对："如果使理智习惯于把那些破坏我们的秘密——从而必然由此得出一种与我们的信仰相矛盾的东西——的事物看作是真实的、明显的、清晰的概念，那这就意味着不知不觉地为理智抛弃信仰准备了条件。"关于这一点还可参考于厄的《笛卡尔哲学批判》第 5 章，第 2 节和第 8 章，第 8 节。

神。谁点燃了怀疑的火种,谁就会使怀疑成为一场大火的起因,尽管这个人起初只是想使这场火去烧某个特定的对象。信仰的卑贱性和怀疑的独立性是不可能共同生活在一个屋檐下的。于厄和拉·莫特·勒·瓦耶想把虔诚心和怀疑精神结合到一起;这真是一个最不幸、最不真实的念头。不言而喻,我们可以随心所欲地对复数的怀疑施加约束和限制,可是不能约束和限制怀疑的原则和精神。信仰的时代往往也就是迷信的时代。一个人为了信仰的权威而牺牲自己的理智,他就会甚至对那些他可以自由处置而且与宗教权威毫无牵连的事物,也采取虔诚的、非批判的态度。一个人一旦信仰那些奇迹性的事情,像教会吩咐他信仰的那样,那么,对他来说,就没有任何事情,甚至那些本身根本不可想象、毫无根据和极其幼稚愚蠢的事情是不可能的了。如果在某个时代,甚至有一些极其虔诚的狗,它们虔诚地做弥撒,在斋戒日中怀着极大的真诚心情禁止自己吃一切肉食,同时又有另一些世俗的狗,它们对着教堂的墙壁小便,抱着真正狂热的心情咆哮,像 897 年在一个德国

415 修道院中的那群狗那样(培尔:《文学界》,第 639 页),那么这个时代就是一个真实的、完全的和真诚的信仰的时代。教父们既是信教的,又是迷信的。奥古斯丁在他的《上帝之城》中根据全能这个宾词:"上帝之所以被称为全能,正是因为他能够实现他所希望的一切"(第 21 册第 7、8 章),为各种各样的奇异事物作辩护。凡是你所希望的,也就是说,凡是你所能想象的,都是可能的。对这种迷信负有罪责的,不是你们把一切位于对象的本性之中的事物加诸其上的时代,而是信仰。一旦赤裸裸的事实战胜了概念,战胜了理智,战胜了经验的规律,如像在基督教及其奇迹性的信仰事件中发生的那样,在那种场合下就为各种迷信敞开了大门。因此,基督教

徒也必须容忍异教的奇迹故事，不能加以否认，像奥古斯丁在他的
《上帝之城》中所做的那样，因为，如果不是这样，他们也就否定了
他们自己的奇迹的可靠性。因此，如果有人谴责斯特劳斯，说他的
方法使得历史变得不可信了（其实，在未曾使用斯特劳斯方法的情
况下，历史早已如此），那么，反过来，我们也更加有权利用这个论
断来反对信仰奇迹：如果奇迹是可信的和真实的，那就可以从历史
上证明，甚至那些极其荒唐的奇迹，那些显然不可能的事情，例如
植物是从它的灰烬中产生的，都应当是可信的，因为它们已被"某些
历史的、可信的证据所证实"，简言之，如果信仰的原则是真实的，那
就没有什么是不真实的，理性和非理性、可能性和不可能性、事实和
虚构、历史和神话之间的一切区别都不存在了。可是，与天主教中
的情况相同，新教中的情况也是如此。我们的那些宗教改革者也是
一些迷信的人，也不能把他们的迷信算在他们的时代的账上。例
如，从上面第 383 页第五个注释中所引的路德的那段话中可以看
出，早在他那个时代已经有一些医生从自然原因中找出痴呆病和一
般精神病的根源。因此，那些打算把陈旧的信仰强加于我们的人
们，也必定会把陈旧的迷信重新强加于我们。这两者是不可分的①。

_____

①　一般说来，信仰和迷信之间的区别是很不稳定的。五十年前还是信仰的东西，
现在甚至被信教者看作是迷信了；现在还是信仰的东西，在下一世纪将被称为迷信。
一种迷信如获得大多数的支持，成为一种占支配地位的思想，从而被看作一种权威，就
会被称为信仰。相反，一种信仰如果不再起官方的作用，不再受当权者喜爱，就称为
迷信。新教和天主教之间的区别仅仅在于：新教中流行的是另一种迷信，新教用一种
抽象的、有学识的迷信，一种对《圣经》的信仰，来取代天主教的大众化的、感性的迷信。
因此，如果有一个新教王公起来反对"纸的天命"，那是十分古怪的，因为新教的原则就
是"纸的"上帝。可是，不言而喻，基督教的时代精神到处都只遵守原则，而抛开它所讨
厌的实际后果。始终一贯的信仰就是迷信。

416 信仰和迷信为什么一定如此呢？它们老早已是这样做的呀！例如，我们看一看1838年巴威略一家新教通讯周刊上一篇有趣的文章"基督教信仰的不宽容"中所引证的关于那些不可信的荒唐故事的例证。在该刊第180页上证实，有一个新教的考生甚至用如下的话回答洗礼有什么作用的问题（其他考生都不知道如何回答这个问题）："难道你们没有注意到孩童们都有一种信仰的倾向，他们多么喜欢相信一切事物，希望听各种各样的故事，以便满足他们的信仰倾向。这就是洗礼的作用。"信仰就是这样地使人失去理智！可是，正如信仰是与迷信紧密相连一样，因此，反过来，随着迷信的基础之被否定，信仰的基础，亦即那种依据于超理性的——或者正确一点说：非理性的——奇迹的信仰的基础，也就被否定了。一个人一旦抛弃经院哲学家的那些质、那些与他们的主体分离的偶性，那些对事物的同情和反感，简言之，抛弃对自然的神秘解释方式，因为这种解释方式给予他的不是清楚明确的概念，他已失去了理智，易于接受和适应像变体说之类的教义。可是，即使教义在他的头脑里找到一个位置，那他也没有为此所需的钥匙；在他那里，教义是一种完全没有意义的、与他的精神本质毫无联系的东西。

　　〔19〕[第262页注]当然，在笛卡尔的著作中，除了他用以明确表示他自己对天主教教会的忠诚和屈从的言论外，还有一些使天主教徒能在其中为自己的信仰找到根据的言论。例如，笛卡尔说，他不知道是否依靠上帝无所不能的力量能使两个相互矛盾的命题同时都是真的，是否可能只有山峰而没有山谷，因为对全知全能者来说没有任何事物是不可能的，一切都仅仅取决于他的意志。这样一来，笛卡尔就提出一个能够毫无困难地用以为各种随心所欲

地说出的命题进行解释和辩护的论点。但是,诸如此类的言论,也如其他许多确实幼稚的言论一样,并没有给笛卡尔带来特殊的荣誉,也没有表现出这位机械论哲学创始人的真正的精神和实质。在笛卡尔那里,诸如此类的思想并不是真理;否则,对他来说,Quali-tates obedientiales〔有关忠诚的质〕和经院哲学家的其他无数的质和虚构(它们都依据于这种全能),都不是虚构而是实在之物了。如果我们根据这类思想以及他对自己的虔诚信仰所作的保证,可以把笛卡尔看作信仰天主教的哲学家的典范,那么,我们也可以把马基雅维利吹嘘为真正信仰天主教的政治家。因为,难道在他那里没有出现过如此虔诚的言论! 例如,他在其著作《原理》第十一章谈论教会的公国时说:"在那里起支配作用的是一些更高的、人类理智所达不到的原则;上帝自己提出这些原则,而且给予支持;如果有人打算对它们进行探讨,那是一种应受惩罚的鲁莽大胆行为。"多么虔诚哟! 完全与笛卡尔的精神相一致。其次,在第六章中写道:"如果这一点还不足以对摩西作出判断,因为他仅仅执行上帝的命令,那么我们无论如何还是可以赞美他,因为上帝授与他以恩惠,使他有资格与上帝本人谈话。"后来的发展情况仍然表明,居鲁士、西修斯、罗牟拉斯这些极其有名的征服者的行动和特殊命令,与摩西的行动和特殊命令没有什么不同;最后,关于这四个人说了这样的话:"他们的命令在没有武力支持的情况下是不能持久的。"从这个意义上说,甚至瓦尼尼也是一个真正地信仰天主教的哲学家。与笛卡尔一样,他在其著作《永恒天命的剧场》(鲁格杜尼,1615 年)中也恭顺地屈从于教会的决断,并且哪怕仅仅被猜疑为具有极其轻微的不信仰,他也要为自己辩白。他甚至为自己读

417

过无神论者的著作辩护,他引证教父们的事例,说他在巴黎给特里登教士会议写辩白书的时候,他从罗马教廷的特使那里获得了允许他读这类书的命令。在他的这整本著作中,他充当了天主教信仰的辩护士,甚至与卡尔丹诺、彭波那齐、马基雅维利这些与他观点一致的人进行论战,他把这些人称为 Atheorum facile princeps〔无神论者的举止轻率的首领〕。他用奇迹和预兆来证明天意,甚至说上帝的石像预示了未来的事变。但是,当他用自然方式解释他的论敌用神秘方式所解释的那些作用和现象,或者直截了当地加以否认时,例如他反驳了"词和石头具有魔力"这个古老的格言,他自己的清醒的理智才十分清楚地表现出来。与笛卡尔一样,他也机智地把属于信仰的事情和属于理性的事情区分开。他说:"老
418　实说,灵魂不死是不能根据自然原则加以证明的,因为它是一个信条"(第 164 页)。无论如何,笛卡尔的信仰显然比瓦尼尼的信仰坚实一些,更应受到尊重,而瓦尼尼的信仰则可能有些虚伪。一个人可以既是一个虔诚的天主教徒,同时又是一个热忱的笛卡尔的信徒;克列谢利耶已经证明了这一点,"因为我不认为在巴黎有任何一个资产者比善良的克列谢利耶先生更加经常去做弥撒。他不仅认真地听弥撒,而且,就一位哲学家来说令人十分惊讶的是,他每逢节日吃过午饭后都去教堂,直到弥撒结束才回来,为的是能在那里多呆许多时间,听晚祷的赞美诗,或者听那些冗长的、通常并不动听的布道,特别是星期日在修道院里"(《文学界的新闻》,第 81页,第 9 条)。可是,笛卡尔学说和天主教之间的矛盾并没有因此而被消除。什么样的矛盾没有出现在同一个人身啊! 马基雅维利在他的《佛罗伦萨史》(第 8 册)中谈到洛伦佐·德·美第奇的性格

时就指出这一点:"在他身上存在着两种根本不同的个性,仿佛以不可理解的方式相互结合到一起。"一般说来,当一个人过早地与一种当时还受到尊崇的信仰决裂,而他自己的观点仅仅具有主观见解的意义,不过是一种未站稳脚跟的和未被认可的新奇事物时,信仰和思想的矛盾就是一种自然的结果。只有到后来的世代中,当这种思想变成信仰时,这种矛盾才能得到和解。思想以光的速度产生和发生作用,信仰都是以声音的速度产生和发生作用。

〔20〕〔第 265 页注〕为了说明一种历史地独断的信仰的外表特征,特别是一个认识到知识和信仰、真理和事实之间区别的思想家的信仰的外表特征,我们在这里援引培尔在 1699 年告诉他友人的下面这个文学新闻,不过现在它已是旧闻了:"有位名叫克赖的苏格兰数学家发表了一本拉丁文的小册子,他在这本书中计算了或然率的力量及其减弱的情况。他真诚地相信,我们根据一些可能接受灵感或没有接受灵感的人的证词而相信的一切,至多只不过是或然的。然后,他提出这样的假定:离这些证人生活的时代愈远,这种或然率也便愈益减弱。最后,他借助于代数算出,基督教的或然率还能持续 1454 年,其后就消失了,可是耶稣将在这次黑暗到来之前第二次降临"(第 237 封信)。有些人指责这个数学家,说他有反对宗教的倾向。这位数学家反驳他们说:如果他们对他的主张采取反对的态度,他们就不能研究他们的信仰的基础和本质。他说:"如果信仰不是一种从中等程度的或然性中产生而被我们看作某种真实原理的信念,那它又是什么呢? 如果信念产生于可靠性,那么头脑中产生的就不是信仰,而是知识了。随着或然性产生出信仰,或然性也就扼杀了知识;相反,可靠性则产生知识而

破坏信仰。因此,知识消除了怀疑的任何理由,而信仰却总是在头脑里留下某种动摇不定的东西。信仰如此受到人们的颂扬和奖赏,以致人们如果没有受到那一切使他们感到压抑的焦虑的干扰,就会笔直地走上美德和幸福的大道"(《对皮浪派的说明》,第 646 页;《辞典》第 4 卷)。此外,另一个英国人 P.彼特逊修改了克赖的计算,他确定基督教将不再被人们信仰而到世界末日的时间,不是再过 1454 年,而是再过 1789 年。(孔多塞:《对帕斯卡尔的赞扬》《全集》,巴黎,1804 年,第 4 卷,第 469 页)

〔21〕[第 279 页注]这里引一段话说明培尔怎样试图调和理性和信仰之间的分歧。培尔说:"理性教导我说,上帝是最完美的存在物,这样一个存在物所做的一切都是美好的。再没有什么比这个原理更加明显的了。理性其次还告诉我,一个善良的和神圣的存在物如果能够阻止罪孽和不幸的话,就不容许他所喜爱的生物陷入罪孽和不幸之中。我此刻向天启请示,发现上帝允许亚当和夏娃——这两个他所喜爱的、向他们赐于恩泽的孩子——失去他们的纯贞,从而使他们的所有子孙犯下无数罪行,而且其道德败坏到令人恐怖的程度。因此,我现在抛弃理性或自然之光的第二个原理;我把它作为虚假的和骗人的东西抛弃了,因为它与事实发生抵触,我根据我的第一个原理和《圣经》的证明承认上帝是善良的和神圣的。人们可能指责我,说我根本没有从《圣经》称上帝为善良的和神圣的那种意义上去理解上帝。我却回答说,我对于上帝所具有的观念或概念足以使宗教保存在人们心中,因为这个观念包含了善良和神圣这些普遍概念由以组成的那些基本要素的一部分。我借助这个观念认识到上帝是一个慈善的人,他倾听我们的

祷告,并且通过他的惩罚和奖赏表明,他是喜爱美德而憎恨恶习的。我承认我的观念是不完善的,因为我没有在这个观念中发现普遍概念的其他基本要素,但我仍然看出,上帝的善良和神圣是与 420 那些事物相容并存的,而按照自然的理性,这些事物却不能与这两种属性相容并存"(《格言与主题的对话》,第 20 页)。可是,即使不谈他在这里所作的这种没有根据的、机械的划分,如果我让赤裸裸的、愚蠢的事实对基本概念、对那个合乎规律的、必然的、与基本原则相一致的结论提出一种有法律效力的抗议,难道这不意味着否定理性本身吗?难道我没有因此而站到这样的立场上,即:允许我自己用一个谎言去接替另一个谎言,把谎言当作真理,把每件可耻的勾当当作正当的行为,把荒谬当作理性吗?难道我没有因此而站到盲目的、愚蠢的信仰权威的立场上,不论这种信仰是依据于教会的权威或圣书的权威,它的本质、特性和作用都是一样的?难道我没有因此而站到培尔在他的《哲学评论》和其他著作中已如此卓越地指出其空洞无聊的那种观点上?难道这个在其他方面如此敏锐的培尔会没有察觉这一点?这是不可能的。因此,这种折衷的、调和矛盾的做法,虽然与那个自相矛盾的、受外界历史条件和局限性限制并从这种观点进行考察的培尔不相矛盾,但与那个从其自身方面、从其原初的本性方面进行思考的培尔是相矛盾的。这种调和与其他任何调和一样,当然是一种自我欺骗,在他思想中只有信仰和理性的区别才是真实的。我们再考察一下培尔对地狱里的永恒惩罚这一教义的态度。在他看来,这个教义与理性处于直接的、真正令人恼怒的矛盾之中。"如果无限完美的存在物预先知道,那些自由的人一旦被他创造出来,就会由于他们的罪孽而永受惩罚,那么,最好还是不要把他们创造出来,或者不要让他们去滥用他们的自由意志,这比自己不得不对他们施加无止境的惩罚好得多。"从自然理性的观点看来,还有什么比这个原理更加明显的吗? 如果有一个像普罗米修斯那样的人,他以能够赋予塑像以生命而自豪,他说,我将使塑像具有活动和感觉的能力,它们将有眼睛作为自己的向导,它们将有前往最适意的地方去的自由;不过,我也肯定地知道,它们只能到那个将遭受千万种悲痛的地方去。——对于这样一种人,我们能说什么呢? 难道我们不会对这个人说:"你所具有的不是人心,而是豺狼之心,因为你之所以赋予这些塑像以生命,只是为了使它们从一个它们毫无悲痛的状态过渡到一个只会感到悲痛的状态。"培尔进一步发展了这一思想,他认为这种惩罚对被判罪者来说是没有好处的,它必然使被判罪者变得更坏,而对其他人也无所帮助。有个神学家雅克洛对此反驳说,被判罪者的这种状态有助于提高对幸福生活的感激心情。培尔批驳了这种反驳,他认为这种说法恰恰类似于一个国王这样说,我要摧毁十个省份,毁灭一百个城市,处死一百万人,因为这可以给我的宠爱者提供一个思念我的新理由。在所有这些惩罚当中,灭绝这种惩罚是与上帝智慧的观念最为一致,培尔非常出色地发挥了这一点(《格言与主题的对话》,第98—99页;《对乡下佬所提问题的答复》,第828页。关于这一点,还可参看《历史批判辞典》,条目"索辛"注释N)。培尔提出了人们从他那个时代的观点对于这个教义可能提出的一切论点,并且批驳了支持这个教义的一切论据。他像一个熟练的外科医生那样干净利落地切除了那一切可能把这个教义作为一个肢体与他的整个精神机体连结起来的纽带。我们还可以把他对这个教义的态度看作他对一般教义的态度的代表，因为这个教义是与其他教义同样神圣，并且与其他教义立足于同一个基础之上。因此，培尔的真实思想在于认为教义与理性是直接地矛盾的，不论他怎样试图否认这一点。这些教义被排除于他的理性、他的精神之外；只是由于某些个人的、就其本身而言属于外界的限制和原因，才使他没有正式地把它们排除掉。而且，培尔不应当由于他的这种矛盾，即他向这些教义进行了斗争但又没有正式加以摒弃，而受到比德国的一些哲学家更多的指责，这些哲学家在一种相反的矛盾上也犯有过错，这就是：他们为教会的教义作辩护，可是他们并不是从教会所理解的那种意义上去接受和信仰这些教义，因为他们或者由于过于胆怯，或者由于不够诚实，或者由于头脑过于糊涂，或者甚至由于在很大程度上仍被这些教义所迷惑，因而不能对自己和对别人承认他们已与这种信仰决裂。这种决裂从莱布尼茨那里已经开始，不过他是以为之辩护的外貌表现出这种决裂。对于教义绝不能采取 Juste milieu〔中间立场〕：要么从教义应当被理解的那种意义上，从教义自身的、它们所特有的意义上去接受教义，要么让教义听从其自身命运的摆布。如果你们打算把教义作为你们的对象，那就使它们成为批判研究的对象，而不要成为一种随意曲解的、仍然不加批判地停留在教义范围之内的思辨的对象。教义并不是一些有多种含义的符号，不 422 是一些沉默无言的形象和图像，它们甚至以咄咄逼人的确定性说出了它们所具有的含义。你们不用担心你们思维的秘密会随同这些教义一道失去！最普通的、与我们最接近的事物所包含的秘密，完全不同于那些虚幻的、人造的教义的神秘，它们比后者坚实得多。

自从我们知道宝石具有纯粹自然的特性和作用以来,我们在宝石之中所发现的特性,比迷信强加于宝石之上的那些超自然的、奇迹式的特性,更加深刻,更加值得思考,更加令人惊奇。只有在人的精神抛弃了虚假的信仰奇迹的情况下,自然界才向人的精神展现出它的秘密,展现出它的唯一真实的和有根据的奇异。最后,关于培尔,我还想作一点评论。尽管教义的信仰与培尔的理性直接相矛盾,可是培尔并没有抛弃教义的信仰,其原因诚然一方面在于他对理论不大关心,另一方面还在于他从一些他非常熟悉的事例中知道,新奇的见解、特别是宗教方面的新奇见解,易于对社会安宁产生危害。因此,他在其《历史批判辞典》中多次提到法国宗教战争的残酷情景,其目的在于劝导那些宁愿破坏社会安宁而不愿压抑自己特殊见解的人们,劝导"那些在并非十分迫切的必要情况下起来反对人们的成见和习俗所保护的错误观点的医生"。他在这一点上指出:"没有任何迹象表明会在新教徒中间形成一个教派,它会像新教徒改革罗马教会那样改革自己的宗教,也就是依据于他们如果不愿意遭到谴责必然由以出发的那种宗教……可是,这种罪恶始终是极其有害的,应当力求加以防止"(《历史批判辞典》,条目"马孔",注释 C.)。

〔22〕[第 343 页注]诚然,培尔在他的著作《关于斯宾诺莎的学说是否被正确理解的问题……的一封信》(《选集》,第 4 卷,第 169 页等)中说得很对:斯宾诺莎心目中的上帝完全不同于正教徒心目中的上帝,斯宾诺莎是从笛卡尔哲学的意义上、一般说来是从新哲学的意义上去理解实体和偶性这两个词的,至少就它们的形式意义而言是如此;可是,这并不是说斯宾诺莎的单一的实体就是培尔所理解的那种单一的实体,即数量上单一的实体。因为,培尔把实

体的单一性理解为数量上的或个体的单一性,理解为个别性,与之
对立的必然是众多性;这一点从培尔给与斯宾诺莎思想的下述这
个肤浅的表述——"宇宙中只有一个实体"(见上面援引的书信,第
170 页)——中可以看出来,其次也可以从下述情况看出来:培尔 423
认为,"在那些由逻辑引向真理的观念当中,有一些观念是普遍的,
另一些观念是单一的"(《哲学论题》,第三个论题)这样一个命题,
是与斯宾诺莎的学说直接对立的,按照斯宾诺莎的学说,只存在着
一个实体、即一个单个的实体。不过,这一点首先可以从培尔在斯
宾诺莎学说中发现的那种根本无法理解的荒谬中看出来。"人们
通常说:有多少个头脑、就有多少种想法;可是,按照斯宾诺莎的观
点,所有人的一切思想都处于一个单一的头脑之中"(《历史批判辞
典》,条目"斯宾诺莎",注释 N.,第 3 项)。因此,培尔对斯宾诺莎
的理解和批判在于:按照斯宾诺莎的观点,无限众多的、个别的事
物就是一个唯一的、单一的事物,——在培尔看来,所谓单一的就
意味着必然存在着许多单一的事物。因此,培尔对实体的单一性、
本质的单一性的理解(按照实体的单一性或本质的单一性,用斯宾
诺莎自己的话来说,上帝只能认为是完全,并非原意的单一),恰恰
类似于他想把下述命题"就本质而言,众多的人是单一",或者,"人
的本质是一,众多的人只是这种单一性的变形",理解为:就本质而
言,众多的人是一个唯一的、单一的人,一个个体,从而他是从单数
的意义上去理解多数的人的单一性。因此,这也恰恰类似于他对
阿维罗伊的理解和批判:"如果认为两个各自遵循自己的理智而进
行交谈的人具有同样的头脑,那么还有什么比这种想法更加荒唐
的吗? 如果断定两个在同一时刻对同一论题一个加以否定、另一

个加以肯定的人,就其理智而言只不过是一个单一的存在物,那么还有什么比这种说法更加稀奇古怪吗?"(《历史批判辞典》,条目"阿维罗伊",注释 E.)。从这种理解中完全会自然而然地产生出培尔加诸斯宾诺莎的那一切荒唐言论:"上帝怨恨他自己,上帝为自己恳求恩赐而又拒绝恩赐,上帝迫害他自己,上帝杀害他自己,上帝咬他自己,上帝诽谤他自己,上帝把他自己送上绞刑台。"[1]培尔不停地思考着众多的事物;对他来说,众多是唯一的实在,实体的众多性可以说是他的精神的唯一实体,是最高的存在物,是他赖以思考万物的那个最高的、最普遍的概念。因此,培尔把实体的单一性作为个别实体的单一性包括在众多性概念之中,这样他当然不会对下述荒唐见解感到十分惊奇:万物都是同一的,一切众多都应当被包括到单一之中;其实单一本身只是众多的一个肢体,成千上万的单一之物应当只是一个单一之物。培尔说得很对:老实说,地球上有多少个人,斯宾诺莎就给予上帝多少副面孔。培尔不去424 注意实体在斯宾诺莎那里所具有的意义;他抽去了对象,不理睬这是一种崇高的、无限的、普遍的实体,个别事物则是它的变形;他抽去了实体赖以成为一种特殊存在物的那些本质规定性,只有这些规定性才给予实体一个普遍的实体概念,形式逻辑学家可以随心所欲地把任何事物都纳入这个普遍的实体概念之中。但是,谁抹煞掉这种本质的区别,这种本质的意义,谁自己就会陷入无限荒谬的深渊;谁就会在"万物都是一样的"这个命题中寻找斯宾诺莎学

---

① 在伏尔泰的《一个无知的哲学家》中再次出现对斯宾诺莎学说提出的同样的责难。——德文版编者注

说的秘密。培尔对斯宾诺莎的批判是一种纯粹的游戏之作，一种真正的蛙与鼠之战①。不过，我们毕竟承认培尔的可敬之处在于：在所有那些从众多性的观点提出的批判中间，培尔的批判本身是最彻底的、最精练的和最尖刻的；而且斯宾诺莎自己从培尔的这种理解和批判来说甚至也是有过失的，因为，让我用费希特的词句并完全遵循费希特的意义来说，斯宾诺莎仍然被束缚在思想就是事物这种独断主义之中，一般说来仍然被束缚在他那个时代的思想方式之中，尽管他就其内容而言已从它们的观念中摆脱出来。这样一来也就对 quatenus 作出说明；某些诽谤者如此高度地评价 quatenus，把它看作斯宾诺莎哲学的一种特殊的秘密手法。笛卡尔和其他一些近代哲学家抛弃了经院哲学家的偶性；在经院哲学家看来，偶性是一些不同于实体的本质，它们引起各种各样烦琐的区别和问题，并且甚至作为某种十分特殊的本质，像幽灵那样出现在后来的那些具有自由思想的逍遥派哲学家的头脑之中。例如，埃内斯特·索涅尔②在其《对亚里士多德的形而上学注释》（耶拿，1657 年，第 7 册第 1 章）中说："我们坚决断言，偶性从某种意义上来说是一种从形式和内在根据而言的本质，而从另一种意义上来说则是一种通过实体的规定而得出的本质，或者是一种没有名称的实体的本质"，因此他把偶性的 esse〔存在〕定义为 inesse〔所固

---

① Batrachomyomachie，这是希腊一首滑稽诗的标题，意为蛙与鼠之战。——译者注

② 他在 1572 年生于尼恩贝格，后在阿尔特多夫求学，1621 年去世，当时他是一个尊崇亚里士多德的哲学教授。按其宗教信仰来说，他持一种相当激进的观点，他是索赛纳教派的一位热诚的信徒，为此，耶希尔在其著名的《学术百科词典》中对他作了尖锐的斥责。——德文版编者注

有的〕,以与真正的实体区别开。与他们相反,近代哲学家在哲学
领域内的活动类似于宗教改革者在宗教领域内的活动,这就是说,
他们使哲学清除掉经院哲学的那无数的哥特式的装饰和夸张,局
限于研究那些必要的和本质的事物,从而使哲学简单化了;我再说
一遍:近代哲学家在这点上遵循一种与唯名论者的思想相同的思
425　想,用关系范畴或者非独立的 modi〔样态〕以取代与它们的实体有
区别的偶性。例如,杜阿默尔在上面第 262 页(第 7 章)脚注中引
证的那本著作的第 136 页上说:"我不是把偶性称为一些属于实体
的质,而是称为实体的一些样态;这些样态与实体的区别不是在实
际上,而只是在想象中,或者也可以说只是在形式上。"偶性不外是
事物存在的方式,不外是那个与我们发生关系、与我们的各种感觉
和知觉能力发生关系的同一个事物。因此,quatenus 是近代思想
家的一个普遍的范畴,这个范畴反复出现在他们的思想中,正如反
复出现在斯宾诺莎的《伦理学》中。在他们的思想中这意味着:光
不外是一种与我们的眼睛发生关系的物质,香味不外是一种与我
们的嗅觉发生关系的物质,如此等等。quatenus 只不过是偶性的
非实在性的表现。由于斯宾诺莎也与其他近代哲学家一样从形式
方面去理解实体和偶性概念,因此 quatenus 也在他的哲学中起着
特殊的作用。其实,这个范畴并不是一个如此不好的范畴,因为它
依据于对象与其自身的关系和对象与我们的关系之间的区别之
上,这个区别在斯宾诺莎的哲学中具有特殊的重要意义,可是培尔
和其他许多批评者却没有注意到这一区别。

　　〔23〕〔第 344 页注〕一切不能从主观性的观点,或者更准确一
点说,从个性的观点加以理解的事物,都是秘密。爱情也是如此,

因为它植基于种族的本能之上,因此,正如从经验这个概念中也可看出来的那样,它与个人的维护自己的本能和追求幸福的本能相抵触,只有这些本能才是与最高的思维原则,与上帝——他是一个仅仅以人的个人幸福为目标的个人——的概念相联系和相一致的。例如,培尔说:"某些有能力进行研究的人(培尔自己也是其中之一。——费尔巴哈注),直到目前仍在这种感情中——无论就它的原因而言,或者就它的结果而言——发现一些不可理解的特征,以致他们不得不承认这是上帝的旨意,是上帝的特定天意的原初的安排(而这样一来,这件事本身就成为不可理解的了。——费尔巴哈注)……医生宗教的作者就是这样开始的。……真正的爱情是一种十分令人惊奇的、隐秘的、神奇的事物"(《文学界的新闻》,第 634 页)。因此,上面提到的那种据我所知首先是由奥古斯丁提出并为经院哲学的神学家们真诚地接受了的见解(即认为如果亚当没有堕落,那么生殖器也会像手和脚一样是一种被动的、冷漠无情的、可以由意志操纵的器官),并不是一个特殊的、偶然产生的和没有意义的念头,毋宁说,它与基督教界的原则、与个性的原则有着十分密切的联系,是对下述情况的一个明显的证明和表现:在基督教中,性生活这个概念无论就低级或高级的意义而言都已消失,甚至对性欲的意义也没有一丝半点的模糊认识。正是由于这个缘故,死亡这个概念也是如此,因为它与性欲一样立足于同一基础之上,在基督教徒看来,死亡是绝对不可理解的和无法解释的。因此,他们不得不借助一种纯粹随意的活动把死亡引入世界之中。基督教徒虽然容忍婚姻关系,甚至加以认可,但只是出于外界施加的压力,它与他们的神学原则却是矛盾的。按照他们的神学原则,特别是在天主教的教徒中间,贞洁是最主观的美德,正是由于这个缘故,它是基督教特有的美德,严格说来,是最高的美德①,性交活动由于继承下来的罪孽而必然与性欲相联系,因而是一种犯罪的活动;当然,它不是被那些老于世故的、假装信教的、善于诡辩的人们看作是犯罪的活动,而是被那些不受外界利害关系影响的、真正的、值得尊敬和重视的虔诚教徒看作是犯罪的活动。培尔在他的《最近来自〈加尔文教史的总评〉的作者的书简》(第16封第279页)中引证了一个医生反对宣扬两性关系的一篇神学讲演(这篇讲演可能是游戏之作,也可能是严肃的谈话,不过,一般说来,游戏之作比一篇僵硬的严肃谈话更加机智得多,真实得多),这篇讲演确实太出色了,我不得不在这里援引它的一些重要段落。"还有什么比看到人们如此长久地传播罪孽更加骇人听闻的事情吗？这是违背一切自然规律的;因为怪物们绝不会生儿育女,而这些犯罪的人却是一切生物中最可怕的,他们不停地繁殖着,住满了整个地球。既然我们不能阻止这些使上帝和自然蒙受耻辱的怪物世世代代不祥地延续下去,我们至少也应当与圣徒保罗一道期望所有的人会像他一样,期望在五十年内看到罪孽的延续得以停止,这种罪孽的

427

---

① 与这种上天的、反对性欲的美德相联系,基督教教徒还有一种既可笑又在道德上不相宜的对裸体的羞惧。例如,古代的基督教教士决不让自己赤身露体,他们说,像他们这样有地位的人决不会让自己赤身裸体,除非他干了什么不合乎身份的勾当。"现代的一个并不十分严峻的良心决疑论者认为,一个人仅仅出于好奇心,没有其他坏念头和其他危险打算而去看自己的裸体,那是一种可以饶恕的罪恶,一个人望一个异性的穿着很薄衣服以致可以看得清楚的肉体,则犯了死罪。按照他的看法,注视一个正在入浴的异性的裸体,就要犯死罪。两个有身份的人,例如两个主教,相互看对方的裸体,他们都犯了死罪"(培尔:《历史批判辞典》,条目"亚当")。当然如此,因为人的自然状态是对宗教界的极大讽刺。

延续只会使那些违抗其主人的生物愈来愈多。难道我们每当在礼拜日祷告时不是整天期望上帝回来统治我们吗？难道我们没有在新约的默示录中念道：回来吧，主啊，回来吧！如果我们想使这种期望变成现实，我们就应当期望世界的末日降临，而出现新的天地。在亚当的后裔中间，这种腐败已经根深蒂固，不可救药。……在他们停止生育的情况下，我们将使这些命中注定要死的人越来越少；但我们不用为此担心，因为上帝不会没有一些永远向他赞美的人。不是还有成千上万无休止地、不断地赞美上帝的天使吗？既然上帝能够使石头为亚伯拉罕生育子女，那他一定能够在没有我们的情况下创造出一些注定要为上帝赞美的生灵……"。我们还想再用圣徒托马斯·阿奎那这位"天使般的博士"的一段话来证明：这段反对肉体繁殖的言论，以及一般说来在第一章中那些反对婚姻、支持或论述贞洁的言论，都是完全遵循基督教的精神，特别是天主教的精神。托马斯·阿奎那在《反异教徒》第 3 册第 136 章中说："人类成倍地繁殖之所以必要，或者是由于人类在开始繁殖之时人数还很少，或者是由于信教的人很少，甚至必须通过肉体的繁殖以增加其人数，像在旧约中描述的那样；而在新约时代，可以通过精神的繁殖以增加信教者的人数，人们才珍惜关于永恒节欲的忠告。"托马斯·阿奎那在下一章中又说："有些人虽然没有拒绝永恒的节欲，可是把它置于与婚姻同等的地位。这就是约维尼安的异教。但是，这种错误教义的荒谬之处从下述情况下已经可以充分清楚地看出来：节欲可以使人更加适合于把自己的精神提高到教士和宗教的水平，使人在某种程度上高出人的水平而上升到与天使相似的地位。"相反，他在其《神学大全》（第 62 个问题，"论

贞洁")中,对童贞是否是最高的美德这个问题作了如下的解答:童
贞虽然与贞洁属于同一类别或同一范畴,但绝不是最高的美德。
他说:目的总是高于手段;童贞的目的正是为圣职效劳;因此,神学
428 的美德和宗教的美德高于童贞,因为前者的活动正是为圣职效劳。
可是,难道节欲本身不是一种宗教活动吗? 不是正如他自己在《反
异教徒》所说的那样一种使人得到提高,使人接近于天使、基督、上
帝那样天上的、超感性的存在物的力量吗? 他正是在那里说道:处
女们只是牺牲了爱情的快乐,殉教者则牺牲了他们自己的生命,教
士则牺牲了他们自己的意志和他们的全部财产。可是,对于无数
的人来说,没有爱情的生活有什么意义呢? 如果没有爱的享受,那
么一切财富和生活享受又算什么呢? 因此,对于他们来说,牺牲爱
情难道不就是意味着牺牲一切吗? 难道圣徒奥古斯丁不是说过
(路德在某个地方引证过他的话):"在基督教的一切论争当中,关
于贞洁的论争是最激烈的"? 因此,难道贞洁的胜利不是最高的胜
利、最高的美德吗? 福根齐乌斯①在其著作《关于童贞和谦逊写给
普罗布的信》中说:"上帝对童贞这种禀赋如此重视,以致他想从
Virtus〔美德〕中引出它的名字。教会的其他的才能和美德具有它
们自己的名字,而这种无论在肉体或精神上都被保护的、神圣不可
侵犯的贞洁则优越于其他一切禀赋,以致可以直截了当地把它称
为美德。"他接着又说:"尽管婚姻不是罪孽,而是上帝的创作和上
帝的赐与;可是,在哪怕是信教的伴侣在肉欲上的同居生活与在肉

---

① 费朗杜斯·福根齐乌斯,六世纪上半叶教会的拉丁文作家,550 年去世,当时
在卡尔塔果担任教会的执事。——德文版编者注

体和精神上的神圣贞洁之间存在着巨大差别,恰如在与动物相类
似和向天使模仿之间存在着巨大差别一样。贞洁是天使的美德,
而不是人的美德。""这是人所具有的一种天使的而非人的美德
哟!"红衣主教马库斯·维吉里乌斯说①:"这些与世俗的、短暂的
状态发生关系的美德,正如柏拉图学派的人士正确地指出的,只是
一种起清泻、清除作用但本身并不纯洁的美德,因为它们只是处于
两种对立的错误之间。然而,那个把一切世俗的需要和材料清除
干净的永恒状态,则拥有一种卓越得多的美德,一种绝对的、无缺
陷的和纯真的美德,这是那种不需要清除什么,本身已经纯洁的精
神的美德。贞洁就是那样一种美德"(《基督教十讲》,1517 年,第
一讲,"论圣女")。

　　〔24〕[第 345 页注]培尔在他的博士论文中为笛卡尔学说作辩
护,反对德·拉·维尔(一个虚构的姓名)对它的批评;"在那里提
出了一些反对逍遥派哲学家的理由,某些笛卡尔主义者根据这些
理由已经证明物体的本质在于广延"(《文集》,第 4 卷,第 109 页以 429
下)。在他的《哲学论题》(同上)中(显然,这些话题是他为了在色
当大学谋得教职而提出来的,因为他在一封信中提到这些论题,他
说:在这些论题当中发现了在这里也碰见的那个困难的时间概
念),培尔是以笛卡尔主义者的身份发言的,不过他只是作为一个
有条件的、持批判态度的笛卡尔信徒。这些论题之所以特别有意
思,是因为我们在这里几乎能够提纲挈领地看出培尔的整个面貌

---

　　①　马库斯·维吉里乌斯,弗朗西斯教派的教士,十五世纪末在帕多瓦担任教授,
被罗马教皇尤利乌斯二世提升为红衣主教,死于 1516 年。——德文版编者注

以及他的全部美德和缺点。我们看出培尔站在两个极端之间,就在第一个论题中,他恰恰像莱布尼茨——一般说来,他与莱布尼茨有许多相似之处——那样对近代哲学家提出如下指责:他们从过高评价经院哲学家们的辩证法这个极端,陷入过低估计甚至鄙视逻辑学这另一个极端;一般说来,不应当如此全盘否定经院哲学家,他们也具有许多可贵之处。在这里,正如上面所说,我们看出培尔是笛卡尔主义者,可是也看出他是一个非笛卡尔主义者、是一个很难加以满足而且喜欢提出难题的自由思想家,例如,他断言,以前对运动、时间的解释都是不适宜的,而且时间其实是无法解释的。我们在这里还看到培尔对泛神论的反感(第三个论题)。我们看出培尔是一个博学多识的人,他最喜欢的论题就是各种见解是不同的和变动不居的(第十个论题)。我们看出了培尔的洞察力的消极一面:这是一种偶然性的洞察力,一种碰运气的洞察力,一种放任自流的洞察力,它由于不把任何实体的观念当作原则和标准,因而甚至有陷入无目的的、荒谬的泥潭之中的危险(例如,第九个论题,第 2 节)。可是,我们也看出了培尔的洞察力的积极一面:这是一种具有彻底性和必然性的洞察力,它把一切应当注意和区别的事物都注意到和区别开来了;这是真正的思想家所具有的洞察力,例如,当他说(其观点虽然与笛卡尔相一致,可是更加彻底地和更加卓越地发展了这个思想):"思维的事物应当是一个整体"(这是笛卡尔的观点,其后用了"sein"一词)。"事实上,如果思维的事物由许多实体组成,就像我们的身体由许多部分组成那样,那它就绝不能看见整个对象,它的一个部分看见对象的一个部分,而它的另一部分看见这同一对象的另一部分,这样一来,在思维的事物中就没有任何一部分有权利说:我看见了这整块石头"(第 142 页。
这一页上其后的一段话也被认为是同样正确的)。但是,正如培尔
为笛卡尔哲学辩护而反对经院哲学那样,他也反过来批判那种僵
硬的、独断主义的笛卡尔学说。例如,培尔在其著作《布阿勒一书 430
中的异议》中,为了反驳笛卡尔根据完美的存在物的观念不可能从
不完美的存在物的观念中产生,因而完美的存在物必定是它自身
的创造者这样一种见解,来证明上帝的存在,除了提出其他一些批
判性意见外,还提出如下指责:"完全可以理解,一个能够思维的存
在物可以不依赖于外界的原因而独立地想象一个比它自己更加完
美的存在物。例如,假使这个存在物想起它有 6 年之久没有生病,
可是其后病了两个月,那么,这个存在物不需要依靠任何天启和任
何从外界得来的思想也能懂得,如果那两个月他没有生病,那就更
加幸福,因为,不言而喻,没有痛苦的存在物是比忍受痛苦的存在
物更加幸福。其次,一个如此思考和如此判断的存在物,希望自己
摆脱一切痛苦,那他就会有一个关于没有任何痛苦的存在物的观
念。结果是,或者否认理性的心灵具有理性的能力,或者承认理性
的心灵具有这种能力,即能够把生病状态和健康状态加以比较,并
由此形成关于更加幸福的存在物的观念。关于疾病所说的这些
话,也适用于心灵的其他一切状态,如恐惧、怀疑等"(第 151 页)。
在他的《文学界的新闻》中,特别在他的《历史批判辞典》中,也经常
对笛卡尔学说提出批判性的意见,有时甚至把他的怀疑推到那样
的地步,仿佛他否认确定性的全部原则。但是,我们毕竟不要认为
这些怀疑性的言论具有规范的意见,在这里,除了这个刊物和历史
批判词典的特征之外,还不应忽视培尔的怀疑肯定往往只是一种

做作的、故意的怀疑,他希望以此使那些独断专横的人感到震惊,也许还想促使人们进行新的、更加彻底的研究。在培尔看来,思维概念和物质概念互不相容,这至少是毋庸置疑的;然而,这个概念是笛卡尔哲学的基本概念。例如,培尔在 1699 年第 239 封信中谈到洛克——洛克认为上帝可能给予某些物体以思维的能力——时这样说:"在这点上,我完全赞成他的反对者的观点。我不相信任何物体,尤其是各种物体的聚合,比伊壁鸠鲁的原子更加能够思维。"在他关于物理学的讲演中,培尔也遵循笛卡尔的哲学;当然,与他的其他讲演一样,这篇讲演也只具有历史评论的意义。因此,431 如果有人指责培尔,说他对物理学毫无所知,那么这只适用于牛顿的物理学;尽管他在刚才援引的那封信中提到牛顿关于真空的假设,可是,根据 1697 年一封较早的信(第 194 封)来判断,培尔至少在当时只是从别人对他的介绍中才对牛顿有所了解。当时,培尔无论对数学或者对自然界都没有特殊的兴趣。在他看来,数学只是与非实在的抽象之物发生关系,他只用它来证明思维中的事物和现实中的事物之间的区别,或者更正确一点说,矛盾(例如,参见第 319 封信,《物理学》,第 296 页,《文集》第 4 卷;《历史批判辞典》,条目"芝诺""伊壁鸠鲁哲学",注释 D.)。

〔25〕[第 358 页注]最后,还有一些关于培尔的评论。虽然培尔有时出于任性或特异反应而愿意处于匿名的隐秘状态,以致采取各种各样的形式上的谎言和空洞的托辞。例如,在解释他为何出版《杂感》的动机上,如他在他写给米鲁托利的信(第 56 封)中以及他在该书第三版的前言中所阐述的那样,他甚至陷于自相矛盾(不过,这种矛盾是可以谅解的,因为那封信是 1683 年写的,而前

言是 1699 年写的，而且，无论如何，这在道德上完全是无关紧要的，因为绝不可能认为这种矛盾具有任何不道德的动机）。但是，不能由于这个缘故而否认培尔具有诚实的美德，至少就他的下述这个固执的声明来说是如此：他不是当时在宗教改革者中间如此声名狼藉的 *Avis aux Réfugiés*，〔《对难民的通告》〕一书的作者，而且出于这样一个简单的理由：完全可以肯定，培尔确实不是这一著作的作者。说培尔是它的作者而提出的一个唯一的而且有些可疑的证据，是校改者所作的供词：这一著作的字迹是培尔的，他对培尔的字迹十分熟悉。但是，大家知道，抄写者是作者。因此，如果这个供词值得相信和重视，那么，由于反对培尔是该书作者的根据比赞成培尔是该书作者的根据更加众多，更加重要，我们就应像巴纳日那样认为，培尔从某个友人那里获得该书，他自己抄写出来，送去付印，而且仅仅出于一种对宗教改革者的事业友好的意图，这就是：呼吁他们正式抛弃在这一著作中他们因之而受到指责的那些原则（关于这一点，还可参看德麦若在《培尔先生传》第 52 页上所提到的培尔的那封书信以及德麦若自己后来对此发表的意见）。如果有人根据培尔有使用假名和匿名的爱好而对培尔的性 432 格产生怀疑，不考虑培尔在信仰与理性之间所处的那种灾难性矛盾的理论意义，那是根本错误的。培尔到处都把作家和人、把作为人的自身和作为作家的自身严格区别开来。当培尔迫不得已的时候，当他的精神、他的内在使命——"我宣称自己负有一个合法的使命，这就是反对迷信、幻想和民众的盲从得到发展"（《捕风捉影的阴谋》，第 681 页）——使他不得不与他那个时代占支配地位的成见决裂时，他至少希望作为人来说不要与他的同时代人决裂，他爱护和尊敬自己对其教义和观念进行斗争的那些人；因此，他不愿意以自己的名义、以自己的身份与他们相对抗，而愿意只是把自己当作一个不显眼的、陌生的人，向他们灌输一些本身已经相当明显的关于理性和真理的学说。我们在这里也应当承认精神和个性之间的矛盾，以前我们在理论领域内也碰到过这同一矛盾。培尔的个性和他的意志是信仰，培尔的精神和他的自然需要是非信仰。信仰是他的规范，他的教名，理性则是他的杜撰的和匿名的原则。培尔不承认他是作者，为的是藉此缓和在他的自相矛盾的精神与他自身和他的同时代人之间的矛盾。在他那里，非信仰还没有成为一个直接的、个人的真理。诚然，培尔喜欢隐姓埋名，这也是他的成见所产生的结果，不过这种成见本身是值得谅解的。一般说来，培尔就性格而言绝不是一个喜欢否定别人的人，而是一个爱护和尊重别人的人，像莱布尼茨一样，他也倾向于赞许别人、而不是倾向于谴责别人，他自己在某个地方（《文学界的新闻》第 714 页）谈到了这一点，此外他的刊物也证明了这一点。培尔喜欢隐姓埋名达到这样的程度，他甚至不想把他的姓名写在他的《历史批判辞典》的前面，仅仅是由于考虑到书商的意见，他最后才打消了这个主意。但是，如果有人认为他这样喜欢隐姓埋名是出于一种浅薄的虚荣心，那就显然错了。至多仅仅就他的头一部作品来说，才可以说他具有这种虚荣心；当时，他把自己的讽刺作品 *Harangue*（《献词》）以及对它的评论寄给米努托利，附带提出一个请求："请你告诉我你对这些作品的意见，因为我的一位住在巴黎的朋友认识第二篇作品的作者，他也许出于对他的朋友怀有偏见，倾向于认为这篇献词没有什么价值，他请求我答应他把我对这篇或那篇的意见写信告诉他……"(第 36 封信)。可是,如果说培尔已经请求这同一个朋友在看到《杂感》一书时把他对此书的意见告诉自己,而且还附带说:"这本书由于它所论述的某些奇谈怪论已经在国内引起一些骚 433 动"(第 50 封),那他在这里所关心的显然是想获得一些自由的、不偏袒的评论。而且,培尔非常清楚地知道,他对自己的著作应当怎样看和不应当怎样看(例如,参看他对自己的《对乡下佬所提问题的答复》的评论,第 298,311 封信);他很少关心对他的赞扬或指责,尽管他对自己著作的客观性质并不是漠不关心的;他具有一种无拘无束、自由自在的性格,也就是说,他很少考虑他自己和对他的意见,他作为一个怀疑论者是一个过于讲究实际的斯宾诺莎主义者,我们不可以认为他具有浅薄庸俗的虚荣心。因此,如果我们想在他的隐姓埋名这种行为背后寻找通常的恐惧胆怯心情,那也显然是错误的。培尔不会丢失很多东西,或者根本什么也不会丢失。一个提着空袋子上路的人,是不会害怕强盗的。

人 名 索 引

Fichte, Johann Gottlieb　费希特，约翰·哥特利勃（1762—1814）——德国古典哲学的代表之一，主观唯心主义者。210—211,214,401,413,424

Fulgentius, Ferrandus　福根齐乌斯，费朗杜斯（大约为468—532）——6世纪上半叶的教会作家，曾在卡尔塔果担任执事。费尔巴哈在本书中引证的是他的著作《关于童贞和谦逊写给普罗布的书信》。428

Galileo, Galilei　伽利略，伽利莱（1560—1642）——伟大的意大利物理学家和天文学家，力学原理的创始人，为先进世界观而斗争的战士。382

Gassendi, Pierre　伽桑狄，比埃尔（1592—1655）——法国唯物主义哲学家、物理学家和天文学家。340

Goethe, Johann Wolfgang　歌德·约翰·沃尔夫冈（1749—1832）——德国的伟大诗人，德国古典文学和民族文学的主要代表。除诗歌、戏剧、小说之外，在文艺理论、哲学、历史学、造型艺术、自然科学等方面也很有成就。137

Göftz, Angust Ephraum　格茨，奥古斯特·埃弗劳姆（1731—1793）——德国神学家，有兴趣于自然科学。385

Gregor IX　格雷戈尔九世——他在担任罗马教皇期间（1227—1241），激烈反对各种异端邪说，并把那些企图把亚里士多德基督教化的做法也划入异端邪说之列。373

Grew, Nehemiah　格鲁，诺埃米亚（1628—1711）——英国著名的植物学家和生理学家。141

Grotius, Hugues de Groot　格罗齐，雨果·多·格鲁特（1583—1645），又译格劳秀斯——荷兰的法学家、社会学家和国务活动家，资产阶级的自然法学说的创始人之一。171

Guhrauer, Gottschalk Edward　古劳厄尔，戈特沙尔克·爱德华（1800—1854）——德国历史学家，布累斯劳大学教授。395

Hadrian VI　阿德里安六世——英国一教士之子，原为阿维翁修道院长，1154年被选为罗马教皇，1159年去世。366

Haller　哈勒，阿尔布雷希特（1708—1777）——瑞士著名的自然科学家，解剖学家，植物学家，医生。他是生理感应学说的创立者，研究了组织系统和循环系统的结构。385

Hegel, Georg Wilhelm Fridrich　黑格尔，乔治·威廉·弗里德里希（1770—1831）——德国古典哲学的最大代表，客观唯心主义者，最全面地研究了唯心主义辩证法，德国资产阶级思想家。138,419

Heinrich III　亨利三世（1551—1589）——法国国王，积极参加反对加尔文教的斗争。297

Herder, Johann Gotlfried　赫德尔，约翰·戈特弗里德（1744—1803）——德国新教牧师，他的思想中除了宗教观念外，还有一些与唯物主义相接近的观点。他对费尔巴哈的唯物主义和无神论思想的形成，起过一定影响。389

Hermias　赫尔米（公元前4世纪）——希腊哲学家，柏拉图的学生，亚里士多德的友人。171

Hesiod　赫西俄德（约生于公元前770年）——古希腊的著名诗人。136, 354

Heuman, Christian August　霍伊曼，克里斯蒂安·奥古斯特（1681—1764）——德国文学史和学者传记的创始人，哥廷根大学教授。389

Hieronymus　希罗尼姆（约340—420），又译哲罗姆或圣杰罗姆——基督教的作家、活动家。他所译的《圣经》拉丁文本，被基督教会奉为典范。114, 116, 127, 143, 374

Hippokrates　希波克拉底（约公元前460—前377）——古希腊杰出的医生和自然科学家，古代医药奠基人之一。148, 388

Hoehstetter, Christian Friderich　霍赫施泰特尔，克里斯蒂安·弗里德里希（1785—1860）——德国牧师，从事自然科学、特别是植物学的研究。387

Hock, C. F.　霍克（1808—1869）——奥国海关总署和商业部的官员，信奉哈普斯堡的国教。253

Hocquinconrt, Charles de　奥肯库尔，沙尔·德（1599—1658）——法国元帅。277

Homer　荷马（公元前9—前8世纪）——希腊盲目诗人，著名史诗《伊利亚特》和《奥德赛》的作者。136, 354

Hroswitha 或 Roswitha　罗斯维塔（约935—1000）——德国女作家，女修道士，她写了许多宗教剧本，宣传基督教的贞节观念，揭露社会道德的败坏。121

Huet　于厄，比埃尔·丹尼埃尔（1630—1721）——法国主教。他在《笛卡尔哲学批判》一书中，企图运用怀疑论的方法批驳笛卡尔哲学的基本原理。270, 337, 414

Jacobi, Friedrich Henrich　雅可比，弗里德里希·亨利希（1743—1819），又译雅各比——德国唯心主义哲学家，他批评唯理论哲学，并用感性和直接知识的哲学与之对抗。342, 401

Jansenius　冉森，科涅尔（1585—1638）——荷兰神学家，卢汶大学天主教授，1635年担任伊普尔教区的主教。在他的主要著作《奥古斯丁》等中，提出了一些在

了许多神学著作,收集和研究了大量古籍。372

Machiavelli, Niccolo 马基雅维利,尼古拉(1469—1527)——意大利资产阶级思想家,他拥护"铁腕政治",主张采取一切手段来抑制被剥削群众的不满情绪,在意大利建立统一的世俗国家。215,417—418

Maimbourg 曼布尔——耶稣会士,《加尔文教史》一书的作者。183,296

Malebranche, Nicolas 马勒伯朗士,尼古拉(1638—1715)——法国笛卡尔派的唯心主义者,偶因论哲学的倡导者之一。283,294

Medici, Cosimo de 美第奇,科斯莫·德(1389—1464)——意大利佛罗伦萨银行的代表,他对学者和艺术家表示支持。215

Meiners, Christoph 迈涅尔斯,克里斯托夫(1747—1810)——德国哲学史家和宗教史家,著有《宗教批判通史》《对中世纪风尚、结构等的历史比较》等著作。399

Melanchton 梅兰希顿,菲利普(1487—1560)——德国基督教神学家,路德的战友,与路德合写了《奥古斯特的宗教信仰》。他主张德国的宗教改革者联合起来,并企图把宗教改革的原则和亚里士多德学说结合到一起。137,139,363—364,383,396

Minutoli 米努托利,文辛(1640—1710)——培尔的同时代人,日内瓦的历史教授和文学教授。133,341,431—432

Miri, Adam Erdmann 米里,亚当·埃德曼(1656—1727)——德国维滕堡大学教师,著有《神圣的天文学》一书。382

Newton, Issac 牛顿,伊萨克(1643—1727)——英国伟大的自然科学家,他的力学原理对力学的发展具有重大贡献,曾任伦敦皇家学会(英国科学院)的常任会长。431

Nicolaus V 尼古拉五世(1397—1455)——在1447—1455年间担任罗马教皇,他鼓励研究古代,收集了大量的手稿和古籍,建立了著名的梵蒂冈图书馆。373

Oldenburg, Heinrich 奥尔登堡,亨利希——荷兰皇家学会的第一任秘书,斯宾诺莎的同时代人。141,145

Origenes 奥里根(185—254)——基督教会的圣父之一,亚历山大·克利门的门徒和继承人。他企图把基督教教义和希腊哲学、特别是柏拉图哲学结合到一起,因而被指责为异端邪说。127,367

Pallavicini 帕拉维希尼,乔瓦尼·巴契斯塔(死于1524年)——主教,出身于名门望族。374

Pascal 帕斯卡尔,布列兹(1623—

的宗教信条,因而受到教会的残酷迫害。417

Preu,J.S. 普列——《地震的神学》一书的作者。147

Ramée,Pierre de 拉梅,比埃尔·德(1515—1572)——法国加尔文教徒,索邦大学教授,哲学家,写了许多反对经济哲学的著作。378

Rathlef,E.L. 拉特列夫——传教士,《蝗虫的神学》一书的作者。147

Reaumur R-A. 勒阿缪尔——法国自然科学家,以其物理学、化学工艺学、植物学方面的著作知名于世。148,260,385

Remigius,Nikolaj 雷米吉乌斯,尼古拉(1554—1600)——法国天主教神父,宗教作家和法官。391

Ribadeneyra,Petro 里巴顿涅拉,彼得(1527—1611)——西班牙作家,耶稣会士,他为天主教会的著名活动家和所谓圣徒写了许多有名的传记。119,122,367,375

Rimini,Gregor V. 里米尼,格雷戈尔·冯(约卒于1358年)——奥古斯丁派教士,在巴黎传教,后成为这一教派的首领。407

Ritterhus 里特卢斯——他于1611年出版了沙尔维安长老的著作。119

Runge,David 龙格,达维德(1564—1604)——新教的神学家。威丁堡大学的神学教授。130,139

Salvianus 沙尔维安(约390—484年)——法国马赛的一位有学问的牧师,传教士。119

Saurin,Elie 索兰,艾利(1639—1703)——荷兰传教士,宗教作家,主张对异教采取宽容态度。245

Schäffer,Johann Christian 舍费尔,约翰·克里斯蒂安(1718—1790)——德国福音会传教士,在雷根斯堡传教,研究植物学。385

Schirach,Adam Gottlieb 施拉赫,亚当·戈特利布(1724—1773)——新教神学家,研究自然科学。385

Schlegel,Friedrich 施勒格尔,弗里德里希(1772—1829)——德国文学批评家和哲学家,浪漫主义理论家。395

Schmidts,M.J. 斯密特——《德国史》一书的作者,该书出版于1785年。121

Schrank,Franz von Paula 施兰克,弗朗茨·冯·保拉——德国自然科学家,他写过许多关于植物学、农作学和昆虫学的著作。385

Schwartz,J.C. 施瓦茨(1670—1747)——科堡大学校长,神学作家。147

Scott 司各脱,约翰·厄里乌根纳(约815—877年)——中世纪神学家,他企图把新柏拉图主义和基督教结合起来。300

Seneca,Lucius Annaens 塞涅卡(公元前41—65)——罗马斯多葛派

图书在版编目(CIP)数据

比埃尔·培尔对哲学史和人类史的贡献/(德)费尔巴哈著；
涂纪亮译.—北京:商务印书馆,2022(2023.1重印)
(费尔巴哈文集;第3卷)
ISBN 978-7-100-20159-9

Ⅰ.①比… Ⅱ.①费… ②涂… Ⅲ.①比埃尔·培尔—哲
学思想—研究 Ⅳ.①B565.299

中国版本图书馆 CIP 数据核字(2021)第 144557 号

费尔巴哈文集

第 3 卷

比埃尔·培尔对哲学史和人类史的贡献

涂纪亮 译

商务印书馆出版
(北京王府井大街 36 号 邮政编码 100710)
商务印书馆发行
北京通州皇家印刷厂印刷
ISBN 978-7-100-20159-9

2022 年 7 月第 1 版 开本 710×1000 1/16
2023 年 1 月北京第 2 次印刷 印张 23½
定价:128.00 元